채근담

쉽게 읽는
동양 고전

3
一

홍자성 지음 / 이규호 역해

가슴으로 읽는

지혜의 징검다리

채근담

문예춘추사

차 례

제1장 그대 안에 모든 자연이 있다

제2장 비워 놓은 그대 마음을 바라보라

제3장 채찍을 들어 그대 자신을 향하라

제4장 세상을 건너는 지혜의 징검다리

편저자의 말

　『채근담菜根譚』은 '하늘'을 읽고, '땅'을 읽고, '사람'을 읽는 것과 같다.『채근담』의 깊이 속에는 하늘의 오묘한 섭리와, 땅 위의 모든 생명과, 이 세상을 살아가는 사람으로 하여 빚어지는 온갖 이야기들이 마치 연과 연줄처럼 이어진 채 숨어 있기 때문이다.

　채근담은 읽을 때마다 그 맛이 깊어진다. 한 번 읽어서 나 자신을 찾아낼 수 있었다면, 두 번 읽어서 인생을 알게 되고, 세 번 읽어서 천지자연을 깨달을 수 있다. 채근담의 한마디 한마디는 진리 아닌 것이 없다. 언제 읽어도 새롭지 않은 것이 없으며 까마득히 잊었다가 다시 펴들면 또 다른 깨달음을 준다. 부귀한 사람에게는 경각심을 일깨우고 가난한 사람에게는 위안을 주며, 성공한 사람에게는 충고를, 실패한 사람에게는 새로운 용기를 준다. 그래서 읽을 때마다, 그리고 읽는 사람에 따라서 전혀 다른 새로운 의미를 준다.

　독자들이『채근담』에 보다 쉽게 접근케 하기 위해, 나는 한마디 한마디의『채근담』을 주제로 새로운 이야기를 써 나갔다. 그리고 그 한마디 한마디에 내 나름대로의 의미를 부여했다. 뿐만 아니라『채근담』이 철저한 동양 사상인 것을 감안해, 서양의 철학자에서부터 시인, 작가, 종교인에 이르기까지 그들의 사상이 내포된 말을 발췌하여 비교함으로써 동양 사상과 서양 사상의 접목을 시도했다.

『채근담』은 전집 225장과 후집 134장으로 구성되어 있는데 이 책에서는 전집만 에세이로 이야기하고 후집은 원문만 실어 두었다. 전, 후집의 내용이 비교적 많이 중복된 것도 이유일 수 있지만, 후집은 원문만 읽도록 해서 독자 나름대로 명상과 사색의 시간을 갖게 하기 위해서였다.

　이 책은 가장 편한 마음으로 읽어 나가면 된다. 잔잔한 음악이 흐르는 찻집에 앉아 한 잔의 차를 마시면서 읽어도 좋고, 지하철 안이나 여름날의 바닷가에서 출렁이는 파도를 즐기면서 읽어도 좋다. 모든 읽을거리는 가장 편한 마음일 때 담길 수 있기 때문이다.

　나는 다만『채근담』을 읽고 이해하는 데 도움말을 주기 위해 최선을 다했을 뿐이다. 그러나 나의 의도가 오히려『채근담』의 깊고 그윽한 내용에 흠이 되지는 않을까 무척 염려스럽다.

　모쪼록 이 책이 독자의 마음속 깊이 자리할 수 있으면 하는 마음만 간절할 뿐이다.

이규호

일러두기 ───

1. 『채근담』은 중국 명나라 때의 유학자 홍자성(洪自誠)이 자신의 체험적 삶을 바탕으로 저술한 생활 철학서이다.

2. 『채근담』은 저자의 이름이 각각 다른 두 종류의 판본이 있는데, 그 하나는 홍자성의 것이고 다른 하나는 홍응명(洪應明)으로 되어 있다. 그러나 두 사람은 이명동인(異名同人)으로, 같은 인물로 파악된 지는 이미 오래되었다.

3. 이 책의 출전은 바로 홍자성의 이름으로 된 만력본으로, 전집 225장, 후집 134장으로 구성되어 있는 것을 사용했다.

4. 채근담이란 제목은 저자인 홍자성이 붙인 것이지만, 송나라 때의 유학자 왕신민(汪信民)이 "사람이 항상 나물 뿌리(菜根)를 씹어 먹을 수 있으면 백 가지 일을 할 수 있다"고 한 말을 인용한 듯싶다.

5. 『채근담』의 서문을 쓴 우공겸(于孔兼)은 홍자성의 사람됨을 다음과 같이 적어 두었다.
"이 글을 채근(菜根)이라고 이름 붙였거니와, 이는 원래 지은이 스스로가 청고(淸苦)를 겪고 단련하는 중에서 얻어진 것이며, 또한 스스로 심고 물 주어 가꾸는 속에서 이루어 낸 것으로, 그가 얼마나 세상 풍파에 시달리고 인생살이의 험난함을 맛보았는지 가히 상상할 수 있다."

6. 『채근담』은 유교 사상을 바탕으로 도교와 불교 사상을 가미하고 있어 동양 사상의 정수라고도 할 수 있다.

7. 채근담이라는 제목이 일러 주는 것처럼 '나물 뿌리를 씹듯이' 이 『채근담』을 읽어 나간다면 세상을 살아가는 데 결코 실패하거나 좌절하는 일 없이 성공적인 삶을 살 수 있을 것이다.

그대 안에
모든 자연이 있다

뜻을 세우려면 남보다 한 걸음 높이 서라. 그렇지 않으면 마치 티끌 속에서 옷을 털고 진흙 속에서 발을 씻는 것과 같아 초탈할 수 없다. 세상을 살아가는 데는 한 걸음 물러서라. 그렇지 않으면 마치 불나비가 촛불에 뛰어들고 숫양이 울타리에 부딪치는 것과 같아 안락함을 바랄 수 없다.

001
마음을 맑고 밝게 드러내라

군자지심사 천청일백 불가사인부지
君子之心事는 天靑日白하여 不可使人不知요

군자지재화 옥온주장 불가사인이지
君子之才華는 玉韞珠藏하여 不可使人易知니라.

참된 사람은 마음을 하늘처럼 푸르고 태양처럼 밝게 하여 모든 사람이 알 수 있게 해야 한다.
그러나 자신의 재주와 지혜는 옥돌이 바위 속에 박혀 있고 구슬이 바다 깊이 잠겨 있는 것처럼
남들이 쉽게 알지 못하게 하라.

마음을 맑고 밝게 한다는 것은 자신 있게 자기 자신을 외부에 드러낸다는 말이다. 하늘을 우러러 한 점 부끄럼이 없는 몸짓으로 세상에 나선다는 것은 얼마나 자랑스러운 일인가.

마틴 루터는 우리가 매일 수염을 깎듯 마음도 매일 다듬어야 한다고 했다. 어제 지닌 마음을 오늘 다시 새롭게 하지 않으면 그것은 곧 우리를 떠날 것이기 때문이다.

그처럼 맑고 밝은 마음을 서슴없이 드러내는 것과는 달리 그대가 지닌 지혜의 샘은 될수록 감추는 것이 좋다. 가장 아름다운 지혜는 지나치게 영리함이 없는 데에 있다는 말도 있지 않은가. 공자가 말했다.

"남이 나를 알아주지 않는 것을 근심치 말고 내가 남의 재능을 알아줄 만한 슬기가 없음을 근심하라."

002

차라리 한때의 외로움을 겪어라

_{서 수 도 덕 자   적 막 일 시   의 아 권 세 자   처 량 만 고}
棲守道德者는 寂寞一時하고 依阿權勢者는 凄凉萬古니라

_{달 인   관 물 외 지 물   사 신 후 지 신}
達人은 觀物外之物하고 思身後之身하나니

_{녕 수 일 시 지 적 막   무 취 만 고 지 처 량}
寧受一時之寂寞이언정, 毋取萬古之凄凉이니라.

도리를 지키면서 사는 사람은 한때 외롭지만 권력에 아부하는 사람은 영원토록 쓸쓸하다.
깨달은 사람은 욕심에서 벗어나 진리를 보므로, 현재의 육체보다 사후의 명예를 생각한다.
차라리 한때의 외로움을 겪을지라도 영원히 쓸쓸한 길은 택하지 말라.

셰익스피어의 『햄릿』을 보면 다음과 같은 대목이 나온다.

햄릿 : 저기 저 구름은 마치 낙타처럼 생겼군.

포르니우스 : 정말이지 맹세코 낙타 같습니다.

햄릿 : 나는 족제비 같다고 생각하는데…….

포르니우스 : 족제비처럼 후퇴하는군요.

햄릿 : 아냐, 고래 같지 않아?

포르니우스 : 꼭 고래 같군요.

아부는 자기를 죽이는 것이다. 아부는 '자기'라는 개체를 주성분으로 사용한다. 점점 소멸되어 가는 그 주성분으로 하여 마침내 자기라는 개체는 흔적도 없이 사라지고 거기 아부라는 치졸한 악덕이 존재할 뿐이다.

포르니우스는 한 점 구름을 두고 낙타에서 족제비로, 족제비에서 다시 고래로 세 번씩이나 자기를 바꾸어 말한다. 그것은 자기 자신을 세 번씩이나 죽인 결과에 지나지 않는다. 햄릿이라는 한 사람에게 영합하기 위하여 자기 자신을 무참히도 짓밟아 버린 것이다.

사람들은 아첨하기 좋아하는 자를 일컬어 가축 중에서도 최악의 가축이라고 몰아붙인다. 사람을 이롭게 하는 가축도 참으로 많지만 그 많은 가축 중에서도 최악의 가축으로 몰아 버리게 된 것은 그가 지니고 있는 위험성 때문이다. 아첨하는 그 말과 행동 들이 거짓인 줄을 알면서도 믿게 되는 위험 부담은 또 다른 위험을 불러들일 수도 있다.

당나라 현종 때 병부상서를 지낸 이임보李林甫라는 사람이 있었다. 그는 아주 온화한 표정과 듣기 좋은 말만 하여 누구나 그에게 호감을 가졌다. 그러나 그의 성격은 표정과는 달리 참으로 음험하고 교활하기 짝이 없었다. 자기보다 능력이 뛰어난 사람으로 황제의 총애를 받게 되면 그는 서슴없이 뒤에서 그를 해치곤 했다. 그의 위선적 삶이 드러나자 사람들은 '입에는 꿀이 있고 뱃속에는 칼이 있다'며 그 사람을 피하기에 급급했다. 아첨을 좋아하는 사람치고 위선적 삶을 살지 않는 사람은 찾아볼 수 없다. 아첨한다는 것 그 자체가 이미 위선이기 때문이다.

도리를 지키면서 산다는 것은 본성대로 산다는 것이다. 지금 살아 있는 그대의 육체가 죽은 뒤의 명예까지 먹칠을 하게 할 필요는 없지 않은가. 모든 권력은 붕괴하고 아부도 결국 소멸된다. 한때의 외로움은 영원히 외롭지 않은 길일 수 있다. 명예는 결코 죽지 않는다.

003

세상일에 깊이 빠져들지 말라

_{섭 세 천} _{점 염 역 천} _{역 사 심} _{기 계 역 심}
涉世淺하면 點染亦淺하며 歷事深하며 機械亦深이라

_고 _{군 자} _{여 기 연 달} _{불 약 박 로}
故로 君子는 與其練達로는 不若朴魯하며

_{여 기 곡 근} _{불 약 소 광}
與其曲謹으로는 不若疎狂이니라.

세상일에 깊이 빠져들지 않으면 그만큼 때 묻지 않을 것이고,
세상일에 경험이 깊으면 남을 속이는 재주 또한 깊어진다.
그러므로 사람은 능란하기보다는 차라리 소박한 것이 낫고, 치밀하기보다는 오히려 소탈한 편이 낫다.

누군가는 세상을 불붙는 집이라고 한다. 뱀은 밖에서 노리고 있고 구더기는 안에서 들끓는다고도 했다. 세상일이란 도무지 예측하기 어렵고 견뎌 내기 또한 어렵다는 얘기다. 그 세상이 바로 사람끼리 모여 사는 삶터인 것이다. 소크라테스마저 그토록 지독한 세상일에 지친 나머지 죽을 무렵에 이르러 다음과 같은 말을 남겼다.

"산다는 것은 오랜 병을 앓는 것과 같다. 나는 의신醫神 아스크레피오스님에게 닭 한 마리를 빌리는 폭이다."

세상이란 사람이 살고 있는 온 누리를 의미한다. 그런가 하면 절이나 수도원 또는 감옥 등의 사회 안에서 일컫는 바깥 사회를 세상이라 한다. 그 세상일에 사람들은 저마다의 일로 융화하고 부대끼고 싸우고 울고 웃으며 지낸다. 그래서 세상일에 깊이 빠져들지 않으면 그만큼 때 묻지 않

을 것이라는 말이다. 이희승은 사람을 이렇게 정의했다.

"사람이란 대체로 묘한 존재다. 이 세상에 태어난 것이 우선 묘하고, 어디서 왔는지 어디로 가는지, 무엇 때문에 사는지도 모르고 살아가는 것이 묘하고, 그러면서도 무엇을 생각하려고 하는 것이 묘하고, 백인백색으로 얼굴이나 성미가 각각 다른 것이 또한 묘하다. 모르면 약이요, 아는 게 병인데도 아는 체하는 것이 묘하고, 뛰는 놈 위에 나는 놈 있건만 모두 뛰려고 하는 것이 묘하다."

사람들은 제각기 자신의 삶터에서 자신만의 손짓과 발짓을 서슴없이 내뻗는다. 오직 살기 위하여 살아남기 위하여 그들이 꾸밀 수 있는 모든 것을 꾸며 낸다. 자기를 짐승처럼 만드는 인간은 어쩌면 인간이라는 고통에서 벗어나려 몸부림치는 것인지도 모른다. 괴테가 말했다.

"구름 속을 아무리 보아도 거기에 인생은 없다. 반듯하게 서서 자기 주위를 둘러보라! 자기가 인정한 것을 우리는 붙들 수 있다. 귀신이 나오든 말든 나의 길을 가는 데에 인생이 있다. 그렇게 앞으로 나아가는 동안에는 고통도 있으리라. 행복도 있으리라. 인생에 완전한 만족은 없다. 자기가 인정한 것을 힘차게 찾아 헤매는 하루하루가 인생이다."

그대의 삶을 너무 지나치게 조이지 말라. 조금은 느슨한 대로 그대 자신을 담아 두라. 그러면 스스로를 넉넉히 바라볼 수 있고 그대 삶터에는 그대 몫인 여유와 소박한 윤기가 흐르리라.

004

자기 자신을 깨끗하게 간직하라

세 리 분 화　불 근 자 위 결　　근 지 이 불 염 자 위 우 결
勢利紛華는 不近者爲潔이요 近之而不染者爲尤潔이며

지 계 기 교　부 지 자 위 고　　지 지 이 불 용 자 위 우 고
智械機巧는 不知者爲高요 知之而不用者爲尤高이니라.

권력과 명예, 이익과 사치를 가까이하지 않는 사람은 깨끗하다.
가까이하더라도 그것에 물들지 않는 사람은 더욱 깨끗하다. 권모술수를 모르는 사람은 마음이 높은 사람이다.
그것을 알더라도 사용하지 않는 사람은 더욱 마음이 높은 사람이다.

아침 일찍 산책길에서 만나는 이슬 묻은 들풀의 신선함을 보면서, 하늘에서부터 내려오는 빗줄기 속에서, 혹은 하얀 눈발 속에서 나는 참으로 내가 인간이기를 기뻐했다. 모두가 내가 인간이기 때문에 누리는 축복이 아니겠는가. 그안에는 권력이나 명예, 이익이나 사치 같은 것들이 없다.

염파濂頗가 벼슬에서 떨어져 고향으로 돌아오자 주변 사람들이 모두 흩어져 버렸다. 얼마 후에 염파는 다시 등용되어 장군이 되었는데 떠났던 사람들이 다시 찾아들었다. 염파가 그들에게 화를 내자 누군가 말했다.

"허허, 권세가 좋으면 장군을 좇고 권세가 없으면 떠나는 것이 당연한 진리인데 무엇 때문에 화를 내시오?"

사람들은 마치 태양을 좇는 해바라기처럼 권력과 사치, 이익과 명예를 바라보며 스스로를 부패시킨다. 그것들을 비껴가며 사는 사람의 몸짓에서 향기로운 삶의 냄새를 맡는 것은 얼마나 아름다운 축복인가.

005

귀에 거슬리는 말은 즐겨 들어라

_{이 중   상 문 역 이 지 언   심 중   상 유 불 심 지 사}
耳中에 常聞逆耳之言하고 心中에 常有拂心之事하면

_{재 시 진 덕 수 행 적 지 석   약 언 언 열 이}
纔是進德修行的砥石이니 若言言悅耳하며

_{사 사 쾌 심   변 파 차 생 매 재 짐 독 중 의}
事事快心하면 便把此生埋在鴆毒中矣리라.

귀로는 항상 귀에 거슬리는 말을 듣고 마음속에는 항상 마음에 거슬리는 일이 있다면
그것은 곧 덕과 행실을 갈고닦는 숫돌과 같다. 만약 말마다 그대 귀를 기쁘게 해 주고
일마다 그대 마음을 즐겁게 해 준다면 그것은 곧 그대의 몸을 독극물 속에 파묻는 것과 같다.

'꿀도 약이라면 쓰다'는 우리의 오랜 속담처럼 자기에게 이로운 충고는 그만큼 귀에 거슬리는 경우가 많다. 사실 꿀을 상처에 바르면 상처를 아프고 쑤시게 한다. 그와 마찬가지로 참된 마음에서 우러난 건전한 충고도 부드럽고 따뜻하게 대하지 않는다면 불행한 사람들을 분개시킬 수도 있다. 하지만 우리는 모든 충고를 넉넉히 받아들일 줄 아는 귀와 마음을 가질 필요가 있다. 그것은 곧 자기 자신을 그만큼 갈고 닦는 지름길이 될 것이기 때문이다.

귀를 열어 두라. 아무리 듣기 거북한 말이라도 그대에게 주어지는 내용이라면 끝까지 듣고 마음을 열어 주라. 아무리 그 마음이 괴롭더라도 마음속 깊숙이 받아들이라. 현명한 사람이 아니더라도 참된 친구의 충고를 마음속 깊이 넣어 두면 언젠가는 그 속에서 새로운 싹이 나기 마련이다.

006
항상 기쁜 마음을 간직하라

질풍노우   금조척척   제일광풍   초목흔흔
疾風怒雨에는 禽鳥戚戚하며 霽日光風에는 草木欣欣하나니

가견천지   불가일일무화기   인심   불가일일무희신
可見天地에 不可一日無和氣요 人心이 不可一日無喜神이니라.

세찬 바람과 성난 빗줄기는 새들도 근심한다. 개인 날씨와 밝은 바람은 초목도 기뻐한다.
보라, 천지엔 하루도 화기(和氣) 없이는 안 될 것을. 다시 보라, 사람에겐 하루도 기쁨 없어선 안 될 것을.

기쁨이 삶에서 제일 요소가 될 수 있는 것은 삶의 욕구이자 힘이며, 가치이기 때문이다. 기쁨은 모든 것을 포용한다. 슬픔도 분노도 그 어떠한 고뇌도 기쁨의 용광로에선 모두 용해된다. 그래서 그 기쁨의 넓이로 말하자면 온 누리에 차고, 크기로 말하자면 겨자씨보다 더 작아질 수도 있다.

기쁨은 혼자 있기를 거부하고 함께하기를 즐겨 한다. 슬픔이 혼자이기를 원하는 것은 누구에게라도 그 슬픔을 나누어 주는 것을 싫어하기 때문이다. 기쁨이 함께이기를 원하는 것은 상대방과 나누고 싶기 때문이다.

세찬 바람과 성난 빗줄기가 분노와 슬픔의 다른 모습이라면 개인 날씨와 밝은 바람은 기쁨과 즐거움의 또 다른 모습이다. 기쁜 마음속에선 슬픔이 자라지 못한다. 그래서 독일 시인 실러는 기쁨을 노래했다. 기쁨은 자연을 움직이게 하는 강한 용수철이라고. 기쁨이야말로 대우주의 시계 장치의 수레바퀴를 돌리는 것이라고.

007
지인은 오직 평범할 뿐이다

農肥辛甘은 非眞味니 眞味는 只是淡하며
神奇卓異가 非至人이니 至人은 只是常이니라.

짙거나 살찌거나 맵거나 단것은 참다운 맛이 아니다. 참다운 맛은 오직 담담할 뿐이다.
신기한 재주로 우뚝하거나 아주 남다른 것은 지인이 아니다. 지인은 오직 평범할 뿐이다.

국어사전에서는 '지인至人'을 도덕적으로 아주 뛰어난 사람, 즉 인격이 극치에 달한 사람이라고 풀이한다. 그러나 우리가 사는 이 시대의 지인은 묵묵히 자기 역할에 충실한 사람이라고 나름대로 풀이하고 싶다.

잘 익은 술과 살찐 고기를 매일같이 먹을 수 있는 사람이 얼마나 있을까? 참다운 맛이란 물과 밥처럼 싫증이 나지 않는 아주 평범하고 담담한 맛인 것처럼, 지인 또한 평범한 가운데서 나오는 사람이다.

가장 평범한 것은 변함이 없다. 변함이 없기 때문에 완전하다. 그렇기 때문에 가장 도덕적인 사람은 평범할 수밖에 없다. 인격자는 스스로 돋보이려 애쓰지 않는다. 스스로 잘난 척 행동하지 않으며, 스스로 모난 행동으로 남의 이목을 끌지 않는다.

역류하지 말고 솟구치지 말고 흐르는 물처럼 그렇게 살자는 것이다. 모든 진리는 평범 속에 있다는 것을 그대는 이미 알고 있다.

008

바쁠수록 여유를 가져라

천지적연부동   이기기   무식소정
天地寂然不動하되 而氣機는 無息少停하며

일월   주야분치   이정명   만고불이
日月은 晝夜奔馳로되 而貞明은 萬古不易하나니

고   군자   한시   요유끽긴적심사   망처   요유유한적취미
故로 君子는 閒時에 要有喫緊的心思하며 忙處에 要有悠閒的趣味니라.

천지는 고요히 움직이지 않아도 그 운행은 쉬지 않는다.
해와 달은 밤낮으로 바삐 바뀌어도 그 광명은 만고에 변하지 않는다. 그러므로 사람은 한가한 때일수록
다급한 일에 대처하는 마음을 마련하고, 바쁜 때일수록 여유 있는 마음을 가져야 한다.

"한 마리의 제비가 봄을 가져오는 것은 아니라는 옛말이 있다. 한 마리의 제비로 봄이 오는 것이 아니라는 것은 사실이지만, 그 제비가 봄이 되어야만 오는 것도 사실이다. 제비뿐이 아니라 모든 땅이나 초목이 그저 기다리기만 하고 봄에 대한 준비를 하지 않는다면 봄은 결코 오지 않을 것이다."

톨스토이의 말이다. 미리 준비한다는 것은 미리 아는 것과 같다. 사람은 언제 무엇이 어떻게 될지 모르고 산다. 그렇기 때문에 사람들은 저마다 삶에 대해 여러 가지 준비를 한다. 그것은 마치 날씨가 좋을 때 돛을 고치라는 영국의 속담과도 같은 이치일 것이다.

어느 봄날, 모쪼록 굴에서 기어 나와 산책을 즐기던 여우가 정신없이 바위에 이빨만 갈고 있는 산돼지를 만났다. 여우가 말했다.

"이렇게 즐거운 봄날에 하릴없이 이빨만 갈고 있나?"

그러나 산돼지는 들은 체도 않고 계속 이빨만 갈아 댔다. 산돼지의 이빨은 어느새 번쩍번쩍 빛이 나고 날카롭기 그지없어 보였다. 여우가 산돼지에게 새삼 말을 걸었을 때 산돼지는 마지못한 듯 대답했다.

"여우야, 난 지금 쓸데없는 짓을 하고 있는 게 아니야. 내가 만약 사냥꾼에게 쫓기거나 사자와 싸우게 되었을 때, 그때서야 이빨을 갈 수는 없지 않겠느냐?"

『이솝우화』속의 산돼지처럼 준비한다는 것은 현명한 일이다. 그래야만 바쁠 때 크게 여유를 가질 수 있다. 준비만 되어 있으면 환난이란 있을 수 없다.

바쁠 때 허둥지둥하는 사람들의 모습을 우리 속담에서도 얼마든지 찾아볼 수 있다. 바쁘게 쏘다니는 사람을 일컬어 '궁둥이에서 비파소리 난다'고 하거나 '가을 중 싸대듯'한다고 한다. 성급히 서둘러 일하느라 정신을 못 차리는 사람에게는 '가랑이에 두 다리를 넣는다'고 핀잔하기 일쑤다. 급히 어디론가 떠나는 사람이 남기는 말로 '귀때기가 떨어졌으면 이다음에 와 찾지'라는 말에서는 여유 없는 상황의 극치를 보는 것 같다.

한가한 때일수록 다급한 일에 대처하는 마음을 마련하다. 바쁜 꿀벌에게는 슬퍼할 겨를이 없다지 않는가. 다만 쉬지 말라. 살아 있는 그대는 그대 자신의 움직임 속에서만 존재한다. 그 움직임이 바로 그대의 여유다.

009

항상 부끄러워할 줄 알라

야 심 인 정 독 좌 관 심 시 각 망 궁 이 진 독 로
夜深人靜에 獨坐觀心하면 始覺妄窮而眞獨露라

매 어 차 중 득 대 기 취 기 각 진 현 이 망 난 도
每於此中에 得大機趣하나니 旣覺眞現而妄難逃하면

우 어 차 중 득 대 참 뉴
又於此中에 得大慚忸하느니라.

밤이 깊어 인적 고요한 때에 홀로 제 마음을 바라보노라면 허망은 사라지고 진실만이 오롯이 나타남을 깨닫게 된다.
항상 이 가운데서 큰 즐거움을 느껴라. 그러나 진실이 나타났음에도
다시 허망에서 벗어나기 어려움을 깨닫게 된다면 이 가운데서 크게 부끄러움을 느껴라.

"그대가 순진하고 맑고 결백한 마음을 간직했다면 열 개의 진주 목걸이보다 더 그대의 행복을 위한 빛이 될 것이다. 그대가 지금 비록 불행한 환경에 있더라도 만일 그대의 마음이 진실하다면 아직 힘찬 행복을 간직하고 있는 것이다. 오직 진실한 마음에서만 인생을 헤쳐 나갈 힘찬 지혜가 우러나오기 때문이다. 아무리 지위가 높고 지식이 많아도 인간의 진실을 잃어버린다면 그 무엇도 그대의 몸에 붙어 있지 못할 것이다."

페스탈로치의 말은 언제 읽어도 마음에 와닿는다. 진실은 언제나 변치 않는 모습에서 변치 않는 옷으로 우리 앞에 있다.

칠흑 같은 어둠과 적막 같은 고요 속에서 만나는 진실은 참으로 아름답다. 마찬가지로 어둠과 고요 속에서 만나는 허망은 또 얼마나 잔인할 정도로 부끄러워지는가?

010
실패 뒤에 성공이 있다

恩裡에는 由來生害하나니 故로 快意時에 須早回頭하며
敗後에 或反成功하나니 故로 拂心處에 莫便放手하라.

옛날부터 재앙은 은혜 속에서 자라난다. 그러므로 만족스러운 때에 빨리 머리를 돌려 주위를 돌아보라.
실패 뒤에 성공이 있다. 그러므로 일이 뜻대로 되지 않는다고 서둘러 포기하지 말라.

높은 곳에 위치한 나무는 낮은 곳에 자리한 나무보다 더 많은 바람을 타게 마련이다. 윗사람의 총애 속에서 승승장구 지위가 높아지면 주위 사람들로부터 시기와 질투를 받는 것은 어쩌면 당연한 일인지도 모른다.

그러다 보면 윗사람의 총애에도 변화가 있을 수 있다. 불행은 그때 드러난다. 전에 자기 자신에서부터 주위를 둘러보며 처신한다면 모든 재앙은 면할 수도 있을 것이다.

'실패는 성공의 어머니'란 격언과 마찬가지로 '넘어짐으로써 안전하게 걷는 법을 배운다'는 영국의 격언 역시 많은 것을 생각하게 한다. 한 번도 실패를 경험해 보지 않은 사람이 있다면 그는 단 한 번도 무언가를 시도해 본 적이 없는 사람이다.

쉽게 물러서지 말라. 끈질기게 붙잡고 매달리면 그만한 결과를 얻게 된다. 훌륭한 사수射手도 실패하는 일이 있다.

011

뜻은 담백해야 뚜렷해진다

藜口莧腸者는 多冰淸玉潔하고 袞衣玉食者는 甘婢膝奴顔하나니
蓋志以澹泊明하고 而節從肥甘喪也니라.

명아주를 먹고 비름으로 배를 채우는 사람은 얼음같이 맑고 옥처럼 깨끗한 사람이 많지만,
비단옷 입고 좋은 음식 먹는 사람은 종 노릇 시늉도 마다하지 않는다.
뜻은 담백함으로써 뚜렷해지고 지조란 부귀를 탐하면 잃고 마는 것이다.

주나라의 무왕武王이 난폭한 은왕殷王을 정벌하자 이윽고 천하는 모두 주나라를 섬겼다. 그러나 은나라 백성이었던 백이와 숙제는 그를 부끄럽게 생각하고 주나라의 곡식을 먹을 수 없다 하여 수양산에 숨어 고사리를 캐 먹다가 굶주려 죽었다. 이 시대를 살면서 백이와 숙제 같은 무모할 정도의 의로움은 지키지 않을지라도, 자신을 처신하는 데 있어 최소한의 의로움은 간직해야 할 것이다.

모든 타락 가운데 가장 경멸해야 할 것은 타인에게 의존해 사는 것이라고 도스토옙스키는 말했다. 확실한 의지가 있는 곳에 통하지 않는 길이란 없다. 가난한 환경과 예측할 수 없는 고통이 앞을 가로막더라도 확실한 자기 의지 앞에서 열리지 않을 문은 없다.

의지야말로 사람을 가장 아름답게 인도하는 힘이다.

012
마음의 문을 활짝 열어 두라

면전적전지　　　요방득관　　　　사인무불평지탄
面前的田地는 要放得寬하여 使人無不平之歎하며

신후적혜택　　　요류득구　　　　사인유불궤지사
身後的惠澤은 要流得久하여 使人有不匱之思하라.

살아 있을 때의 마음은 활짝 열어 놓아서 사람들이 불평하지 않도록 하라.
죽은 후의 은혜는 길이 흐르게 하여 사람들에게 부족함이 없게 하라.

도스토옙스키는 인간의 마음을 일컬어 신과 악마가 싸우는 전쟁터라고 했다. 마음속에는 선악이 공존하고 있어 어느 한순간도 투쟁을 멈추는 법이 없다. 그것이 인간의 마음이다. 그러나 그것은 마음의 문을 빈틈없이 닫아 놓았을 때의 경우다. 그대 마음의 문을 활짝 열어 보라. 열린 마음의 문을 통해 찾아드는 손님은 수없이 많다. 슬픔과 눈물, 기쁨과 웃음, 분노와 좌절……. 그 손님들은 쉴 새 없이 열린 마음의 문을 통해 자기를 이야기하고 드러낸다. 닫힌 마음속으로는 아무도 찾아들지 않는다. 거기에는 어둠과 적막이 도사리고 있어, 열린 마음의 문을 통해 자취를 감췄던 모든 악의 손님들로 가득 찰 뿐이다.

마음을 연다는 것은 상대방을 이끌어 들인다는 말이다. 마음을 열어 놓는다는 것은 준다는 것이다. 포용한다는 말이며, 사랑한다는 의미이며, 용서한다는 몸짓이다. 행복한 마음은 아름다운 얼굴을 만든다.

013
욕심을 마음에서 덜어 내라

作人이 無甚高遠事業이라도 擺脫得俗情하면 便入名流하고
爲學이 無甚增益工夫라도 減除得物累하면 便超聖境하리라.

사람으로서 위대한 일은 못하더라도 세속의 인정에서 벗어날 수만 있다면 명사라 일컬을 수 있다.
학문을 연마하되 뛰어나게 공부하지 못하더라도 물욕을 마음에서 덜어 낼 수 있다면 성인의 경지에까지 이르게 된다.

위나라의 문제文帝는 노식盧毓의 능력을 높이 사서 그를 이부상서라는 높은 자리에 임명했다. 그러면서 이렇게 말했다.

"그저 집안이 좋다는 이유만으로 높은 지위에 앉는 것은 참으로 곤란한 일이야. 땅에 그린 그림은 먹을 수 없으니까 말이지."

'그림의 떡'을 말한 대목이다. 볼 수는 있어도 먹을 수도 없고 가질 수도 없어 오히려 보지 않는 것만 못함을 이르는 말이다. 이 역시 욕심을 경계한 말이다.

박종화의 『금삼의 피』를 보면 사람의 욕심을 다음과 같이 묘사한다.

"사람의 새빨간 욕심이란 채우면 채울수록 밑바닥이 없는 것이다. 그것은 사람의 강렬한 본능이기 때문이다. 이 야수 같은 새빨간 본능은 사람의 마음 어느 한 귀퉁이에 몇 천 년 몇 만 년을 두고 길고 강하게 뿌리박혀 내려왔다. 그러나 사람은 도덕이란 옷과 예절이란 굴레를 쓰기 때문에 어

27

느 정도까지 야수성을 뿜을 수 있다가도 반성하는 마디에 이르러서는 소스라쳐 돌아설 수 있다."

그렇게 '소스라쳐 돌아설 수 있다'는 것이 중요하다. 사람마다 그 차이점이야 있을 수 있겠지만, 욕심이란 너울 속에서 빠져나올 수 있다는 것만 해도 얼마나 다행스러운 일인가.

드골은 사람의 가치에 대해서 무척 비관적인 견해를 가지고 있었다. 그는 인간이란 연약한 것이며 인간의 본성 자체가 가냘프기 짝이 없는 것이라고 생각했다. 그는 가장 뛰어난 인간이라 하더라도 기대치를 충분히 이루어 나갈 수 없다고 생각하기 때문에 자기 스스로를 드러내서 남과 사귀기를 꺼려했다고 한다.

그러나 그 연약함이, 그 가냘픔이 인간의 본성 속에 살아 있다는 것은 다행이다. 그 연약함이, 그 가냘픔이 '소스라쳐 돌아설 수' 있게 하는 원동력이 될 수 있기 때문이다.

모든 사람은 살아가면서 참으로 위대한 일을 할 수 있다. 그러나 위대한 것이 모두 선할 수만은 없다. 오히려 모든 선한 것이야말로 참으로 위대할 수 있다. 공자가 말했다.

"사람을 위대하게 만드는 것이 진리가 아니라, 진리를 위대하게 만드는 것이 사람이다."

014
벼랑길 좁은 곳은
남이 먼저 지나가게 하라

경 로 착 처　　유 일 보　　　　여 인 행
徑路窄處는 留一步하여 與人行하며
자 미 농 적　　감 삼 분　　　양 인 기　　차 시 섭 세　　일 극 안 락 법
滋味濃的은 減三分하여 讓人嗜하라 此是涉世의 一極安樂法이니라.

벼랑길 좁은 곳은 한 걸음쯤 멈추어 다른 사람이 먼저 지나가게 하라.
맛있는 음식은 세 등분으로 덜어서 다른 사람에게 나누어 즐기게 하라.
이것이야말로 기쁘게 세상을 살아가는 방법 중의 하나이다.

　　두 마리의 산양이 외나무다리 위에서 만났다. 어떻게 하면 좋을까? 산양은 원래 뒷걸음질 칠 수 없다. 그렇다고 다리가 좁으니 스쳐 지나갈 수도 없다. 부딪칠 수밖에 다른 방법이 없으나 그렇게 하면 두 마리 모두 냇물로 떨어지고 만다. 도대체 어떻게 하면 좋을까? 자연은 이 산양에게 한쪽은 무릎을 꿇고 엎드리고 다른 한쪽이 그를 뛰어넘어 건널 것을 가르쳐 주었다. 그렇게 하면 양쪽 다 함께 안전하게 건너갈 수 있다.

　　사람도 역시 다른 사람에 대해서는 이 산양과 같이 논쟁하거나 다투는 일 없이 자기를 타고 넘을 수 있게 해 준다면 얼마나 좋을까. 마틴 루터가 『식탁어록』에 남긴 말이다.

　　"나보다 남을 먼저 생각하는 사람이라면, 그 사람은 이미 자연 속에서 자신의 한몫을 단단히 해내고 있는 사람임에 틀림없다."

015

반드시 본마음을 지켜라

_{교 우} _{수 대 삼 분 협 기} _{작 인} _{요 존 일 점 소 심}
交友에는 須帶三分俠氣하고 作人에는 要存一點素心이니라.

친구를 사귈 때에는 반드시 의협심을 지녀야 하고,
사람이 되는 길에는 반드시 본마음을 지녀야 한다.

키케로가 말했다.

"우정은 오래될수록 빛을 발한다. 마치 오랜 시간을 보낸 포도주처럼 달콤해지는 것이 당연한 이치이며, 세상에서 말하는 것처럼 우정을 다하기 위해서는 함께 여러 말의 소금을 먹어봐야 한다."

우정은 함께하지 않으면 영속되지 않는다. 희로애락을 함께해야 그 진액을 건져 올릴 수 있다. 함께해 보지 않은 우정에는 진액이 걸러지지 않는다. 그것은 그대가 입고 있는 옷처럼 껍질뿐인 경우가 많다. 껍질만 있는 우정은 오히려 화사하게 보인다. 그러나 알맹이는 없다. 땅콩 껍질 속의 땅콩만한 우정도 참으로 맛볼 수 없다.

우정이야말로 그대 인생의 술이 되게 하라. 그대 기쁨을 함께하고 슬픔을 함께할 수 있는 향기로운 한 잔 술이 되게 하라.

016
이익에 앞서지 말라

총리 무거인전 덕업 무락인후
寵利는 *毋*居人前하고 德業은 *毋*落人後하며

수향 무유분외 수위 무감분중
受享은 *毋*踰分外하고 修爲는 *毋*減分中하라.

은총과 이익에는 남의 앞에 서지 말고 덕행과 사업은 남의 뒤에 처지지 말라.
받아서 누릴 일에는 분수를 넘지 말고 자기를 닦아서 행할 일에는 분수를 줄이지 말라.

이익만큼 인간을 움직이게 하는 무기는 없다. 이익과 연관되면 그것이 무슨 일이든 간에 벌떼처럼 모여드는 게 인간의 속성이다.

'발일모리천하불위타拔一毛利天下不爲他'란 말이 있다. 털 하나 뽑는 것처럼 작은 일로 천하를 이롭게 할 수 있는데도 하지 않는다는 말로, 자기의 이익에만 사로잡혀 다른 사람의 일은 조금도 생각하지 않는다는 뜻이다.

어떤 활동이라도 그것이 개인의 이익에 근거를 두지 않는 한 그 기반은 견고하지 못하다고 톨스토이는 말했다. 심지어 그것이야말로 보편적인 철학상의 진리라고까지 얘기하고 있다.

모든 은총과 이익을 남보다 뒤로할 수 있다는 것은 이미 그만한 부富를 축적하고 있는 셈이 된다. 이익을 보기 전에 거기 숨겨진 화를 볼 줄 아는 눈을 가져라.

017
물러섬이야말로 나아감의 바탕이다

處世에는 讓一步爲高이니 退步는 卽進步的張本이요
待人에는 寬一分이 是福이니 利人은 實利己的根基니라.

세상을 살아가는 길에 한 발자국 양보하는 것을 높다 하느니 물러서는 것은 곧 나아갈 바탕이 된다.
사람을 대우하는 일에 조금이라도 관대한 것이 복이 되느니 남을 이롭게 하는 것이야말로
곧 자기 자신을 이롭게 하는 바탕이 된다.

"자신의 적당한 자리보다 낮게 자리 잡아라. 내려가라는 말을 듣기보다
올라가라는 말을 듣는 편이 낫다. 신은 스스로 높은 자리에 앉은 자를 낮
은 곳으로 떨어뜨리며, 스스로 겸양하는 자를 높이 올린다."

『탈무드』에 나오는 말이다. 물러서는 발걸음이 앞지르려는 발걸음임
을 아는 사람은 드물다. 남을 이롭게 하는 것이 곧 바로 자기 자신을 이롭
게 하는 것임을 아는 사람은 드물다.

겸손을 모르는 사람은 언제나 다른 사람을 비난하고 결점을 드러내기
에 바쁘다. 그 때문에 자기 자신의 죄과는 점점 더 자라나 마침내 스스로
를 죄의식 속에 옭아매게 된다.

치寸를 굽히고 자尺를 뻗는다는 말도 있지 않은가. 작은 일을 양보하고
큰일에서 이득을 취한다는 말이다. 사람은 서로 양보하지 않고서는 함께
사회에서 존속해 나갈 수 없다.

018
뉘우침에는 죄악이 없다

개 세 공 로　　당 부 득 일 개 긍 자　　미 천 죄 과　　당 부 득 일 개 회 자
蓋世功勞도 當不得一個矜字요 彌天罪過라도 當不得一個悔字니라.

세상을 뒤덮는 공로도 '뽐낼 긍(矜)' 자 하나를 당하지 못하고
하늘에 가득 찬 허물도 '뉘우칠 회(悔)' 자 하나를 당하지 못한다.

로마의 명장 폼페이우스가 로마를 떠나 있을 때는 자신의 화려한 전공 戰功으로 크게 명성을 떨치며 권세 또한 대단했으나 로마에 있을 때엔 그렇지 못했다. 교만한 성질과 대단한 자부심으로 민중들을 멀리했기 때문이다. 그의 힘을 필요로 하는 사람들을 돕지 않았고, 사람들에게 성의를 다하지 않았다. 다만 자신의 명성을 뽐내며 주어진 권세만을 지켜 나가기에 급급했을 뿐이다. 노자가 말했다.

"스스로 공을 자랑하는 자는 그 공이 없어진다. 자기의 재능을 자만하는 사람은 그 재능을 사회에서 보존하지 못한다."

돌아보라. 돌아보면 볼수록 그대는 참으로 미약하고 왜소한 한 인간에 불과하다는 걸 깨닫게 된다. 그 속에서 자신의 아름다움을 찾아라. 그리고 이웃과 더불어 마침내 그대가 살고 있음을 유념하라.

그대의 죄와 허물을 두려워 말라. 하늘에 가득 찬 허물도 뉘울칠 회悔 자 하나를 당하지 못한다.

019
명예로움을 혼자 차지하지 말라

완명미절 불의독임 분사여인 가이원해전신
完名美節은 不宜獨任이니 分些與人이라야 可以遠害全身이요

욕행오명 불의전추 인사귀기 가이도광양덕
辱行汚名은 不宜全推니 引些歸己라야 可以韜光養德하리라.

명예로움과 아름다운 절의는 혼자서만 차지하지 말라. 조금은 남에게 나누어 주어야만
해로움을 멀리하고 몸을 보전할 수 있다. 욕된 행위와 부끄러운 오명을 절대로 남에게 돌리지 말라.
조금은 끌어다 자신의 것으로 해야 참된 빛을 감추고 덕을 기를 수 있다.

임진왜란 때 이순신 장군은 명나라의 수군제독 진린陣璘과 함께 연합을 이루어 남해에서 왜군과 싸웠다. 승리할 때마다 장군의 진영에서 벤 왜군의 머리를 진린의 진영에 나누어 주었다. 그것은 진린에게 전공을 세우게 하려는 이순신 장군의 배려였다. 그 일로 두 나라 군대는 전쟁을 큰 승리로 이끌 수 있었다.

그대의 명예로움을 나누어라. 조금씩 나누어 준 명예로움의 조각들은 어느새 꽃을 피워 다시 그대에게 되돌아온다.

마찬가지로 모든 치욕스러움과 명예스럽지 못한 일들은 어느 누구도 자기 것으로 하기를 꺼려한다. 자신의 허물에서 비롯된 것일지라도 남의 것으로 돌려 버리기를 서슴지 않는다.

남의 치욕스러움을 조금은 자기 것으로 할 줄 알라. 그러면 그대 안에 가득히 피어날 참스런 덕행을 기쁨으로 만나게 된다.

020

모든 일에 여분을 남겨라

^{사 사 유 개 유 여 부 진 적 의 사} ^{변 조 물} ^{불 능 기 아}
事事留個有餘不盡的意思하면 便造物이 不能忌我하며

^{귀 신} ^{불 능 손 아} ^{약 업 필 구 만}
鬼神이 不能損我나 若業必求滿하며

^{공 필 구 영 자} ^{불 생 내 변} ^{필 소 외 우}
功必求盈者는 不生內變하면 必召外憂하느니라.

모든 일에 여분을 남겨 못다한 뜻을 둔다면 하느님도 나를 시기하지 않으며 귀신도 나를 해하지 않는다.
모든 일에서 완전한 만족을 구하고 공로 또한 완전하길 바란다면 안으로부터 변란이 일어나거나
아니면 반드시 바깥으로부터 근심을 부르게 된다.

'지나친 것은 모자람과 다름없다'는 옛말이 있다. 모든 일이 가득 차고 넘치면 다시 기울게 마련이다. 참된 만족은 참된 욕구에서 비롯된다.

보잘것없는 한 사나이가 왕녀와 결혼을 했다. 그는 온갖 사치와 즐거움을 동원하여 아내를 만족하게 하려고 애썼으나 아무런 소용이 없었다. 왕녀에게는 오히려 남편의 행위들이 귀찮기만 하고 짜증스러운 일에 불과했다. 만족하면 만족한 만큼 더 부족을 느꼈기 때문이다.

어떤 일에 있어서도 조금은 남겨 두라. 조금씩은 비워 두라. 파스칼이 말한 이 대목을 명심하라.

"풍부하다고 반드시 좋은 것은 아니다. 더 바랄 것 없이 풍족하다고 그만큼 기쁨이 더 큰 것은 아니다. 모자라는 듯한 여백이 오히려 기쁨의 샘이다."

021

성실한 마음과 온화한 기운을 지녀라

_{가 정   유 개 진 불}   _{일 용   유 종 진 도}
家庭에 有個眞佛하며 日用에 有種眞道라

_{인 능 성 심 화 기}   _{유 색 완 언}   _{사 부 모 형 제 간}   _{형 해 양 석}
人能誠心和氣하며 楡色婉言하며 使父母兄弟間으로 刑骸兩釋하며

_{의 기 교 류}   _{승 어 조 식 관 심 만 배 의}
意氣交流하면 勝於調息觀心萬倍矣리라.

가정에 하나의 참부처가 있고 일상 속에 하나의 참다운 도가 있다.
사람이 성실한 마음과 온화한 기운을 지니고 즐거운 얼굴과 부드러운 말씨로 부모형제가
뜻을 통하게 하면 이는 숨을 고르게 하고 내심(內心)을 관조하는 것보다 그 공덕이 만 배나 낫다.

페스탈로치는 가정의 단란함이 지상에서의 가장 빛나는 기쁨이라고
했다. 또 자녀를 바라보는 즐거움은 인간의 가장 성스러운 즐거움이라고
했다.

행복한 가정의 내면을 들여다보라. 그들은 서로가 닮아 있다. 그러나
불행한 듯싶은 가정을 들여다보라. 가족 모두가 따로따로인 것이 확연하
게 보인다.

참스런 부처를 절간에서 찾을 필요가 없다. 그것은 그대 가정 속에 있
으며 가족 모두가 참부처일 수 있다. 진리는 먼 곳에 있는 것이 아니라 그
대의 일상생활 속에 우주의 섭리처럼 진행되고 있다. 모든 식구가 한뜻으
로 삶을 영위한다면 진리를 깨닫기 위한 참선도 필요 없다.

'남편은 두레박 아내는 항아리'라는 오랜 속담이 참으로 정겹다.

022

정중동은 서로가 그 속에 있다

---

^{호 동 자} ^{운 전 풍 등} ^{기 적 자} ^{사 회 고 목}
好動者는 雲電風燈이요 嗜寂者는 死灰枯木이라

^{수 정 운 지 수 중} ^{유 연 비 어 약 기 상} ^{재 시 유 도 적 심 체}
須定雲止水中에 有鳶飛魚躍氣象하나니 纔是有道的心體니라.

움직이기 좋아하는 사람은 구름 속의 번개와 같고 바람 앞의 등불과도 같다.
고요함을 좋아하는 사람은 차가운 재와 같고 마른 나뭇가지와 같다.
사람은 멈춘 구름 속에서 솔개가 날고 잔잔한 물 위에서 고기가 뛰는 기상이 있어야 한다.
그것이 바로 도를 깨우친 사람의 마음이다.

'견란이구시야見卵而求時夜'란 말이 있다. 계란을 보고 한밤중의 시간을 알아본다는 말이다. 『장자』의 제물론 편에 나오는 이야기다. 얼마나 성질이 급했으면 계란을 보고 닭 울음소리를 기다렸을까.

'목말라 우물 판다'는 말이 있다. 임박하여 급히 서두는 것을 빗댄 말이다. 반대로 너무 비활동적인 사람은 '차가운 재와 같고 마른 나뭇가지 같다'고 했다. 그것은 정지된 상태를 말한다. 정지는 곧 죽음과 직결된다.

모든 것이 마음속에 있다. 성급한 것이 어리석은 자의 약점이라면 비활동적인 성격 또한 어리석고 게으른 자의 약점일 것이다.

빅토르 위고는 바다보다 더 장대한 것은 하늘이라 했고 하늘보다 더 장대한 것은 사람의 마음이라고 했다. 마음속에서는 모든 것을 포용할 수 있다. 그대 마음을 다스리라. 그리고 그대 마음을 그대가 조율하라.

023

잘못을 꾸짖을 때 엄하지 말라

攻人之惡에 毋太嚴하여 要思其堪受하며

教人以善하되 毋過高하여 當使基可從이니라.

남의 허물을 꾸짖을 때 너무 엄하게 하지 말라. 그 말을 감당할 수 있을지를 생각해야 한다.
사람을 선으로 가르치더라도 지나치게 고상하게 하지 말라. 그 사람이 들어서 따를 수 있도록 해야 한다.

'왜 형제의 눈에 있는 티끌은 보면서 자기 눈의 들보는 모르는가?'

어찌 보면 사람이란 허물과 함께 삶을 영위하는지도 모른다. 사람마다
나름대로의 허물이 있고 과실이 있다. 허물이란 사람에게만 있다. 그러나
그 허물을 뉘우칠 줄 알기 때문에 사람이다. 누군가 물었다.

"어려운 일은 어떤 것인가?"

한 사람이 대답했다.

"자기 자신을 아는 것이다."

"그렇다면 쉬운 일은 어떤 것인가?"

"남에게 충고하는 일이다."

천만의 말씀이다. 충고하는 일처럼 어려운 것이 없다. 대개 사람들이
충고해 달라고 하는 것은 오히려 칭찬의 인사말을 기다리는 것이다.

남의 허물을 꾸짖을 때는 그 사람의 아픈 곳을 다치지 않게 치유하듯

말해야 한다. 상처에 약을 발라주듯 그렇게 꾸짖어야 한다. 남을 가르칠 때도 마찬가지다. 상대가 알아들을 수 없는 내용을 아무리 그대의 유식한 언어로 들려주어도 그에게는 통하지 않는다.

'물은 트는 대로 흐른다'는 속담을 곰곰이 생각하라.

024

밝음은 어둠에서 비롯된다

糞蟲은 至穢하되 變爲蟬하여 而飮露於秋風하며
腐草는 無光하되 化爲螢하여 而耀采於夏月하나니
固知潔은 常自汚出하며 明은 每從晦生也니라.

굼벵이는 더럽지만 매미로 변하여 가을바람의 이슬을 마신다. 썩은 풀은 빛이 없지만 반딧불로 변해서
여름밤을 빛낸다. 깨끗함은 항상 더러움에서 나오고 밝음은 항상 어둠에서 비롯되는 것임을 알라.

굼벵이는 썩은 것들을 먹고 자란다. 그러나 마침내 매미가 되어 나뭇가지 위에서 계절을 노래한다. 옛사람들은 썩은 풀이 변하여 반딧불이 된다고 믿었다. 반딧불의 알이 썩은 풀더미 속에서 자라니 그럴 듯하다.

그러나 여름밤의 반딧불이야말로 얼마나 아름다운가. 하늘의 별처럼 어둠 속을 구석구석에서 밝힌다. 썩은 풀더미 속의 추한 어둠이 없었다면 반딧불의 빛 또한 있을 수 없다.

밝음은 어둠 속에서 생겨난다. 어둠이 존재하지 않는다면 광명 또한 없다. 선악도 마찬가지다. 선과 악은 그림자와 본체의 관계이며 오른손과 왼손의 관계다.

사랑하여 그 악을 알고, 미워하여 그 선을 알 수 있듯이 애증 또한 한결같다. 오직 살아 있음에 대한 절실함을 함께 사랑할 일이다.

025

정욕과 의식은 모두가 망심이다

궁 고 거 오　　무 비 객 기　　 항 복 득 객 기 하　　　이 후 정 기 신
矜高倨傲는 無非客氣니 降伏得客氣下하면 而後正氣伸하며

정 욕 의 식　　 진 속 망 심　　 소 쇄 득 망 심 진　　　이 후 진 심　현
情欲意識은 盡屬妄心하니 消殺得妄心盡하면 而後眞心이 現하느니라.

뽐내고 건방진 것은 객기 아닌 것이 없다. 객기를 물리친 뒤에라야 정기가 자라난다.
정욕과 의식은 모두가 망심이다. 망심을 물리친 뒤에라야 진심이 나타난다.

사람들은 누구나 터무니없는 욕심을 내기도 하고 이것저것 분별없이 가려보기도 한다. 객기와 정기正氣는 나누어지지 않는다. 그것은 하나다. 객기가 이길 때 정기가 스러질 뿐, 망심妄心이 이길 때 진심이 스러질 뿐 그것들은 하나다.

대개의 경우, 정기를 이기는 객기란 없다. 진심을 이기는 망심이 없는 것처럼 승패는 한결같다. 그런데도 왜 객기를 꺼려하는가? 왜 망심을 두려워하는가?

그것은 마음의 병 탓이다. 마음이 객기거나 망심 따위를 인정하기 때문이다. 차라리 간섭하지 말라. 사람들은 자기 마음과는 관계 없는 일에 머리를 쓰고 괴로워한다.

그대 뜻과 마음은 다치는 일 없이 그대 자신이 지켜 나가면 된다. 온전한 그대 몫이다. 마음은 '그대'를 집으로 정하고 있다는 사실을 잊지 말라.

026

사후의 뉘우침을 예견하라

飽^포後^후思^사味^미하면 則^즉濃^농淡^담之^지境^경이 都^도消^소하며 色^색後^후思^사婬^음하면

則^즉男^남女^녀之^지見^견이 盡^진絶^절하나니 故^고로 人^인이 常^상以^이事^사後^후之^지悔^회悟^오로

破^파臨^임事^사之^지癡^치迷^미하면 則^즉性^성定^정而^이動^동無^무不^부正^정이니라.

배부른 뒤에 음식을 생각하면 맛의 구별이 사라지고,
성교 후에 섹스를 생각하면 남녀의 관념마저 없어진다. 그러므로 사람이 사후(事後)의 뉘우침을 미리 알아
사전의 어리석음을 깨뜨려 버리면 본성이 바로잡혀 바르지 않은 행동이란 있을 수 없다.

언젠가 나흘간 금식한 적이 있다. 웬 음식들이 그렇게나 많이 각양각색으로 머릿속에 떠오르는지 참으로 견디기 어려웠다. 허기진 배에 물만 마시며 시간을 죽이는 일은 그리 쉽지 않았다. 나흘간의 금식을 마치고 나니 맛없는 음식이 없었고 금식하기 이전보다 더욱 맛있는 식사를 즐길 수 있었다.

즐거운 식사의 나날이 며칠 지나자 나는 다시 옛날처럼 모든 음식들이 심드렁해졌다. 그것은 단순히 포식 탓이었다. 포식은 싫증을 낳는다. 또한 포만은 권태를 낳는다. 모든 것이 그렇다.

조금은 부족한 듯한 데서 멈춰라. 그것을 미리 깨달아 본성을 바로잡을 수 있는 것은 커다란 지혜이다.

027
항상 큰 뜻을 품어라

거 헌 면 지 중　　불 가 무 산 림 적 기 미
居軒冕之中하면 **不可無山林的氣味**요

처 림 천 지 하　　수 요 회 랑 묘 적 경 륜
處林泉之下하면 **須要懷廊廟的經綸**이니라.

높은 지위에 있을지라도 산림에 묻혀 사는 풍취가 없어서는 안 되고,
산림에 묻혀 있을지라도 반드시 조정의 경륜을 품어야 한다.

　　사람이 사람답게 산다는 것은 참으로 아름다운 일이다. 그러나 많은 사
람들은 그 사람답게 살 수 있음을 금방 잊어버리고 만다. 가난하게 살아
왔던 한 사람의 '과거'가 그가 성공함으로써 처참하게 버려지는 일에 아
연하지 않을 수 없다. 마치 가난할 때 사용하던 온갖 생활 도구들을 성공
함으로써 새것으로 갈아치우는 일과 다를 바 없기 때문이다.

　　가난했을 때의 '과거'는 그 자신의 거울이며 고향이다. 그토록 귀중한
자신의 거울과 고향을 쉽게 버릴 수 있는 사람이라면 그에게 보장될 수
있는 미래는 없다.

　　마찬가지다. 지금 비록 가난하고 아직은 성공하지 못했다 하더라도, 마
침내 성공의 길에 들어섰을 때 자신이 펼쳐나갈 뜻은 항상 자신의 내면
깊은 곳에서 갈고닦아야 할 것이다. 뜻은 사람으로 하여금 비로소 사람답
게 한다. 뜻을 지녔는가, 지니지 못했는가에 따라 사람답게 살 수 있는가

를 가름하게 된다.

　사람이란 무한한 열정을 품고 있는 한, 그리고 확고한 의지와 변치 않을 뜻을 지니고 있는 한 성공하지 않을 수 없다. 뜻 있는 곳에 길이 있다. 성공이야말로 얼마나 굉장한 물감인가? 그것은 모든 추악함을 한꺼번에 감추어 버린다.

028

그르침이 없으면 그것이 성공이다

처세 불필요공 무과 변시공
處世에 不必邀功하라 無過면 便是功이요

여인 불구감덕 무원 변시덕
與人에 不求感德하라 無怨이면 便是德이니라.

세상을 살아가면서 꼭 성공만을 바라지 말라. 그르침이 없으면 그것이 바로 성공이다.
남에게 베풀더라도 그 은덕에 감격해하기를 바라지 말라. 원망만 없다면 그것이 바로 은덕이다.

플로베르의 수상록에 보면 성공은 결과이지 목적이 아니란 말이 있다. 참으로 중요한 말이다. 성공을 목적으로 마냥 달려가는 사람들이 주위에는 너무나 많다. 성공이라는 목적지에 다다르기까지 거치게 되는 과정에는 신경 쓰지 않는다. 목적을 위해서는 수단 방법을 가리지 않는다는 말이다. '모로 가도 서울만 가면 된다'는 우리의 속담처럼 그들은 마냥 달리기만한다. 그들이야말로 '성공병' 환자들인 셈이다. 그런 '성공병' 환자들에게 단테는 다음과 같은 말을 남겼다.

"한 걸음 한 걸음 천천히 걸어서 종국에 도달할 수 있다고 생각해서는 안 된다. 한 걸음 한 걸음이 그 자체로서 가치가 있어야 한다. 커다란 성과는 조그마한 가치들이 모여서 이룩된다. 살찐 성과를 얻기 위해서는 한 걸음 한 걸음이 힘차고 충실하지 않으면 안 된다."

029
인간의 본성을 즐겁게 하라

_{우 근} _{시 미 덕} _{태 고} _{즉 무 이 적 성 이 정}
憂勤은 是美德이로되 太苦하면 則無以適性怡情이요

_{담 박} _{시 고 풍} _{태 고} _{즉 무 이 제 인 리 물}
澹泊은 是高風이로되 太枯하면 則無以濟人利物이니라.

염려하고 부지런한 것은 미덕이긴 하나 지나치게 수고하면 사람의 본성을 즐겁게 할 수 없다.
청렴하고 결백한 것은 높은 기상이긴 하지만 그 또한 지나치면 모든 일에 이로울 것이 없다.

기杞라는 나라에 세상만사를 무척이나 근심하는 사내가 있었다. 만약 천지가 무너져 버린다면 어떻게 될까 하는 불안감에 밤잠도 자지 못했으며 아무것도 먹을 수 없었다. 그러나 누군가 그에게 하늘은 공기가 쌓여 있는 것이고, 땅은 사방에 가득 차 있으므로 아무것도 염려할 것이 없다고 설명하자 그때서야 안심하고 세상을 살았다는 것이다. 그때부터 기우杞憂라는 말이 생겼다. 지나친 근심을 일컬어 하는 말이다.

너무 염려하면 마음을 다치게 되고 너무 부지런하면 몸을 다치게 된다. 한 사람에게는 한 사람 몫의 일이, 열 사람에게는 열 사람 몫의 일이 당연하다. 카네기의 말을 들어 보자.

"지금 근심하는 일들이란 무엇인가? 다시 한 번 잘 생각해 보라. 누군가 나를 원망하고 있는지 모른다. 무슨 일이 실패할지도 모르고 도둑이 들어올지도 모른다. 이러한 걱정이라면 지금 당장 떨쳐 버려라. 불확실한 미래의 일을 지금부터 걱정할 것은 없다. 다만 심신을 소모하고 오늘 할 일에 지장을 줄 뿐이다."

'물이 너무 맑으면 고기가 놀지 않는다'는 속담을 되풀이 음미해 보라.

030
궁지에 빠지면
처음으로 되돌아가라

事窮勢蹙之人은 當原其初心하며 功成行滿之士는 要觀其末路니라.

일이 막혀 궁지에 빠진 사람은 시작으로 되돌아가서 생각하라.
성공하여 만족한 사람은 반드시 그 일의 마지막을 미리 예견하라.

하는 일마다 모든 뜻대로 이루어지기란 쉽지 않다. 그러나 사람들은 끊임없이 도전하고, 끊임없이 실패하고 다시 도전하며 마침내 이루어낸다. 그것이 인간이다. 양심이라는 거울에 비친 자기 자신을 바라보면서 시작과 끝을, 처음과 마지막을 되풀이하여 바라볼 수 있기 때문이다.

일이 막혔으면 처음으로 되돌아가라. 시작에서부터 심었던 자신의 땀과 의지, 설계를 재점검하라. 반드시 허술하게 넘겨 버린 대목이 있다. 만일 그대가 뜻했던 어떤 일이 성공을 거두었다고 만족한다면 다가올 그 일의 마지막을 미리 내다보라. 성공이 그 위치에 항상 머물러 있을 수 없는 것처럼 그대의 만족 또한 영원할 수 없다.

가득 차면 이지러지기 마련이다. 만월이 차츰 줄어들고 활짝 핀 꽃이 결국 질 수밖에 없는 것처럼. 그리하니 끝없이 일을 사랑하라. 새로운 일을 창조하라. 그것이 그대의 올바른 성공이다.

031

부자는 부자다워야 한다

富貴家는 宜寬厚어늘 而反忌刻하니 是는 富貴而貧賤其行矣라
如何能享이리요 聰明人은 宜斂藏이어늘 而反炫耀하니
是는 聰明而愚惜其病矣라 如何不敗리요.

부귀한 집은 너그럽고 후덕해야 한다. 그런데도 각박하다면 그 행실이야말로 빈천하기 짝이 없으니
어떻게 축복을 바랄 것인가. 총명한 사람은 그 재주를 거두고 감추어야 한다.
그런데도 오히려 자랑삼는 것은 총명하면서도 어둡고 어리석기 때문이니 어떻게 실패하지 않을 수 있겠는가.

'부자는 많은 사람의 밥상'이라는 속담이 있다. 많은 사람들에게 많건 적건 덕을 끼친다는 뜻일 것이다. 또 정반대의 의미를 가진 속담도 있다. '부잣집 떡개는 작다', 즉 부자일수록 더더욱 인색한 사람을 빗댄 말이다.

부자는 참으로 부자다워야 한다. 사람마다 각자 지닌 품성이 있듯이, 부자에게는 부자다운 품성이 겸비되어야 한다. 부지런한 부자는 하늘도 막지 못한다고 했다. 하물며 거기에 후덕하기까지 하다면 축복의 신이 어찌 외면할 수 있겠는가. 어느 현명한 리커교도 노인이 이렇게 말했다.

"아들아, 네가 부자가 되느냐 안 되는냐는 네가 얼마만큼 돈을 쓰는가에 달려 있지, 네가 얼마나 많은 돈을 버느냐에 달려 있지 않다."

032
슬기로운 사람은 그 행동을 삼간다

거 비 이 후　　지 등 고 지 위 위　　　처 회 이 후　　지 향 명 지 태 로
居卑而後에 知登高之爲危하고 處晦而後에 知向明之太露하며

수 정 이 후　　지 호 동 지 과 로　　　양 묵 이 후　　지 다 언 지 위 조
守靜而後에 知好動之過勞하고 養黙而後에 知多言之爲躁니라.

낮은 곳에 살아야 높은 곳 오르기가 위험한 줄 알고, 어두운 곳에 있어 보아야 밝은 곳으로 향하는 것이
눈부신 것을 알게 된다. 조용함을 지켜보아야 활동적인 것이 부질없음을 알게 되고
말 없음을 닦아 보아야 말 많음이 시끄러운 것임을 알게 된다.

'미련한 자라도 잠잠하면 지혜로운 자로 여기고 그 입술을 닫으면 슬기로운 자로 여기느니라.' '어리석은 자는 온갖 말을 믿으나 슬기로운 자는 그 행동을 삼가느니라.'

구약성서 잠언에 나오는 말씀이다. 이 세상을 살아가면서 사람들은 저마다 자기가 파 놓은 함정에 빠져들기를 자주한다. 높은 위치에 있을 때 언젠가 아주 낮은 자리로 떨어질 것을 모르고, 대중의 갈채를 받을 때 갑자기 소외된 자리로 밀려날 것을 모른다.

모든 일에 앞장서서 설쳐 대는 사람은 그러한 일체의 활동이 부질없음을 모르고 살고 있는 것이다. 그렇게 살면서도 그들은 한결같이 현명한 척한다. 그렇게 사는 것이 현명한 삶의 방법이라고 착각하고 있다.

낮은 곳에 살고 있으면 높은 곳의 위험을 일찍 깨닫게 된다. 어두운 곳에 살고 있으면 밝은 곳의 눈부심을 깨닫고도 남음이 있다.

033

범속의 자리에서 벗어나라

방 득 공 명 부 귀 지 심 하　　　변 가 탈 범
放得功名富貴之心下라야 便可脫凡이요

방 득 도 덕 인 의 지 심 하　　　재 가 입 성
放得道德仁義之心下라야 纔可入聖이니라.

부귀공명에 대한 마음을 모두 놓아 버려야 범속의 자리를 벗어날 수 있다.
인의와 도덕에 대한 마음을 모두 털어 버려야 비로소 성인의 경지에 들어설 수 있다.

범속이란 평범하고 속된 것을 의미한다. 과연 누가 이 시대를 살면서 평범하고 속된 것에서 벗어날 수 있겠는가? 그런 범속한 시대에 살면서 어떻게 그 범속의 자리를 벗어나겠다는 것인가?

그런 말이 아니다. 그것은 '부귀공명'이란 먹이 앞에서의 이야기다. 그러한 먹이를 목표로 정한 사람에게는 끊임없는 사투가 있다. 그런 것들을 놓아 버리자는 이야기다.

바꾸어 말하면, 범속하지 않는 사람이란 자신이 할 수 있는 일을 성취한 사람이다. 그러나 범속한 사람은 할 수 있는 일을 하지 않고 할 수 없는 일만을 바라는 사람이다. 노자가 말했다.

"성인은 모든 일에서 자신의 일은 뒤로 밀고 타인의 일을 먼저 생각한다. 그러므로 타인이 그를 앞세운다. 성인은 사심을 없앰으로써 자신을 보전한다."

034

독단을 버려라

이 욕   미 진 해 심   의 견   내 해 심 지 모 적
利慾이 未盡害心이라 意見이 乃害心之蟊賊이요

성 색   미 필 장 도   총 명   내 장 도 지 번 병
聲色이 未必障道라 聰明이 乃障道之藩屏이니라.

이욕이라 해서 모두 마음을 해치는 것이 아니다. 독단이 곧 마음을 해치는 해충이다.
여색이 반드시 도를 가로막는 것이 아니라 총명함이 오히려 도를 가로막는 장애물이다.

이욕利慾이란 이익을 탐하는 욕심을 말한다. 이욕들이 근본적으로 사람의 마음을 해치지는 않는다. 그것은 어떤 의미에서는 인간의 본성이기 때문이다. 참으로 사람의 마음을 크게 해칠 수 있는 것은 편견에서 빚어진 독단적 사고방식이다. 석가모니가 말했다.

"정욕의 불꽃이 타는 대로 쫓아가는 사람, 향락에 굶주린 사람, 육욕이 점점 크게 자라는 대로 방임하는 사람, 이와 같은 사람들은 자기 자신을 스스로 쇠사슬로 결박하는 사람들이다."

인격 수양에 혼선을 겪는 가장 큰 장애물은 바로 자기 자신의 아집이다. 자신이 가장 총명하다고 믿는 생각이야말로 자기 자신을 가장 오만불손하게 만드는 지름길이 된다. 그대를 가로막는 장애물은 바로 그대 안에 있다는 것을 명심하라.

035
한 걸음 물러서는 법을 배워라

인정　　　반복　　　　세로　　　기구　　　행불거처
人情은 反復하며 世路는 崎嶇로다 行不居處에는

수지퇴일보지법　　　　행득거처　　　무가양삼분지공
須知退一步之法하며 行得去處에는 務加讓三分之功하라.

사람의 마음이란 변하기 쉽고 세상길은 험난하다. 쉽게 갈 수 없는 곳에서는
한 걸음 물러서는 법을 알아야 하고 쉽게 갈 수 있는 곳에서는 어느 정도의 공로를 사양하는 것이 옳다.

사람이 살고 있는 온 누리를 세상이라고 한다. 그 세상 속에는 다양한 사람들이 뒤엉켜 삶을 영위한다. 세상과 연관되는 속담을 살펴보자.

'굶어 보아야 세상을 안다'는 먹을 것이 없어 굶주려 보지 않은 사람은 세상을 참으로 알았다고 할 수 없다는 말이다. 또 '나그네 세상'이란 말도 있다. 이것은 세상살이의 무상함을 한마디로 도려내는 것 같다. 또 '기린은 잠자고 시라소니가 춤춘다'라는 말은 성인은 깊숙이 들어앉아 있는데 무능한 사람만이 설치고 움직인다는 뜻을 담고 있다. '눈 감으면 코 베어 먹을 세상'이란 섬뜩한 속담도 있다. 세상인심이 얼마나 험악하고 믿음이 없으면 그토록 잔인한 말이 생겼을까 싶다.

그런 세상을 살아가려면 양보보다 아름다운 그릇은 따로 없을 것 같다. '세상은 아름다운 책이지만, 그것을 읽을 수 없는 자에게는 거의 쓸모가 없다.'는 말은 참으로 다시 되새기고 싶은 문장이다.

036

사람을 미워하지 않기가 어렵다

待小人은 不難於嚴이요 而難於不惡하며
待君子는 不難於恭이요 而難於有禮니라.

소인을 대하는 데 엄하기는 어렵지 않지만 미워하지 않기가 어렵다.
군자를 대하는 데 공손하기는 어렵지 않지만 예를 지키기가 어렵다.

안중정眼中釘이란 말이 있다. 몹시 미워하고 보기 싫은 사람을 일컬을 때 쓰는 말로 눈 속의 못이란 뜻이다. 눈에 박힌 못이니 오죽하랴.

사람이 사람을 미워하고 싫어하는 것은 오히려 사랑하고 좋아하는 것보다도 어려운 일이다. 그만큼 미움 혹은 증오의 감정은 참으로 다스리기 힘든 감정이다. 오죽하면 사랑은 애꾸눈이고 증오는 완전한 소경이라는 말까지 생겨났겠는가. 버지니아 울프는 『댈러웨이 부인』에서 증오심을 다음과 같이 표현했다.

"그런데 이놈의 흉한 괴물(증오심)이 마음속에 꿈틀거리기 시작하여 그녀를 초조하게 만들고 있었다. 나뭇잎 우거진 깊숙한 숲과도 같은 그녀의 영혼 저 속에서 나뭇가지가 우지끈 부러지는 소리가 들려오고, 이 괴물의 발굽에 마구 짓밟힌 듯한 기분이었다. 완전한 만족이나 완전한 안전이란 바랄 수도 없는 모양이었다. 글쎄 이 괴물이 어느 틈에 일어설지 모르니

말이다. 더구나 이 증오심이란 괴물은 그녀가 앓고난 뒤로, 감정을 물어 뜯고 척추를 해치는 힘까지 생겨 있었다. 이 괴물은 그녀의 육체까지 괴롭혔다. 신비감과 우정과 건강과 그리고 사랑을 받고 가정을 즐기는 온갖 기쁨을 뒤흔들어서 떨게 하고 결국 꺾어 버렸다."

미워하지 말라. 미움은 그대 마음속에서 나오듯 어느새 그대 자신까지 먹어치운다.

037
청렴결백하여 깨끗한 이름을 남겨라

寧守渾噩하고 而黜聰明하여 留些正氣還天地하며
寧謝紛華하고 而甘澹泊하여 遺個淸名在乾坤하라.

차라리 우직하여 총명함을 물리치고 다소의 정기를 남겨 천지에 돌려라.
차라리 화려함을 물리치고 청렴결백하여 깨끗한 이름을 세상에 남겨라.

세상을 너무 영리하게만 살아가려 애쓰는 사람들을 보면 그들에게는 공통점이 있다. 얕은 꾀와 잔재주가 그들 삶의 주종을 이룬다. 그들에게는 다만 살아가는 것만이 중요한 문제이지 결코 바르게 사는 것이 중요한 것이 아니다. 정직한 남을 비방하여 그 정직을 자기 것으로 도둑질하거나 부지런한 타인을 헐뜯어서 그 부지런함을 자기 것으로 도둑질하는 데 길들여져 있다.

영리하지 않아도 괜찮다. 차라리 조금은 우직하라. 차라리 조금은 속으면서 살아가라. 차라리 조금은 잃어버리면서 살아가라. 그것들을 한데 모아 그대 삶의 원천으로 삼고 대자연과 함께 호흡하라. 화려함보다 허망한 것은 없다. 그것은 시간이 지나면 티끌처럼 사라져버리기 일쑤다.

참으로 깨끗한 이름은 그대 목숨과도 같은 것임을 잊지 말라. 그대의 깨끗한 이름 때문에 한목숨 새롭게 태어날 수도 있다.

038

먼저 자신부터 굴복시켜라

降魔者는 先降自心하라 心伏하면 則群魔退聽하리라
_{항마자 선항자심 심복 즉군마퇴청}

馭橫者는 先馭此氣하라 氣平하면 則外橫不侵하리라.
_{어횡자 선어차기 기평 즉외횡불침}

마(魔)를 굴복시키려면 먼저 자신의 마음부터 굴복시켜라. 마음이 굴복한다면 모든 마귀는 스스로 물러난다.
포악한 마음을 제어하려면 먼저 자신의 마음속 객기부터 제어하라.
객기가 평정되면 포악한 마음은 도저히 침입할 수 없다.

여자의 마음은 남자의 마음보다 맑다는 말은 늘 변하는 여자의 마음을 표현한 것이다. 변하지 않는 남자의 마음은 그대로 썩을 수밖에 없다는 논리다. 그 속에 반짝이는 의미가 있다. 고여 있는 물은 썩기 마련이므로 흐르는 물은 살아 있는 물이요, 고여 있는 물은 죽은 물이 된다.

마음도 마찬가지다. 마음을 쓰지 않고 버려두면 말라 버리거나 썩어 버린다. 마음이야말로 정신 이상의 것이라고 했다. 정신은 꽃향기처럼 사라진다 해도 마음은 계속 뿌리로서 남는다.

도스토옙스키는 신과 악마가 싸우는 전쟁터가 바로 인간의 마음이라고 표현했다. 그대 마음이야말로 바로 전쟁터다.

마음속에는 언제나 미치광이와 참사람이 자리 잡고 있다. 그들은 시간과 장소와 때를 가리지 않고 싸운다. 마음을 항상 새롭게 하기 위해 힘쓰라. 그대 마음이 곧 그대 얼굴이고 재산이며, 이름이다.

039
친구 사귐을 조심스럽게 하라

教弟子는 如養閨女하여 最要嚴出入謹交遊하나니

若一接近匪人하면 是는 淸淨田中에

下一不淨種子라 便終身難植嘉禾矣니라.

자식을 가르치는 것은 처녀를 기르는 것과 같다. 출입을 엄하게 할 것이며 친구 사귐을 가장 조심해야 한다.
만약 한 번이라도 나쁜 친구를 사귀게 되면 그것은 마치 깨끗한 논밭에 잡초를 심는 것과 같아서
평생토록 좋은 곡식을 심기 어렵게 된다.

'누군가를 알고 싶거든 우선 그의 친구가 누구인지 물어보라'는 터키의 격언이 있다. 친구가 없는 생애는 태양이 없는 생애와 같고, 친구가 없는 것은 영혼이 없는 몸과 같다고들 말하기도 한다.

사람은 태어나면서부터 혼자이기를 거부한다. 젖먹이일 때는 어머니와 함께, 아이일 때는 또래들과 함께한다. 그러다가 조금씩 자아가 형성되면서 보다 가까운 친구라는 존재를 만든다. 바르지 못한 교우 관계는 삶에 큰 영향을 끼친다. 그래서 사람들은 오랜 옛날부터 친구 사귀기를 무엇보다 조심토록 권유해 왔다.

샹폴은 세상에는 세 종류의 친구가 있다고 했다. 그대를 사랑하는 친구, 그대를 잊어버리는 친구, 그리고 그대를 미워하는 친구. 그대는 어떤 친구인가.

040
잠시라도 욕정에 빠지지 말라

욕 로 상 사　　무 락 기 변　　　이 고 위 염 지
欲路上事는 毋樂其便하여 而姑爲染指하라

일 염 지　　　　변 심 입 만 인　　　　이 로 상 사　　무 탄 기 난
一染指하면 便深入萬仞하리라 理路上事는 毋憚其難하여

이 초 위 퇴 보　　　일 퇴 보　　　변 원 격 천 산
而稍爲退步하라 一退步하면 便遠隔千山하리라.

욕정은 쉽게 즐길 수 있지만 잠시라도 가까이하지 말라.
한 번이라도 가까이하면 만길 구렁으로 떨어지고 만다. 도리에 관한 일은 어렵다 하더라도 뒤로 물러서지 말라.
한 번 물러서면 천 굽이 산처럼 멀어진다.

베르나노스는『어떤 시골 신부의 일기』에서 '욕정은 인류의 옆구리에 입을 벌리고 있는 신비한 상처'라고 했다. 또 '사회는 부끄러운 상처를 감추기 위하여 예술의 온갖 매력적 도움을 빌어 애를 쓰지만, 죄에 대해서 얼마간의 경험이 있는 사람이라면 욕정이 기생적인 생장 작용과 추악한 번식으로 질식시키려 든다는 것을 모르지 않는다'고 했다. 그는 욕정이야말로 우리 인류의 모든 결함의 근원이며 원리라고 못 박는다.

욕정은 붙들어 맬 수 없다. 어디에 파묻어 둘 수도 없다. 그러므로 쉽게 가까이하지 않는 것이 살아남는 길의 첩경이다.『법구경』은 이렇게 적고 있다.

"마음이 어지러워 즐거움만 찾다 보면 음욕을 깨끗하다고 생각한다. 욕정은 날로 자라고 더하나니 스스로 제 몸의 감옥을 만든다."

041
마음을 스스로 조율하라

_{염 두 농 자}　　_{자 대 후}　　　_{대 인 역 후}　　　　_{처 처 개 농}
念頭濃者는 自待厚하고 待人亦厚하여 處處皆濃하며

_{염 두 담 자}　　_{자 대 박}　　　_{대 인 역 박}　　　_{사 사 개 담}
念頭談者는 自待薄하고 待人亦薄하여 事事皆淡하나니

_고　　_{군 자}　　_{거 상 기 호}　　_{불 가 태 농 염}　　　　_{역 불 의 태 고 적}
故로 君子는 居常嗜好를 不可太濃艶하여 亦不宜太姑寂이니라.

마음이 두터운 사람은 자신에게뿐 아니라 남에게도 두터워 이르는 곳마다 두텁다.
마음이 척박한 사람은 자신에게뿐 아니라 남에게도 척박하여 부딪치는 일마다 척박하다.
사람은 평상시의 기호를 너무 두텁게 해서도 안 되고 또한 너무 척박하게 해서도 안 된다.

누군가 재즈는 오르가슴이라고 했던 말이 기억난다. 재즈가 지닌 음악
적 특성을 정확하게 꼬집은 말인 것 같다. 사람의 마음을 악기에 비유해
보자. 다양한 음정을 가진 악기는 각양각색의 인간적 특질을 저마다의 소
리로 드러낼 것이다. 기쁨과 슬픔, 분노와 좌절, 쾌락과 방탕 어느 것 하나
도 빠짐없이 토해낼 수 있을 것이다.

그렇다면 우리는 능히 그 마음을 조율해 나갈 수 있다. 완벽한 피아노
음정을 위해 조율사를 부르듯 우리는 마음의 음정을 위해 나 자신을 그
조율사로 불러 낼 수 있다.

스피노자는 같은 사물이 동시에 선도 되고 악도 될 수 있다고 했다. 그
어느 것도 저마다의 경우가 있다는 것이다. 예를 들면 음악은 우울한 사
람에게는 선이 되고 죽음을 애도하는 사람에게는 악이 되며, 귀머거리에

게는 선도 악도 아닌 아무 의미도 지니지 않는다.

　그대 마음을 스스로 조율할 줄 알라. 때로는 두텁게, 또 경우에 따라서는 척박하게 스스로를 가늠하라. 그대 마음은 그대가 조율하고 다룰 수 있는 훌륭한 악기이다.

042
사람은 하늘도 이길 수 있다

피부아인하며　　피작아의라　군자는　고불위군상소뢰롱하며
彼富我仁하며 彼爵我義라 君子는 固不爲君相所牢籠하며

인정승천하고　지일동기라　군자는　역불수조물지도주
人定勝天하고 志一動氣라 君子는 亦不受造物之陶鑄니라.

그가 부(富)를 내세우면 나는 인(仁)으로 맞서고 그가 지위를 내세우면 나는 의로움으로 맞서라.
때문에 군자는 높은 지위에 농락되지 않는다. 사람이 힘을 모으면 하늘을 이기고 뜻을 하나로 모으면
기질도 바꿀 수 있다. 때문에 군자는 운명의 지배를 받지 않는다.

　'인仁은 사람이 살 편안한 집이며 의義는 사람이 걸어가야 할 넓은 길'이라고 맹자가 말했다. 인의란 어질고 의로움을 뜻하는 말이다. 인의를 가슴 깊이 간직한 사람은 어떠한 재산이나 권력에도 흔들리지 않는다.

　이때 확고부동한 자아의식이 필요하다. 남의 것은 결코 내 것이 될 수 없다. 스스로를 완전한 자기 자신의 주인으로 만들 수 있다면 단 한 번의 시도에서도 성공하기 마련이다. 괴테는 이렇게 말했다.

　"나는 가장 괴로운 곳에 몸을 던지겠다! 나에게는 사랑과 미움에서 나오는 모든 번민이 차라리 시원한 감각을 준다. 인간에게 주어진 것들을 마음속에서 자아로서 맛보고 싶다. 나의 마음은 가장 높은 것, 가장 깊은 것을 붙들고 싶다. 인간의 모든 기쁨과 슬픔을 한꺼번에 가슴속에 쌓아 올리고 싶다. 그래서 나를 인간 전체의 자아로까지 넓혀 나가고 싶다."

　이제 모두가 그대 것이다. 그대가 가진 모든 것의 주인이 바로 그대다.

043
뜻을 세우려면 남보다 높이 서라

^{입신}^{불고일보립}^{여진리진의}^{이중탁족}
立身에 不高一步立하면 如塵裡振衣하며 泥中濯足이니

^{여하초달}^{처세}^{불퇴일보처}^{여비아투촉}
如何超達이리요 處世에 不退一步處하면 如飛蛾投燭하며

^{저양촉번}^{여하안락}
羝羊觸藩이니 如何安樂이리요.

뜻을 세우려면 남보다 한 걸음 높이 서라. 그렇지 않으면 마치 티끌 속에서 옷을 털고
진흙 속에서 발을 씻는 것과 같아 초탈할 수 없다. 세상을 살아가는 데는 한 걸음 물러서라.
그렇지 않으면 마치 불나비가 촛불에 뛰어들고 숫양이 울타리에 부딪치는 것과 같아 안락함을 바랄 수 없다.

'피장부아장부彼丈夫我丈夫'란 말이 있다. 사람의 지능이란 비슷비슷하기 때문에 모든 것은 노력 여하에 달려 있다는 말이다.

남보다 한 걸음이라도 높이 서기 위해서는 그만한 노력이 뒤따르지 않으면 안 된다. 비슷비슷한 무리 속에 서 있을 바에야 그야말로 먼지 속에서 옷을 털고 진흙 속에서 발을 씻는 것과 무엇이 다르겠는가? 단테의 『신곡』에 다음과 같은 시구가 있다.

이 산을 오르려는 자 / 골짜기에선 튼 괴로움을 만나리 / 그러나 올라감에 따라 덜어지리라 / 그러기에 어려움도 즐거움으로 바뀔 때 / 오르는 것이 퍽이나 수월하게 보여 / 빠른 흐름은 작은 배를 타고 내려가는 것과 같다.

　그러나 세상을 살아가는 일에는 한 걸음쯤 물러서는 지혜도 필요하다. 누울 자리를 보고 다리를 뻗으라는 속담은 그래서 이로운 말이다. 다가올 결과를 생각해 가면서 모든 것을 미리 살피고 시작하라는 뜻일 게다.

　뜻을 세우려거든 남보다 한 걸음 높이 서고, 세상을 살아가는 데는 한 걸음 물러서라는 조상들의 가르침을 언제나 가슴속에 새겨라.

044

정신을 가다듬어 집중해라

學者는 要收拾精神하여 倂歸一路니 如修德에 而留意於事功名譽하면
必無實詣하며 讀書에 而奇興於吟咏風雅하면 定不深心이니라.

배우는 사람은 정신을 가다듬어 한곳으로 집중해야 한다. 만일 덕을 닦으면서 뜻을 사업이나 명예에 둔다면
진리를 깨달을 수 없고, 책을 읽으면서 풍류나 놀이에만 머문다면 결코 깊은 마음까지 다다를 수 없다.

선인장은 씨를 뿌린 지 3년 내지 5년 만에 결실하는 게 정상이다. 식물의 마술사라고 불리는 미국의 루사 버뱅크는 가시 없는 선인장의 품질 개량을 위해 9년이라는 긴 세월을 매달려 살았다. 마침내 가시를 없앴지만 여전히 솜털 같은 작은 가시가 있어, 그 가시를 없애기 위해 15년이란 긴 긴 세월과 함께 다시 사보텐과 씨름을 하여 매끄러운 잎을 가진 선인장을 만드는 데 성공했다.

그것은 끈질긴 집념과 확고한 목적의식, 그리고 필사적인 노력의 결과였다. 삶이란 쉬는 것이 아니라 나아가는 것이며 끊임없이 도전하며 새롭게 자신을 생성해 나가는 것이다.

물을 보내지 않으면 물레방아는 돌지 않는다. 그대가 돌리기 위한 물레방아를 위해 모든 힘을 모아 쉼 없이 물을 보내줘야 한다. 참으로 하늘은 스스로 돕는 자를 돕는다.

045
부러운 마음을 지니지 말라

진 덕 수 도　요 개 목 석 적 염 두　약 일 유 흔 선
進德修道에는 要個木石的念頭니 若一有欣羨이면

변 추 욕 경　제 세 경 방　요 단 운 수 적 취 미
便趨欲境하며 濟世經邦에는 要段雲水的趣味니

약 일 유 탐 착　변 타 위 기
若一有貪著이면 便墮危機니라.

도덕을 닦아 나갈 때는 마음을 목석같이 하라. 만일 한번 부러움을 일으키면 곧장 욕심으로 치닫게 된다.
세상을 염려하고 나라를 다스리고 싶으면 물결이나 구름처럼 맑은 취미를 가져라.
만일 한번 집착하면 금방 위기에 떨어지게 된다.

단테는 사람의 마음에 불을 놓는 세 가지 불꽃을 자부심과 질투심과 탐욕심으로 정의했다. 자부심처럼 위태로운 것이 없고, 질투심처럼 사악한 것이 없으며, 탐욕심처럼 추악한 것이 없기 때문이다.

부러운 마음을 갖지 말라. 부러움은 어느새 그 부피를 눈덩이처럼 부풀려 욕심을 만들어 낸다. 그 욕심은 다시 새로운 욕심을 낳고 커다란 탐욕의 터널을 파 놓기 마련이다.

'고비지조사어미식高飛之鳥死於美食'이란 말이 있다. 하늘 높이 나는 새가 먹이 때문에 사람 손에 잡힌다는 말이다. 또 '당랑박선螳螂搏蟬'이란 말은 눈앞에 보이는 욕심에 눈이 어두워 제게 닥치는 위험을 모르다가 마침내 큰 재난을 만난다는 말이다.

잔잔히 내려 쌓이는 햇볕을 감사할 줄 알아야 한다. 구름결이나 물결처

럼 가장 자연스럽게 살아갈 일이다.

　'지붕을 성기게 이으면 비가 새는 것처럼, 마음을 조심하지 않으면 탐욕은 곧 이것을 뚫는다.'『법구경』에 적혀 있다. 찬찬히 음미해 볼 대목이다.

046
욕심과 정 때문에 본성을 잃지 말라

인 인　　유 개 대 자 비　　유 마 도 회　　무 이 심 야
人人이 有個大慈悲하니 維摩屠劊가 無二心也하며

처 처　　유 종 진 취 미　　금 옥 모 첨　　비 양 지 야
處處에 有種眞趣味이니 金屋茅簷이 非兩地也라

지 시 욕 폐 정 봉　　당 면 착 과　　사 지 척 천 리 의
只是欲蔽情封하여 當面錯過하면 使咫尺千里矣니라.

사람마다 모두 자비심이 있어 유마와 백정이 두 마음이 아니다.
어디에나 즐거움이 있어 대저택과 초가집이 다를 바 없다.
다만 욕심과 정 때문에 본성을 잃어 한번 어긋나면 가늠할 수가 없다.

　셰익스피어의 『베니스의 상인』을 보면, 재판관으로 변장한 포샤가 계약에 따라 어떻게 해서든지 안토니오의 가슴살 1파운드를 떼어 내겠다고 우기는 샤일록에게 설득하듯이 말한다.

　"자비는 강요될 성질의 것은 아니다. 그것은 조용한 비가 땅 위에 떨어져 내려오듯 그렇게 쏟아지는 것이다. 그 덕은 이중적이다. 그것은 주는 자와 받는 자를 행복하게 한다. 그것은 가장 훌륭한 사람이 행할 때 가장 위대한 것이 된다. 그것은 왕좌에 앉은 왕후에게는 왕관보다도 더욱 어울리는 것이다."

　권력자가 권력 대신 자비를 행할 때에 가장 위대하다는 말이다. 사람은 누구에게나 자비심이 있다. 그것은 일부러 만들어 내는 것이 아니라 인간의 본성으로 깊이 내재되어 있는 것이다. 훌륭한 사람이 자비심을 베풀

때 위대해지듯이 보잘것없는 백정이나 망나니가 베푸는 자비심이야 더더욱 말해 무엇하랴.

유마維摩와 같은 덕이 높은 사람이나 백정이나 망나니 같은 하찮은 사람에게도 자비심이라는 것은 한결같이 살아 있다.

그처럼 큰 저택이든 초가집이든 삶의 참뜻을 알고 즐겁게 살아가는 데는 마음먹기에 달렸다. 다만 욕심과 정 때문에 사람의 본성을 잃지 말자는 이야기다.

'익불사숙弋不射宿'이란 말이 있다. 주살질로 자는 새를 잡지 않는다는 뜻으로 인자의 자비심을 이르는 말이다. 또 '애급옥오愛及屋烏'란 말이 있다. 남을 사랑하면 그 집 지붕에 있는 까마귀까지도 사랑하게 된다는 뜻이다. 그래서 마음먹기에 달렸다는 이야기다. 사람의 본성이 살아 있는 한 모든 사물은 사랑의 대상이 될 수밖에 없다. 모든 생물이 이 땅 위에서 완전히 존재하지 않게 되었다 하더라도 자비심은 그것을 가지고 있는 사람의 마음속에서 끊임없이 존속한다. 석가모니가 말했다.

"사람이 건강을 잃고 친구를 잃고 명예를 잃는다는 것은 커다란 손실이다. 그러나 사람으로서 자비심을 잃는 것은 그중 가장 큰 손실이다."

047
몸가짐을 편안하게 하라

_{길 인   무 론 작 용 안 상   즉 몽 매 신 혼   무 비 화 기}
吉人은 無論作用安祥이라 卽夢寐神魂도 無非和氣며

_{흉 인   무 론 행 사 낭 려   즉 성 음 소 어   혼 시 살 기}
凶人은 無論行事狼戾라 卽聲音咲語도 渾是殺機니라.

착한 사람은 몸가짐이 편안한 것은 말할 나위도 없지만 잠자는 동안의 영혼까지 온화함으로 충만되어 있다.
악한 사람은 행동이 사나운 것은 물론 목소리와 웃음 띤 말에서도 살기가 넘친다.

중국 속담에 '착한 사람은 두 사람밖에 없다. 하나는 죽은 사람이고 다른 하나는 아직 태어나지 않은 사람이다.'라는 말이 있다. 이 세상에 살고 있는 사람들 중에는 누구도 착한 사람이 없다는 말이다. 비슷한 덴마크의 속담으로는 '결혼하기 전에는 나쁜 인간이 없다. 그리고 죽기 전에는 착한 사람이 없다.'가 있다. 이 역시 현실적인 삶 속에서의 선인을 부정하고 있다.

선악은 서로 상통한다. 톨스토이의 말처럼 선을 행하는 데는 노력이 필요하지만 악을 억제하는 데는 보다 더한 노력이 필요한 정도의 차이뿐이다. 마틴 루터는 다음과 같이 말했다.

"새가 머리 위를 지나는 것을 막을 수는 없지만 새가 머리 위에 집을 짓는 것은 막을 수 있다. 나쁜 생각이란 머리 위를 스치는 새와 같아서 막을 도리가 없지만 생각이 들어앉지 못하게 물리칠 힘은 우리에게 있다."

048
보이지 않는 곳에서 죄짓지 말라

肝受病하면 則目不能視하고 腎受病하면 則耳不能聽하나니

病은 受於人所不見하여 必發於人所共見이라

故로 君子가 欲無得罪於昭昭여든 先無得罪於冥冥하라.

간이 병들면 눈이 멀게 되고 콩팥이 병들면 귀로 듣지 못한다.

병은 사람이 볼 수 없는 데서 생긴 다음 사람이 볼 수 있는 곳에 나타난다.

그러므로 사람이 밝게 보이는 곳에서 죄를 짓지 않으려면 먼저 사람이 보지 않는 곳에서부터 죄를 짓지 말라.

'좁은 문으로 들어가라. 멸망으로 인도하는 문은 크고 그 길이 넓어 들어가는 자가 많고, 생명으로 인도하는 문은 좁고 길이 협소하여 찾는 이가 적음이니라.'

신약성서의 구절이다. 동양 의학은 눈은 간에 속하고 귀는 콩팥에 속한다고 보고 있다. 모두 음양오행설에 근거를 두고 있다. 병은 보이지 않는데서 생긴 다음 사람이 볼 수 있는 곳에 나타난다. 마치 모든 죄악이 어둠에서 잉태되어 많은 사람들에게 드러나는 것과 같은 이치다.

'낮말은 새가 듣고 밤말은 쥐가 듣는다'는 속담이나 '캄캄한 방에서 마음을 속이지만 귀신의 눈은 번개 같다'는 옛말들은 이를 두고 생긴 말이다. 그대의 죄는 삶의 때와 같다. 자주 마음을 씻어 주는 일이 필요할 뿐이다.

049

부질없는 일에 마음 쓰지 말라

福莫福於少事하고 禍莫禍於多心이니
<small>복 막 복 어 소 사　　　　화 막 화 어 다 심</small>

唯苦事者라야 方知少事之爲福이요 唯平心者라야 始知多心之爲禍니라.
<small>유 고 사 자　　　방 지 소 사 지 위 복　　　유 평 심 자　　　시 지 다 심 지 위 화</small>

복으로 치면 일이 적은 것보다 더한 복이 없고 재앙으로 치면 마음 쓰는 일이 많은 것보다 더한 재앙은 없다.
오직 일에 시달려 본 사람만이 일 적은 것이 참으로 복된 것임을 알고
마음이 화평한 사람만이 마음 쓰는 일이 큰 재앙임을 안다.

일하는 사람들의 땀 흘리는 모습은 아름답다. 누군가는 일을 고귀한 마음의 영양이라고 했다. 그러나 일도 일 나름이다. 보잘것없는 일도 있다. 사람이 해야 할 일을 하는 것은 가장 사람다운 모습이지만, 부질없는 일에 부질없는 마음을 쓰는 모습은 바보스럽기까지 하다.

부질없는 일에 마음을 쓰지 않으면 그만큼 여유가 생긴다. 그러한 여유는 마음을 살찌게 하는 자양과 같다. 부질없는 일에 마음을 쓴다는 것은 곧 근심을 스스로 만들어 내는 것에 불과하다.

옛날 노나라에 한 노처녀가 있었다. 시집을 못 가서 날마다 기둥을 비껴 서서 휘파람만 불어 댔다. 그 모습이 안타까웠던 이웃집 부인이 시집이 가고 싶어서 그러느냐고 염려스럽게 묻자 노처녀가 대답했다.

"아닙니다. 노나라 임금은 늙었는데 태자가 너무 어려 그것이 걱정되어 그럽니다."

이웃집 부인이 놀란 듯 되물었다.

"그게 정말이오?"

"그럼요. 노나라의 군신들이 불안에 떨고 있는데 어찌 아녀자라고 해서 걱정이 안 되겠어요."

칼 힐티가 말했다.

"병이 생겼다면 그 병은 육체의 병이지 마음의 병은 아니다. 성한 다리가 절룩거리면 그것은 어디까지나 다리에 생긴 고장이지 내 마음에 생긴 고장은 아니다. 이 한계를 분명히 안다면 언제나 그 마음을 온전하게 보전할 수 있다. 남이 나를 욕한다면 그 욕한 사람의 입에 이상이 생긴 것이지 내 마음에 생긴 이상은 아닌 것이다. 우리는 너무도 자기 마음과 관계 없는 일에 머리를 쓰고 괴로워한다. 그러한 괴로움은 떨쳐 버려야 한다. 내 뜻과 내 마음은 무엇에게서도 다치지 않고 스스로 잘 보전할 수 있는 것이다."

그대 마음은 바로 그대 안에 있다. 그대가 만약 부질없는 일에 마음을 쓰고 있다면 그대는 자신을 떠난 것으로 생각하라. 그대가 참으로 해야 할 일에 마음을 쓰고 있다면 그대는 지금 확실히 그대 자신과 함께 있는 것이다.

050

올바르고 원만하게 세상을 살라

_{처 치 세}　_{의 방}　_{처 난 세}　_{의 원}
處治世에는 宜方하고 處亂世에는 宜圓하고

_{처 숙 계 지 세}　_{당 방 원 병 용}　_{대 선 인}　_{의 관}
處叔季之世에는 當方圓竝用하며 待善人에는 宜寬하고

_{대 악 인}　_{의 엄}　_{지 용 중 지 인}　_{당 관 엄 호 존}
待惡人에는 宜儼하고 挈庸衆之人에는 當寬嚴互存이니라.

태평한 세상에서는 몸가짐이 올바라야 하고 어지러운 세상에서는 원만해야 하며,
말세에 다다라서는 올바름과 원만함을 아울러 가져야 한다. 착한 사람에게는 너그럽게 대하고
악한 사람에게는 엄하게 대해야 하며 보통 사람에게는 너그러움과 엄함을 함께 가져야 한다.

파스칼은 사람을 세 가지 부류로 나누었다. 하나는 신을 찾고 신께 봉사하는 사람들, 또 하나는 신을 찾을 수도 없고 찾으려고도 하지 않는 사람들, 그리고 신을 찾아낼 능력이 있지만 찾으려 하지 않는 사람들이다.

마찬가지로 우리는 착한 사람과 악한 사람과 보통 사람을 대하는 세 가지 분류를 이야기할 수 있다. 착한 사람에게는 너그럽게 대하고 악한 사람에게 엄격하게 대하며, 보통 사람에게는 때로는 관대하게 때로는 엄하게 대처할 수밖에 없다.

인간은 사회적 동물이다. 맑은 정치로 사회가 안정된 때에는 올바르게 사는 길이 당연할 수밖에 없다. 그러나 어지러운 세상에서는 올바름을 혼자 고집한다고 고쳐지지 않는다. 원만하게 사는 길이 자신을 보위하는 길이다. 적합하지 않는 자는 죽는다. 적자만이 살고 번영한다.

051

은혜를 잊지 말라

아 유 공 어 인　　불 가 념　　　　이 과　　즉 불 가 불 념
我有功於人은 不可念이로되 而過는 則不可不念이요

인　유 은 어 아　　불 가 망　　　　이 원　　즉 불 가 불 망
人이 有恩於我는 不可忘이로되 而怨은 則不可不忘이니라.

내가 남에게 베푼 것은 새겨 두지 말고, 나의 잘못은 마음 깊이 새겨 두라.
남이 내게 베푼 것은 잊지 말고, 남에게 원망스러움이 있거든 잊어버려라.

'결초보은'이라는 말이 있다. 중국 춘추시대에 위무자의 아들 과顆가 아버지께서 돌아가신 후에 서모를 개가시킴으로써 아버지를 따라 죽지 않게 해 주었다. 후에 위과가 전쟁에 나가 싸울 때에 서모의 아버지 혼이 적군의 앞길에 풀을 잡아매어 과를 도왔다는 고사에서 나왔다. 혼령이 되어서도 은혜를 잊지 않고 갚는다는 뜻이다.

사람이 사람을 돕고 사는 것은 가장 사람다운 일이다. 참으로 사람다운 사람일수록 남에게 베푸는 것을 좋아하고 남으로부터 받은 은혜를 잊지 않는다. 푸블리우스 시루스는 '은혜를 받는 것은 자유를 파는 것'이라고 했다. 그만큼 은혜를 받는 것은 상대로부터 자기 세계를 구속당할 염려가 있기 때문이다.

남이 내게 베푼 것은 잊지 말되, 베푼 적이 있으면 잊어버려라. 은혜를 베푼 자는 반드시 신으로부터 그 보답을 받는다는 속담도 있지 않은가.

052
도움은 순수해야 한다

施恩者는 內不見己하고 外不見人하면
則斗粟도 可當萬鍾之惠하여 利物者는 計己之施하고
責人之報하면 雖百鎰이라도 難成一文之功이니라.

은혜를 베푸는 사람이 안으로 자신을 의식하지 않고 밖으로 그 사람을 의식하지 않는다면
한 알의 곡식도 만 섬의 은혜가 된다. 남을 이롭게 하는 사람이 자기가 베푼 은혜를 계산하고
보상을 바란다면 비록 천금의 많은 돈일지라도 한 푼의 공도 이룰 수 없다.

'은혜를 베풀때는 오른손이 하는 일을 왼손이 모르게 하라'고 신약성서
는 가르친다. 우리가 그렇게만 살 수 있으면 세상은 얼마나 아름다워질
것인가. 그러나 사람은 모든 것을 의식하는 동물이다. 또한 계산하는 동
물이다. 그렇기 때문에 아직까지도 사람들이 모여 사는 세상이라는 곳은
그렇게 아름답지 못한 것인지도 모른다. 아프리카 원주민을 위해서 자신
의 삶을 송두리째 희생했던 슈바이처의 체험적 삶을 엿들어 보자.

"내가 처음 아프리카에 갈 때, 세 가지 희생을 각오했다. 오르간을 체념
하는 것, 애착이 깊은 강의를 포기하는 것, 경제적 독립을 상실하고 앞으
로의 생계를 친구의 원조에 의지하는 것이다. 그런데 아들을 희생하려 했
을 때의 아브라함과 같은 운명이 나에게 베풀어진 것이다. 그와 마찬가지
로 나도 희생을 면제받았다. 파리의 바하 협회에서 선물받은 페달 달린

피아노와 열대 기후에도 태연한 건강을 유지함으로 나는 오르간 연주 기술을 잃지 않았다. 대학교수로서의 활동은 체념했지만 그 대신 많은 대학의 강당에서 강의를 하게 되어 보상은 충분했다. 경제적 독립은 잠시 어려웠으나 지금은 오르간 연주와 저술하는 것으로 다시금 회복할 수 있었다. 이미 한번 버린 삼중의 희생을 모두 면제받은 사실은 나에게 실로 마음을 감동시키는 경험이었다."

슈바이처가 쓴 『나의 생활과 사상』에 수록된 내용이다. 그가 포기하고 체념했던 일체의 희생은 오히려 그에게 새로운 생성 효과를 낳았다. 그의 체념과 희생은 일찍부터 내면에서 타오른 정신적 불꽃이 사랑의 본질로 승화했기 때문이다. 누구도 슈바이처에게 그런 삶을 살아가도록 강요하지 않았다. 그것은 순수한 그 자신의 열정, 그 자신의 심성에서 비롯된 것이다. 자기희생으로 비로소 만끽하게 되는 행복의 절정이 거기에 있다.

그대 자신을 송두리째 던질 수 있는 용기, 그것이 바로 삶을 위한 최상의 값어치다.

053

깨끗한 마음으로 옛것을 배워라

심 지 건 정   방 가 독 서 학 고   불 연   견 일 선 행
心地乾淨이라야 方可讀書學古니 不然이면 見一善行하여

절 이 제 사   문 일 선 언   가 이 복 단
竊以濟私하고 聞一善言하여 假以覆短이라

시   우 자 구 병 이 재 도 량
是는 又藉寇兵而齎盜糧이니라.

깨끗한 마음으로 책을 읽어야 옛것을 배울 수 있다. 그렇지 않으면 한 가지 선행을 보고
이것을 훔쳐 자기의 욕심을 채우게 되고, 한마디 좋은 말을 들으면 그것을 빌어 자기의 잘못을 덮는 데 쓴다.
이것이야말로 적에게 무기를 빌려주고 도둑에게 양식을 제공하는 것과 같다.

사람의 마음이란 마치 한 뙈기 흙과도 같다. 토양이 고르지 못한 흙에서는 한 포기의 나무도 뿌리를 내릴 수 없다. 사람이 먹을 수 있는 온갖 곡식과 과일도 토양이 고른 땅에서라야 결실을 거둘 수 있다.

마찬가지로 깨끗한 마음 바탕이 있어야 아름다운 예술이 잉태되고, 깨끗한 마음 바탕이라야 올바른 정치, 올바른 경제, 올바른 학문의 탐스런 열매가 열린다.

도둑이 따로 있는 게 아니다. 남의 선행을 자기 것으로 하거나 한마디 훌륭한 말을 배워 자기의 잘못을 덮는 데 쓴다면 그것은 도둑 중에서도 영악한 도둑이다. 『명심보감』은 이 세상의 도둑을 열 가지로 분류한다.

1. 곡식이 익었을 때 거두지 않는 것.

2. 쌓는 것을 마치지 않는 것.

3. 일 없이 등불을 켜 놓고 잠자는 것.

4. 게을러서 밭을 갈지 않는 것.

5. 공과 힘을 들이지 않는 것.

6. 극히 꾀가 많고 해로운 일만 하는 것.

7. 계집 기르기를 많이 하는 것.

8. 낮잠 자고 게을리 일어나는 것.

9. 술과 음식을 탐내는 것.

10. 심하게 남을 시기하는 것.

마음 바탕이 고른 사회에 범죄자가 있을 리 없다. 깨끗한 마음은 그 생명력으로 세상을 깨끗하게 만들기 때문이다. 마음이 어두운 사람에게 지혜를 주면 그는 보다 영악한 죄를 만들어 낸다. 누구도 흉내 낼 수 없는 교묘한 죄악을 만들기에 급급할 뿐이다. 마음이 어두운 사람이 가득 찬 사회는 밝아질 수가 없다. 맹자가 말했다.

"닭 울 무렵부터 일어나서 꾸준하게 선을 추구하는 자는 순舜의 무리다. 닭 울 무렵부터 일어나서 꾸준하게 이익만을 추구하는 자는 도척盜跖의 무리다. 순과 도척의 구별은 이익을 추구하느냐, 선을 추구하느냐에 달려 있다."

깨끗한 마음으로 가는 길은 멀지 않다. 마치 다정한 친구의 집이 아무리 멀어도 가깝게 느껴지듯 깨끗한 마음으로 가는 길은 바로 그대 가슴속에 있다. 마음의 창을 활짝 열고 책을 펴들고 옛것을 배워라. 세상의 모든 지혜를 그대 것으로 하라.

054
가난 속에서 여유를 배워라

奢者는 富而不足하나니 何如儉者의 貧而有餘며
사 자　　부 이 부 족　　　　　　 하 여 검 자　　빈 이 유 여

能者는 勞而府怨하나니 何如拙者의 逸而全眞이리요.
능 자　　노 이 부 원　　　　　　 하 여 졸 자　　일 이 전 진

사치한 사람은 아무리 부유해도 항상 부족하다. 어찌 검소한 사람의 가난 속 여유와 같을 수 있으랴.
유능한 사람은 애써 일하면서도 원망을 불러들인다. 어찌 무능한 사람의 한가로움 속의 천진과 같을 수 있으랴.

　　참으로 사치를 즐기는 사람들은 아무리 부유해도 항상 부족함을 느끼
며 산다. 그것은 사치가 곧 부유함의 권태를 없애 주기 때문이다. 보다 아
름다운 것을 찾고, 보다 새로운 것을 찾으며, 보다 귀중한 것을 찾는 그들
의 끝간 데 없는 허영심은 사치를 예술로 착각하며 살게 한다. 그들의 마
음은 너무나도 크게 뚫린 허망의 암굴 탓으로 포만을 향해 끝없이 허우적
거리기 마련이다.

　　그런 사람들을 일컬어 '목식이시目食耳視'라 한다. 눈으로 먹고 귀로 입
는다는 말이다. 음식을 보기 좋게 차려서 눈을 즐겁게 하고, 맛이 있고 없
음에는 마음을 두지 않는다. 또 비단옷을 보기 좋게 차려입고 남의 칭찬
을 기다려 귀를 즐겁게 할 뿐 옷이 몸에 맞고 맞지 않음에는 마음을 두지
않는다. 의식의 외양만을 취하여 생활이 극도의 헛된 사치에 흐르는 것을
한탄하는 말이다.

장자가 어느 날, 군데군데 꿰맨 베옷을 입고 띠를 두르고 해진 짚신을 신은 차림으로 위나라 혜왕惠王을 찾았다. 장자의 모습을 바라보며 혜왕이 물었다.

"선생은 어떻게 그처럼 피폐한 모습입니까?"

장자가 대답했다.

"이것은 가난한 것이지 피폐한 것이 아닙니다. 선비로서 도덕을 지니고서도 행하지 않는 것은 피폐한 것이지만 옷과 신발이 해진 것은 가난한 것이지 결코 피폐한 것이 아닙니다. 이것은 다만 때를 만나지 못한 것뿐입니다."

가난한 장자의 여유로움은 예사 것이 아니다. 그는 이미 부와 사치와 허영을 꿰뚫어 보고 있기 때문이다.

마찬가지다. 세상을 살아가면서 나 혼자 유능한 척하며 바쁜 일상에 쫓기는 무리가 있다. 그런 무리에게는 항상 세인의 원망이 뒤따른다. 무능한 척하면서 오히려 유유자적하는 사람들 가운데서 스스로의 할 일을 소리 없이 이루어 나가는 참모습을 발견할 수 있다. '가난이 없으면 태양 또한 비치지 않으리라'는 속담은 참 아름답다.

055

혼자 갖추려 애쓰지 말라

인 지 제 우　유 제 유 부 제　　이 능 사 기 독 제 호
人之際遇는 有齊有不齊어늘 而能使己獨齊乎며

기 지 정 리　유 순 유 불 순　　이 능 사 인 개 순 호
己之情理는 有順有不順이어늘 而能使人皆順乎아

이 차 상 관 대 치　　역 시 일 방 편 법 문
以此相觀對治하면 亦是一方便法門이니라.

사람들은 제각기 모든 것을 갖출 수도 있고 갖추지 못할 수도 있다. 어찌 자기 혼자서만 갖출 수 있겠는가.
또 자기의 마음을 보더라도 순할 때가 있고 순하지 못할 때가 있다. 어찌 사람을 모두 순하게 할 수 있겠는가.
이처럼 다른 사람과 비교하여 균형을 잡는 일도 세상을 사는 한 방법일 것이다.

인간은 모두 평등하게 태어나는 것이 자연의 질서다. 인간이 평등하게 죽는 것 또한 자연의 질서다. 문제는 태어나 자라면서 살아가는 동안에 있다. 프랜시스는 인간의 소유욕을 다음과 같이 묘사했다.

"책상이 있으면 의자를 원하고, 책상과 의자가 있으면 서재를 원하고, 그다음에는 집터를 원한다. 집이 있으면 나라를 가지고 싶고, 나라가 손에 들어오면 왕이 되고 싶다. 왕이 되면 하나님께 반역을 하면서까지 영토적 야심이 생긴다. 인간의 소유욕은 전 세계를 독점한다고 해도 늘 부족할 것이다."

그대 자신을 아끼고 싶다면 우선 그대가 가진 것만큼만 남들과 비교해 보라. 균형이야말로 가장 아름다운 인간애의 저울이다. 그대의 삶 속에서, 그대의 삶을 측량해 보는 저울에서 스스로 그 저울의 추가 되어 보라.

056
독서 속에서 성현을 만나라

讀書하되 不見聖賢하면 爲鉛槧傭이요

居官하되 不愛子民하면 爲衣冠盜요 講學하되 不尚躬行이면

爲口頭禪이요 立業하되 不思種德하면 爲眼前花니라.

독서 속에서 성현을 만나지 못한다면 지필의 노예에 불과하고, 공직에 있으면서 백성을 사랑하지 않는다면
공직을 훔친 도둑에 불과하다. 학문을 가르치면서 몸소 실천하지 않는다면 입으로만 선을 하는 것이며
큰 사업을 세우고서도 은덕에 인색한 것은 눈앞에 핀 한때의 꽃에 지나지 않는다.

'서자서아자아書自書我自我'란 말은 글은 글대로 나는 나대로 따로따로라는 말이다. 책을 보기는 하지만 열중하지 않는 사람을 두고 하는 말이다.

영국의 에드워드 7세는 좀처럼 책을 읽지 않아 누군가 직접 그 이유를 물었다.

"그것은 내가 한 번도 술을 핥아먹은 일이 없는 것과 마찬가지 이유겠지. 책이라는 것은 술을 핥아 마시듯 맛보면서 읽으면 인생에 대하여 많은 것을 가르쳐 주겠지. 하지만 나는 술을 목구멍으로 마시기를 좋아해. 내가 인생을 사는 것도 그런 식이야. 넘치도록 가득 부어서 단번에 마셔 버리는 거야."

참으로 그대 인생을 단번에 마셔 버리고 싶지 않다면, 그대가 읽은 책 속에서 쉼 없이 많은 사람들을 만나라.

057

그대 마음속에 한 권의 책이 있다

인심　　유일부진문장　　　　　도피잔편단간봉고료
人心에 有一部眞文章이어늘 都被殘編斷簡封錮了하며

유일부진고취　　　　도피요가염무인몰료
有一部眞鼓吹이어늘 都被妖歌艶舞湮沒了하나니

학자　　수소제외물　　직멱본래　　　재유개진수용
學者는 須掃除外物하고 直覓本來하면 纔有個眞受用하리라.

사람마다 마음속에 한 권의 참문장이 있지만 낡은 책 속의 하찮은 말 때문에 모두가 막혀 있다.
사람마다 마음속에 한가락의 참된 음악이 있지만 세상의 난삽한 가무 때문에 모두가 막혀 있다.
배우는 사람은 모름지기 하찮은 외물을 쓸어 버리고 본래부터 있는 그 마음을 찾아야 비로소 참보람이 있다.

모든 사람은 그들 나름대로의 타고난 정서가 있다. 그들은 자라면서부터 외부 세계에 스스로를 물들여 간다. 서서히 참으로 은밀히 자기의 정서가 아닌 바깥 정서에 자신도 모르게 길들여진다. 그것은 마치 낡은 책 속의 몇몇 구절이 사람의 인생 향방을 바꾸어 놓는 것과 같다.

희로애락의 감정도 마찬가지다. 가슴속에 잠재되어 있는 정서가 아닌 외부로부터 물들여진 정서에 그들의 감정을 맡겨 버리기도 한다.

그래서 많은 사람들은 자신의 세계를 개발하지 못할 뿐만 아니라 자신의 정서와는 판이하게 다른 정서 속에서 자신의 삶을 영위해 나간다.

외부의 영향력에서 벗어나 그대의 정서를 되찾으라. 아무도 흉내낼 수 없는 그대만의 훌륭한 책이 그대 마음속에 아직도 잠자고 있다.

058

괴로움 속에서 즐거움을 얻어라

_{고 심 중　　상 득 열 심 지 취　　득 의 시　　변 생 실 의 지 비}
苦心中에 常得悅心之趣하며 得意時에 便生失意之悲니라.

괴로움 속에서 항상 마음을 즐겁게 할 수 있는 멋을 얻어라. 득의만면할 때에 갑자기 실의의 슬픔이 잉태된다.

누구에게나 괴로움은 있다. 하지만 사람들은 그 괴로움이 자신의 삶을 아름답고 즐겁게 한다는 것을 모른다. 톨스토이는 다음과 같이 썼다.

"아내는 성품 좋은 미인이었고 자식들도 모두 착했다. 재산은 충분하여 저절로 늘어 가고 나는 뛰어난 재주와 건강한 체력을 가졌으며, 많은 사람들로부터 칭찬과 존경을 받고 명성은 가히 세계적이다."

그러나 톨스토이는 언제나 자살 충동을 스스로 억제하지 않으면 안 되었다. 괴로움을 괴로움 통째로 받아들이지 말라. 그 괴로움을 이제 막 다가올 큰 환희를 위한 태풍의 눈쯤으로 받아들여라. 그런 의미에서 롱펠로의 한 마디는 괴로움 그 자체를 위로해 주고도 남음이 있다.

"추녀 끝에 걸어 놓은 풍경도 바람이 불지 않으면 소리가 나지 않는다. 바람이 불어야 비로소 그윽한 소리가 난다. 인생도 괴로운 일이 있음으로 즐거움을 알게 된다. 기쁜 일이 있으면 슬픈 일이 있고, 즐거운 일이 있으면 괴로운 일이 있다. 이처럼 희로애락이 뒤엉켜 심금에 와 닿으면 그윽한 인생 교향악이 연주된다."

059
부귀와 명예를 지녀라

富貴名譽가 自道德來者는 如山林中花하여 自是舒徐繁衍하고
自功業來者는 如盆檻中花하여 便有遷徙廢興하며 若以權力得者는
如瓶鉢中花하여 基根을 不植이라 其萎를 可立而待矣니라.

부귀와 명예가 도덕에서 출발한 것이면 숲 속의 꽃처럼 그 뿌리와 잎이 자연히 자랄 것이며,
공로에서 출발한 것이면 화분 속의 꽃처럼 자주 자리를 옮겨 흥망이 있다.
또 권력에서 출발한 것이면 그것은 화병 속의 꽃처럼 뿌리를 심지 않은 탓으로 금방 시들어 버린다.

'부귀에는 날개가 달렸고 권세는 어느 날 밤의 꿈'이라는 말이 있다. 화병 속의 꽃처럼 뿌리를 심지 않았기 때문일 것이다. 또 발자크 소설 『고리오 영감』에는 훌륭해지고 부자가 되고 싶은 것은 거짓말을 하고 머리를 숙이고 아첨하고 속일 결심을 했기 때문이라고 쓰고 있다.

하지만 날개도 없고 어느 날 밤의 꿈도 아닌 부귀와 명예는 얼마든지 있다. 도덕을 바탕으로 한 삶이라면 하루에도 몇 그루의 꽃나무를 피울 수 있다. 엘리엇은 악과 싸우려면 단 하나의 수단밖에 없는데 그것은 자신을 도덕적으로 완성시키는 것뿐이라고 말하며 다음과 같이 강조했다.

"관용의 피가 뛰는 맥박으로 용감하게 살라. 이기적 생활을 미워하며 암흑을 깨뜨리는 숭고한 이상을 가지고 인류의 행복을 위해 봉사하는 정신으로 살라."

060

뜻이 없는 삶은 죽음과 같다

春至時和하면 花尙鋪一段好色하며 鳥且囀幾句好音하나니
士君子幸列頭角하고 復遇溫飽하여 不思立好言行好事하면
雖是在世百年이라도 恰似未生一日이니라.

봄이 되어 화창한 날씨면 꽃들은 아름다운 꽃을 피우고 새들은 고운 노래를 지저귄다.
사람이 세상에 두각을 나타내어 부유하게 살더라도 좋은 말과 좋은 일을 행하지 않으면
백 년을 살아도 하루도 살지 않음과 같다.

카사노바의 삶의 정의는 참으로 카사노바답다. 그는 적어도 자신의 삶과 직접적인 비유를 해 가며 삶을 정의했다.

"삶이란 한 사람의 깔끔한 정부情婦다. 그녀가 우리를 떠나지 않는 한 이 세상의 모든 것을 바치고 싶은 그런 정부다."

카사노바는 여자를 사랑하는 만큼 삶을 사랑했다. 삶을 사랑할 수 있다는 것은 그 자신을 철저하게 투신할 수 있었기 때문이다. 자신의 삶을 통해서 세상에 기여할 수 있다는 것은 엄청난 기쁨이다. 니체가 말했다.

"참된 삶에 발을 들여놓는다는 것은, 보편적인 삶을 살면서 스스로 개인적인 삶을 죽음으로부터 건져 내는 것이다."

061

조심하는 마음속에
활달한 멋을 지녀라

_{학 자　　요 유 단 긍 업 적 심 사　　　우 요 유 단 소 쇄 적 취 미}
學者는 要有段兢業的心思하며 又要有段瀟灑的趣味라

_{약 일 미 염 속 청 고　　　시 유 추 살 무 춘 생　　　　하 이 발 육 만 물}
若一味斂束淸苦하면 是有秋殺無春生이니 何以發育萬物이리요.

배우는 사람은 항상 조심하는 마음을 지녀야 하고 한편으로는 활달한 멋을 지녀야 한다.
몸가짐을 너무 엄하게 하여 지나치게 결백하기만 하면 쌀쌀한 가을의 냉기만 돌 뿐
따뜻한 봄기운이 없어 만물을 자라게 할 수 없다.

"자기가 서 있다고 생각하는 자로 하여금 넘어지지 않도록 조심하게 하
라."

신약성서의 고린도전서에 들어 있는 말씀이다. 모든 일에 조심하고 예
비하라는 뜻일 게다. '서 있다'라는 표현은 굉장히 함축적인 의미를 내포
한다. 그것은 곧 어떤 성공을 의미할 수도 있고, 또 완성이나 만족 또는 승
리의 의미로 쓰일 수도 있다.

'서 있다'라는 표현이 성공을 지칭한 것이라면 실패를 조심하라는 말이
된다. 아울러 완성이면 미완성, 만족이면 부족, 그리고 승리라면 패배를
조심하라는 경구가 될 것이다.

'삼와계三瓦戒'라는 말이 있다. 기와를 이는데 일부러 기와 석 장을 빼놓
는다는 뜻이다. 이것은 너무 만족하는 것을 경계하는 말이다. 또 '견빙지堅

氷至'라는 말이 있다. 서리가 내리는 것은 얼음이 얼 전조이므로 일은 사소할 때에 조심하라는 뜻이 된다.

그러나 모든 일에 너무 조심하기만 하여 지나치게 스스로를 얽어매는 일 또한 조심하라. '냉수도 불어 먹겠다'는 속담처럼 지나친 조심은 자기 자신을 얼음덩이로 만드는 결과를 불러들이게 된다.

활달하면서도 용의주도하고 행동적이면서도 사색적인 나폴레옹을 보라. 세계를 지배하고자 했던 그의 솔직한 말은 잠시나마 우리의 귀를 날카롭게 한다.

"나는 언제나 노동한다. 그리고 늘 생각한다. 내가 항상 어떠한 일에 직면했을 때 당황하지 않고 즉시 처리할 수 있었던 것은 여러 가지 경우에 대하여 생각해 두었기 때문이다. 다른 사람이 예상조차 할 수 없었던 돌발 상황에 처했을 때에 즉시 해결할 수 있었던 것은 내가 천재이기 때문이 아니다. 평상시에 행한 사색과 반성의 결과다. 식사할 때나 혹은 극장에서 오페라를 구경할 때도 나는 늘 머릿속에서 움직이고 있다."

사색하면서 행동하고 행동하면서 사색하라. 그렇게만한다면 그대는 결코 한 덩이의 얼음처럼 되지는 않을 것이다.

062
큰 재주에는 교묘한 재주가 없다

_{진 렴} _{무 렴 명} _{입 명 자} _{정 소 이 위 탐}
眞廉은 無廉名하나니 立名者는 正所以爲貪이요

_{대 교} _{무 교 술} _{용 술 자} _{내 소 이 위 졸}
大巧는 無巧術하나니 用術者는 乃所以爲拙이니라.

참된 청렴은 청렴이라는 이름마저 없다. 명성을 얻으려는 것은 바로 탐욕이 있기 때문이다.
참으로 큰 재주는 별다른 교묘한 재주가 없다. 잔재주를 부리는 것은 그만큼 졸렬하기 때문이다.

청렴은 성품과 행실이 높고 맑으며 탐하는 마음이 없는 것을 뜻한다. 사람들은 청렴이란 말에서 가난을 떠올리고, 옹색하게 세상을 살아가는 사람을 연상한다. 그런 경우에는 청빈이란 말이 있다. 너무 청렴하여 가난하다는 뜻이다.

조선시대 명재상 황희는 너무나 가난하여 언제나 헌 옷만 입었다. 어느 날 밤 부인이 헌 옷을 빨고 있는데, 갑자기 입궐 명령을 받아 하는 수 없이 뜯어 놓은 솜을 입고 입궐했다. 왕은 그의 청빈에 크게 감탄했다고 한다.

프란체스코는 청빈이 있는 곳에는 탐욕도 강한 욕망도 없다고 했다. 참으로 청렴한 사람은 자신의 청렴을 드러내지 않는다. 그와 마찬가지로 큰 재주는 오히려 어리석게 보일 만큼 그 속을 드러내지 않는다. 졸렬한 잔재주는 인생을 살아가는 데 있어 가장 돋보이는 마이너스 요인이다. '날면 기는 것이 능하지 못하다'는 속담을 다시 음미해 보라.

063

쓸모없는 용기는 쓸모없는 재주에 그친다

명근미발자 종경천승감일표 총타진정
名根未拔者는 縱輕千乘甘一瓢라도 總墮塵情이요

객기미융자 수택사해이만세 종위잉기
客氣未融者는 雖澤四海利萬世라도 終爲剩技니라.

명리를 탐하는 생각이 뿌리 뽑히지 않은 사람은 비록 천승의 부를 가볍게 여기고 한 표주박의 물을 달게 마실지라도
사실은 세속의 욕망에 머물러 있다. 쓸모없는 용기가 완전히 사라지지 않은 사람은
비록 은덕을 사방에 널리 베풀고 이익을 오랫동안 끼칠지라도 결국 쓸모없는 재주에 그치고 만다.

"상대편이 명예욕에 마음이 쏠려 있을 때, 재물의 이익을 이야기하면 속물이라 깔보이고 경원당한다. 상대편이 재물의 이익을 바라고 있을 때, 명예를 이야기하면 몰상식하고 세상일에 어둡다 하여 무시당하기 십상이다. 상대편이 내심으로는 이익을 바라면서도 겉으로는 명예를 바랄 때, 명예를 이야기하면 겉으로는 받아들이는 척해도 내심으로는 은밀히 경원한다. 또한 이익을 가지고 얘기하면 내심으로는 그것을 받아들이면서도 겉으로는 경원한다. 그러한 기미를 잘 파악하지 않으면 안 된다."

한비자의 『사기열전』에 나오는 말이다.

천승千乘이란 원래 전쟁터로 내보내는 전차의 수를 의미했지만 왕후의 부귀를 이르는 말로 변질되었다. '비록 천승의 부를 가볍게 여기고 한 표주박의 물을 달게 마실지라도' 명예와 이익에 연연해 있는 사람이라면 쓸모없다는 이야기다. 그대 안에 세속의 욕망과 쓸모없는 용기를 제거하라.

064

가득 찬 곳에 머물지 말라

^{의 기} ^{이 만 복} ^{박 만} ^{이 공 전}
敧器는 以滿覆하고 撲滿은 以空全하나니

^고 ^{군 자} ^{영 거 무} ^{불 거 유} ^{영 처 결} ^{불 처 완}
故로 君子는 寧居無언정 不居有하며 寧處缺이언정 不處完하느니라.

기기는 가득 차게 되어 엎질러지고 박만은 텅 비어져야 온전하다.

그러므로 군자는 차라리 무(無)의 경지에 살지언정 유(有)의 경지에 살지 않는다.

차라리 모자라는 곳에 머물지언정 가득 찬 곳에 머물지 않는다.

의기敧器란 물이 그릇 속에 알맞아야만 반듯하게 놓이는 그릇을 말한다. 이것은 중국 주나라 때 임금을 경계하기 위하여 만들었다는 그릇으로 다음과 같은 기록이 있다.

공자가 노나라 환공의 영묘靈廟를 참배했을 때, 그곳에 기울어져 있는 그릇이 있었다. 공자가 묘를 지키는 사람에게 물었다.

"이 그릇은 무엇을 하는 데 쓰이는 그릇입니까?"

묘지기가 대답했다.

"앉은 자리의 오른쪽에 놓고 경계를 삼는 그릇입니다."

공자가 말했다.

"나는 이 그릇이 물이 없으면 기울어지고, 물이 반쯤 들어 있으면 똑바로 서 있고, 물이 가득 차면 엎어진다고 들었습니다."

그러면서 공자는 제자들을 돌아보며 물을 넣어 보라고 일렀다. 제자가 물을 넣자 그 그릇은 과연 물이 반쯤 차면서 똑바로 섰고 물이 가득 차면서 엎어졌으며, 물이 없어지면서 기울어졌다. 공자가 탄식하면서 말했다.

"아아, 가득 차면서 엎어지지 않는 것이 어디 있겠는가?"

또 박만撲滿이란 흙으로 만든 벙어리저금통을 일컫는 말이다. 한번 집어넣은 돈은 다시 꺼낼 수 없기 때문에, 돈이 가득 차면 저금통을 깨뜨려야 돈을 꺼낼 수 있다. 그러니까 그 저금통으로 말하자면 항상 비어 있어야만 온전한 것이 된다.

가득 찬 곳에 머물지 말라. 완전한 만족은 불안하기 마련이다. 그 어떤 만족이라도 괴로움이란 대가를 지불하지 않으면 얻을 수 없다. 이미 가득 찼다면 그대는 서서히 넘치고 있음을 깨달아라. 넘침은 낭비며 소멸이다. 그대 자신을 낭비하며 소멸시키느니 가득 차지 않은 곳에서 새로운 에너지를 생성하라.

무無, 즉 제로라는 지점은 모든 인간이 평등할 수 있는 유일무이한 지점이다. 그곳에 서라. 적어도 그대 의식만은 항상 그곳을 지키며 나아가라. 무와 유는 백지 한 장 차이일 뿐이다.

065

밝은 마음은 푸른 하늘을 볼 수 있다

心體光明하면 暗室中에도 有靑天하며

念頭暗昧하면 白日下에도 生厲鬼니라.

마음의 바탕이 밝으면 어두운 방에서도 푸른 하늘을 볼 수 있고,
생각이 어두우면 환한 햇빛 속에서도 악마를 만나게 된다.

옛사람들은 비단결같이 곱고 아름다운 마음을 가진 사람을 일컬어 '금수지장錦繡之腸'이라고 불렀다. 또 마음이 아주 명백한 이를 비유하여 밝은 해와 같다는 뜻으로 '유여교일有如教日'이라고 했다.

마음이 밝으면 어두운 방에서도 푸른 하늘을 볼 수 있다. 마음이 밝은 사람이 만나는 나무나 바위, 바다, 꽃이나 한 줌의 흙까지 모든 것들은 밝은 빛을 낸다. 생각이 어두우면 환한 햇빛 속에서도 악마를 만난다는 말을 생각해 보라. 아리스토텔레스는 다음과 같이 말했다.

"본다는 것은 보는 사람 속에 있고, 사고는 사고하는 사람 속에 있으며, 또 생명은 정신 속에 있으므로 행복 역시 정신 속에 있다고 말할 수 있다. 행복이라는 것도 한 종류의 생명이기 때문이다."

어둠 속에서도 밝은 마음으로 푸른 하늘을 보라. 그대를 향한 길이 펼쳐져 있음을 볼 수 있다. 그것이 그대의 마음이며 그대가 만들어 낸 빛이다.

066

무명의 즐거움을 간직하라

_{인 지 명 위 위 락}　　　_{부 지 무 명 무 위 지 락 위 최 진}　　_{인 지 기 한 위 우}
人知名位爲樂이요 不知無名無位之樂爲最眞이 人知饑寒爲憂로되

_{부 지 불 기 불 한 지 우 위 갱 심}
不知不饑不寒之憂爲更甚이니라.

사람들은 명성과 높은 지위만이 즐거움인 줄 알고 이름 없고 지위 없는 즐거움이 보다 더 큰 즐거움인지를 모른다.
사람들은 굶주리고 추운 것만이 근심인 줄 알고 굶주리지 않고 춥지 않은 근심이 보다 더한 근심인 줄은 모른다.

항상 즐거운 마음으로 삶을 살아간다면 뜻하는 일마다 이룰 수 없는 것이 없을 것이다. 공자가 열거한 군자의 세 가지 즐거움 중에서도 천하에 왕 노릇 하는 즐거움은 들어 있지 않다. 첫 번째 즐거움은 부모가 생존해 있고 형제들에게 탈이 없는 것이고, 두 번째는 하늘을 우러러 사람들에게 부끄럽지 않은 것이며 세 번째는 천하에 뛰어난 인재를 모아서 그들을 가르치는 즐거움이라고 했다. 참으로 공자답다.

명성과 지위에는 참다운 즐거움이 없다. 그만한 명성과 지위에 버금가는 괴로움과 슬픔이 더 많은 것은 당연한 일인데도 사람들은 그 안에서 즐거움을 찾으려 한다. 이름 없고 지위 없는 즐거움을 모르는 사람들이 빚는 오류다.

명성과 지위에 연연해하지 말라. 그것은 한 모금의 담배 연기, 허무하게 스러지는 물거품일 뿐이다.

067

악의 뿌리는 선 속에 숨어 있다

위 악 이 외 인 지　　　　악 중　　유 유 선 로
爲惡而畏人知하면 惡中에 猶有善路요

위 선 이 급 인 지　　　　선 처 즉 시 악 근
爲善而急人知하면 善處卽是惡根이니라.

악한 일을 하고 나서 남이 알까 봐 두려움을 갖는 것은 아직도 그 악 가운데 선을 향하는 길이 있기 때문이다.
선한 일을 하고 나서 사람들이 알아주기를 서두르는 것은 아직도 그 선 속에 악의 뿌리가 남아 있기 때문이다.

자공이 물었다.

"마을 사람이 모두 좋아하면 어떻습니까?"

공자가 대답했다.

"옳지 않다."

자공이 다시 물었다.

"마을 사람이 모두 미워하면 어떻습니까?"

공자가 대답했다.

"그 역시 옳지 않다. 마을의 착한 사람이 좋아하고 악한 사람이 미워함만 못하다."

선악을 분명하게 하라는 뜻이다. 마을의 착한 사람이건 악한 사람이건 모두가 좋아해서도 또 미워해서도 안 된다는 말이다. 마을의 착한 사람이 좋아하고 악한 사람만이 미워하는 것만 못하다는 말이다. 과연 그런가?

악이란 아무리 깨끗하고 선량한 과거를 가지고 있다 하더라도 타락의 길을 선택한다. 그것은 점진적으로 선량함이 줄어들기 때문이다. 또 선이란 아무리 도덕적 가치가 희박한 과거를 가지고 있다 하더라도 그것은 계속해서 선을 향해 나아간다. 선과 악은 하나지만 언제나 평행선을 달린다. 칼 힐티의 말을 생각해 보자.

"차라리 내 주머니에서 어떠한 값을 치르더라도 습관적으로 다른 사람에 대해서 따뜻한 마음을 갖도록 노력하지 않으면 안 된다. 남이 사랑을 받을 만한가 아닌가 그것을 물을 필요가 없다.

세상에 악하기만한 사람은 없다. 누가 진실로 정당하고 정당하지 못한가는 판단하기 어려운 일이기 때문이다. 따뜻한 마음을 잃는다면 무엇보다도 자신의 인생이 외롭고 비참하게 되고 만다."

악의 뿌리는 선 속에 숨어 있다. 또한 선의 뿌리는 악 속에 숨어 있다. 마찬가지로 그대는 그대 속에 숨어 있다. 그대 자신의 인생을 외롭고 비참하게 하지 말라.

068

평온함 속에서 위태로움을 생각하라

천지기함　불측　　억이신　　신이억
天之機緘은 不測이라 抑而伸하며 伸而抑하나니

개시파롱영웅　　　전도호걸처　　군자지시역래순수
皆是播弄英雄하며 顚倒豪傑處라 君子只是逆來順受하며

거안사위　　　　천역무소용기기량의
居安思危하나니 天亦無所用其伎倆矣니라.

하늘의 기밀은 아무도 측량하지 못한다. 눌렀다가는 펴고, 폈다가는 다시 누른다.
이것은 영웅을 조롱하고 호걸들을 뒤엎는다. 그러나 군자는 천운이 역으로 와도 순리로 받아들이고
평온함 속에서 위태로움을 생각하기 때문에 하늘도 마음대로 할 수 없다.

"운이 대단히 나쁜 사람은 안심하는 것이 좋다. 왜냐하면 더욱더 나쁜 악운에 빠질 염려는 없으니까!"

오비디우스의 이 말은 결코 웃기려는 말이 아니다. 운이라는 것은 그야말로 하늘의 기밀에 속하기 때문이다. 하늘은 때때로 운명이라는 것으로 영웅을 바보로 만드는가 하면, 천하의 호걸을 하루아침에 샌님으로 바꿔 놓기도 한다.

그래서 메난드로스는 우리들이 생각하는 것, 말하는 것, 행동하는 것 그 모두가 운運이 발행하는 수표의 권리 양도에 지나지 않는 것이라고 했다. 우리의 옛 속담들도 그렇다. 가난하고 궁하던 사람이 형편이 나아지면 좋은 운을 만났다 하여 '홍두깨에 꽃이 핀다'고 했다. 재수가 좋아 별로 힘들이지 않고 일이 성사되는 경우, '선반에서 떨어지는 떡'이라며 부러

워했다.

그러나 이것은 어디까지나 운명론자들의 이야기에 지나지 않는다. 순리로 세상을 사는 군자에게는 그런 걱정이 없다. 그것은 기우이며 코미디일 뿐이다. 하늘의 운이 거꾸로 다가오더라도 그것을 순리로 받아들이고, 평온함 속에서 위태로울 때를 생각하기 때문이다. 그것은 하늘도 마음대로 할 수 없다.

쇼펜하우어에 의하면 인간의 정신적 영양물은 육체의 그것과 같아서 섭취한 것의 겨우 50분의 1 정도만 동화되고 나머지는 증발과 호흡, 그 밖의 작용에 의하여 없어진다고 한다.

그렇다면 우리는 얼마나 부단히 애쓰고 노력해야 할 것인가? 가장 손쉬운 해답을 발타자르 그라시안에게서 얻어 보자.

"행복할 때 불행을 생각하라. 행복할 때는 타인들의 호의를 쉽게 살 수 있고 우정도 도처에 넘친다. 이는 불행한 때를 위해 저장하는 것이 좋다. 그대를 위해 지금 친구를 만들고 사람들에게 은혜를 베풀어라. 지금은 높이 평가되지 않는 것이 언젠가는 귀하게 여겨지리라. 미련한 사람은 행복할 때 친구를 두지 않는다. 지금 행복할 때 친구를 모르면 불행할 때 친구가 그대를 알지 못할 것이다."

069
불 같고 얼음 같은 사람을 경계하라

조성자   화치   우물즉분   과은자   빙청
燥性者는 火熾하여 遇物則焚하고 寡恩者는 氷淸하여

봉물필살   응체고집자   여사수부목
逢物必殺하고 凝滯固執者는 如死水腐木하여

생기이절   구난건공업이연복지
生機已絶이니 俱難建功業而延福祉니라.

성질이 조급한 사람은 타는 불길과 같아서 보는 것마다 태워 버린다.
은혜롭지 못한 사람은 얼음과 같이 차가워서 닥치는 대로 얼려 죽인다.
기질이 따분하고 고집 센 사람은 괴어 있는 물이나 썩은 나무토막 같아 생기가 없다.
이런 사람들은 공업(功業)을 세우기가 어려울 뿐만 아니라 축복 또한 길지 못하다.

『순자』의 권학편에 '동성이속同聲異俗'이 있다. 사람의 천성은 본래 한 가지인데 습관에 따라서 여러 가지로 변한다는 말이다. 반대의 뜻으로 '곡불일욕이백鵠不日浴而白'이란 말이 있다. 따오기는 목욕을 하지 않아도 희다는 것으로, 천성이 아름다운 사람은 배우지 않아도 훌륭하다는 뜻이다.

비옥한 땅을 경작하지 않고 버려두면 그 땅에서 질 좋은 열매와 잡초가 함께 자라는 것을 보게 된다. 아무리 빼어나게 아름다운 천성이라 하더라도 가르치고 일깨우지 않으면 선과 악이 동시에 자랄 수 있다는 것이다.

마음속에 잠재되어 있을 온갖 성질을 조절하라. 운명이야말로 그 사람의 성격에서 만들어진다. 그대의 운명을 자신의 뚜렷한 성격으로 조각하라.

070

즐거운 마음이 행복을 불러온다

福不可徼니 養喜神하여 以爲召福之本而已요
복 불 가 요　양 희 신　　이 위 소 복 지 본 이 이

禍不可避니 去殺機하여 以爲遠禍之方而已니라.
화 불 가 피　거 살 기　　이 위 원 화 지 방 이 이

행복은 마음대로 구할 수 없다. 스스로 즐거운 마음을 길러서 행복을 부르는 바탕으로 삼아야 한다.
불행은 마음대로 피할 수 없다. 남을 해치려는 마음을 없애 불행을 멀리하는 방법으로 삼아야 한다.

소크라테스는 자신의 체험적 행복론을 다음과 같이 말했다.

"자신 이외의 것에서 행복을 얻으려는 사람은 그릇된 사람이다. 불행을 겁낼 때 당신은 이미 불행하다. 불행을 당할 사람은 불행을 겁내는 사람 뿐이다. 나는 잘 되겠다고 노력하는 그 이상으로 잘사는 방법은 없으며, 실제로 잘 되어 간다고 느끼는 그 이상으로 큰 만족은 없다고 생각한다. 이것은 내가 오늘까지 살아오며 경험하는 행복이며, 그것이 행복인 것은 내 양심이 증명해 주고 있다."

행복의 기준을 남에게 두지 말라. 그것은 그 사람의 행복이지 그대의 기준치가 될 수 없다. 자기 자신을 파악하는 것부터 행복은 그 모양새를 갖출 수 있다. 행복을 추구하기만 해서는 결코 그것은 찾아오지 않는다. 농부가 씨를 뿌리고 열매를 거둬들이듯 그대도 마음밭에 행복의 씨앗을 파종하라.

071

침묵할 줄 알라

---

^{십 어 구 중} ^{미 필 칭 기} ^{일 어 부 중}
十語九中이라도 未必稱奇나 一語不中하면

^{즉 건 우 병 집} ^{십 모 구 성} ^{미 필 귀 공}
則愆尤騈集하며 十謀九成이라도 未必歸功이나

^{일 모 불 성} ^{즉 자 의 총 흥}
一謀不成이면 則訾議叢興하나니

^{군 자} ^{소 이 영 묵} ^{무 조} ^{영 졸} ^{무 교}
君子가 所以寧黙이언정 毋躁하며 寧拙이언정 毋巧니라.

열 마디 말 중에 아홉 마디가 맞아도 칭찬하지 않으면서, 단 한 마디가 잘못되면
비난의 목소리가 사방에 가득 찬다. 열 가지 계획 중에서 아홉 가지가 이루어져도 훈공하지 않으면서,
한 가지만 실패해도 비난하는 목소리가 사방에 가득 찬다.
군자가 차라리 침묵할지언정 떠들지 않으며, 모르는 척할지언정 아는 체하지 않는 것은 바로 그 때문이다.

카뮈는 『비망록』에서 이런 말을 남겼다.

"중요한 것은 침묵이다. 대중을 일소하고 자기 자신을 비판할 줄 아는
것이다. 살고자 하는 세심한 의식과 육체의 면밀한 연마 외의 균형을 잡
을 것, 일체의 자부심을 버리고 금전에 관한, 그리고 자기 특유의 허영심
과 비열함에 관한 이중의 해방 작업에 전념할 것, 규칙 있게 살 것, 단 하나
의 사안에 관하여 심사숙고하는 데 몇 년을 바치더라도 그것은 일생에서
과히 긴 세월은 아니다."

강물도 침묵할 줄 아는 사람 앞을 지날 때는 원래의 강물 모습 그대로
흘러간다. 침묵할 줄 아는 사람이 산을 오르면, 산은 그 태고 때부터 누려

온 침묵 속에서 오히려 몇 마디 지혜의 말을 들려준다. 침묵할 줄 아는 사람은 지혜의 말을 들을 줄 알고, 인간의 본성을 꿰뚫어 보고 있기 때문이다. 그래서 에우리피데스는 침묵은 참된 지혜의 최상의 응답이라고까지 하면서 침묵을 예찬했다.

우리는 삶의 주변에서 칭찬에 인색하면서도 비난의 목소리는 너무나 큰 사람들을 자주 보게 된다. 또 남의 성공에는 개의하지 않으면서 남의 실패에는 큰 목소리로 대응하는 경우를 많이 만나게 된다. 그래서 옛날부터 '군자는 차라리 침묵할지언정 떠들지 않으며, 모르는 척할지언정 아는 체하지 않는다'고 했다. 루소가 말했다.

"조금밖에 모르는 인간이 수다스럽게 떠들어 댄다. 지식이 많은 사람은 잠자코 있는 법이다. 조잡한 인간은 자기가 알고 있는 것은 무엇이나 소중한 것이라고 생각한다. 그리하여 그것을 아무에게나 말하고 싶어 한다. 그러나 참으로 알고 있는 사람은 그 지식을 타인에게 말하기가 곤란함을 잘 알고 있다. 그는 당장 많은 것을 이야기할 수 있지만 이후에 더욱 많은 것을 이야기할 수 있음을 알고 있기 때문에 잠자코 있는 것이다."

모름지기 침묵하라. 침묵이야말로 그대 마음을 흐르는 끊임없는 지혜와 사랑이게 하라.

072

마음이 따뜻한 사람은 행복하다

천 지 지 기 난 즉 생   한 즉 살
天地之氣暖則生하고 寒則殺이라

고   성 기 청 냉 자   수 향   역 량 박
故로 性氣淸冷者는 受享도 亦凉薄하나니

유 화 기 열 심 지 인   기 복 역 후   기 택 역 장
唯和氣熱心之人이라야 其福亦厚하고 其澤亦長이니라.

천지의 기운이 따뜻하면 만물은 자라나고 추우면 시들어 죽는다.

그러므로 성질이 차가운 사람은 받아서 누릴 복도 참으로 박하다.

오직 화기 있고 마음이 따뜻한 사람이라야 받아서 누리는 복 또한 두텁고 오래간다.

19세기 독일의 농화학자 리비히에 의하면, 신체는 난로이며 음식은 허파 속의 내부 연소를 지탱하는 연료라고 한다. 사람들은 날이 추우면 음식을 더 먹고 날이 더우면 덜 먹는다는 것이다. 동물의 체온은 체내에서 서서히 연소가 행해지는 결과이며, 이 연소 속도가 너무 빨라지면 병이 나거나 죽게 되기 때문이다. 또 연료가 부족하거나 배기가 잘 안 되면 불은 꺼지고 만다는 것이다.

인간의 육체가 그 체온으로 유지되듯 인간의 정신은 또 그 마음으로 유지된다. 마음이 추워지면 육체 또한 추워진다. 그것은 그만큼 정신적으로 위축된다는 말과도 상통한다.

마음이 따뜻한 사람은 행복하다. 마음이 따뜻한 사람과 함께 있으면 그 장소가 추운 겨울날의 산악이라 해도 결코 춥지 않다. 그것은 그만큼 마

음이 육체를 감싸고 있기 때문이다. 마음이 차가운 사람과 함께해 보라. 그곳이 설령 아늑한 내실이나 장작불이 활활 타오르는 벽난로 앞이라도 온몸으로 다가드는 냉기를 떨쳐 버리지 못할 것이다. 볼테르가 말했다.

"아름다움은 눈을 즐겁게 할 뿐이지만 아름다운 성격은 영혼을 매혹시킨다"

073

욕망의 길로 발을 내딛지 말라

천 리 노 상   심 관   초 유 심   흉 중   변 각 광 대 굉 랑
天理路上은 甚寬하여 稍遊心하면 胸中이 便覺廣大宏朗하며

인 욕 노 상   심 착   제 기 적   안 전 구 시 형 극 니 도
人欲路上은 甚窄하여 纔寄迹하면 眼前俱是 荊棘泥塗니라.

천리(天理)의 길은 너무나 넓고 커서 거기에 조금만 마음을 두면 가슴속이 확 트이고 밝아진다.
욕망의 길은 한없이 좁아 거기에 조금이라도 발을 들여놓으면 눈앞엔 모두 가시덤불과 진흙탕뿐이다.

'추인낙혼墜茵落溷'이란 꽃이 날려 좋은 곳에 떨어지기도 하고, 뒷간에 떨어지기도 한다는 뜻이다. 원인과 결과의 약속이 없는 천리天理의 길은 조금만 들어서도 가슴속이 확 트이고 밝아지기 마련이다. 그러나 욕망의 길은 어떤가? 그곳에는 처음부터 원인과 결과의 약속이 있다.

프랑스 문호 스탕달의 『적과 흑』은 보잘것없는 집안의 청년이 끝없는 욕망의 길을 달려가는 모습을 그린다. 출세의 야망에 불타는 줄리앙은 그가 비서로 들어간 후작의 딸을 유혹하여 그녀와 약혼한다. 귀족 칭호까지 받게 된 줄리앙은 결혼식을 앞두고 장애물로 등장한 옛 애인을 죽이려다가 형장의 이슬로 사라지고 만다는 이야기다. 이것은 처음부터 원인과 결과의 약속이 맺어진, 부질없는 욕망이 만들어 낸 한 편의 드라마다.

욕망의 길로 발을 내딛지 말라. 가시덤불과 진흙탕이 그대를 반길 것이다. 강이나 산은 바꿀 수 없지만 인간은 얼마든지 삶을 바꿀 수 있다.

074

고락을 함께한 행복은 오래간다

一苦一樂이 相磨練하여 練極而成福者는 其福이 始久하고
一疑一信이 相參勘하여 勘極而成知者는 其知始眞이니라.

괴로움과 즐거움을 고루 겪은 다음에 얻은 행복은 오래간다.
의문과 믿음을 고루 겪은 다음에 얻은 지식은 참된 것이다.

생명의 비밀은 괴로움 바로 그 자체라고 오스카 와일드는 얘기했다. 괴로움이 없다면 생명은 있을 수 없다는 얘기도 된다. 그것은 괴로움이 있은 다음에 따르는 즐거움을 보고 있기 때문이다. 생명은 괴로움과 즐거움이 교차하는 지점에서 새로운 불꽃을 피울 수 있을 것이다.

에드윈 로빈슨의 시 「리처드 코리」를 소개한다.

리처드 코리가 마을에 나타날 때마다
길가의 우리들은 그를 쳐다보았다.
발끝부터 머리끝까지 그는 신사였고
얼굴은 말쑥하고 제왕처럼 멋있었다.
게다가 그는 부자였다. 임금님보다도 더
그리고 그는 모든 점에서 세련되었다.

우리는 모두 그이처럼 되었으면 하고 생각했다.
우리는 우리의 일을 계속하여 빛을 기다리며
고기도 못 먹고 빵을 저주했다.
그런데 리처드 코리는 어느 조용한 여름날 밤
집에 돌아가 머리에 총을 대고
방아쇠를 당겼다.

한 마을의 선망의 대상이었던 리처드 코리의 괴로움은 어느 누구도 모르고 있었다. 돈이 많건 적건, 사람들은 나름대로의 괴로움을 지니고 산다. 그 괴로움을 이겨 낸 후 오는 즐거움을 알아야만 삶의 참맛을 깨달을 수 있다.

지식도 마찬가지다. 끊임없는 질문과 답, 끊임없는 회의와 믿음으로 점철된 것이 아니면 참다운 지식이 될 수 없다.

눈을 크게 떠라. 그리고 괴로움이 남기고 간 것을 음미하라! 그 속에 그대의 참모습이 있다.

제2장

비워 놓은
그대 마음을 바라보라

천금으로도 한때의 환심을 사기가 어렵고 한 그릇의 밥으로
도 평생의 은혜를 만든다. 사랑이 지나치면 은혜가 원수로
바뀌고, 괴로움이 지극하면 박대한 것도 기쁨이 된다.

075
마음을 비워야 진리가 와서 산다

_{심 불 가 불 허}   _{허 즉 의 리 래 거}
心不可不虛니 虛則義理來居하고

_{심 불 가 부 실}   _{실 즉 물 욕 불 입}
心不可不實이니 實則物欲不入이니라.

마음을 항상 비워 두지 않으면 안 된다. 마음을 비워야 정의와 진리가 그곳에 와서 산다.
마음은 항상 채워 두지 않으면 안 된다. 마음이 충만해 있으면 물욕이 들어올 수가 없다.

비움으로써 충만해질 수 있는 것이 사람의 마음이다. 4계절이 스쳐 지나가고 희로애락이 잠시 잠깐 쉬었다 가도록 비워 두는 자리, 그것이 사람의 마음이다. 스쳐 지나가게 하라. 그 모든 것들이 텅 빈 자리라야 참 진리가 머물 수 있다.

채움으로써 넉넉해질 수 있는 것이 사람의 마음이다. 진리로 가득 찬 마음에는 그 어떤 욕망도, 비애도, 탐닉도 머물지 않는다.

그대의 진리는 그대 자신이 채워야 한다. 한 알의 사과나 한 알의 포도를 집어먹듯이 그대 마음이 진리라고 보이는 것을 섭취하기만 하면 된다. 보라! 그대 눈앞에서 횃불처럼 모습을 드러낸 것을.

076

더러운 땅에는 초목이 무성하다

_{지 지 예 자} _{다 생 물} _{수 지 청 자} _{상 무 어}
地之穢者는 多生物하고 水之淸者는 常無魚라

_고 _{군 자} _{당 존 함 구 납 오 지 량} _{불 가 지 호 결 독 행 지 조}
故로 君子는 當存含垢納汚紙量하며 不可持好潔獨行之操니라.

더러운 땅에는 초목이 무성하지만 물이 너무 맑으면 고기가 모이지 않는다.
그러므로 군자는 때 묻고 더러운 것도 받아들일 줄 알아야 하고,
홀로 결백함을 좋아하고 행하려 할 뜻을 가지지 말아야 한다.

거름이 잘 된 땅을 더럽다고 하지만 그것은 나무와 수풀과 오곡에게는 기름진 땅이다. 온갖 벌레가 서식하고 파충류들이 들끓는 그 땅은 비옥한 땅이다. 후한의 반초班超는 30년 만에 총독에서 물러나 고향으로 돌아가게 되었다. 후임자인 임상任尙이 통치자의 마음가짐에 대해 묻자 반초가 대답했다.

"자네 성질이 너무 결백하고 성급한 것 같은데, 물이 맑으면 큰 고기가 없는 법일세. 무슨 일이건 대범한 태도로 번거로운 말은 하지 않는 것이 좋을 듯싶네."

임상은 반초의 그 말을 귓등으로 들어 넘겼다가 마침내 변경의 평화를 잃어버리는 어리석음을 범했다.

대범하고 크게 살피는 눈을 가져라. 그대 자신을 내던져 사회의 거름이 되라.

077
사나운 말도
길들이면 부릴 수 있다

봉가지마　가취구치　약야지금　종귀형범
泛駕之馬도 可就驅馳하며 躍冶之金도 終歸型範하나

지일우유부진　변종신무개진보　백사운
只一優遊不振하면 便終身無個進步니라 白沙云하되

위인다병　미족수　일생무병　시오우　진확론야
爲人多病이 未足羞요 一生無病이 是吾憂라 하니 眞確論也로다.

수레를 뒤엎는 사나운 말도 길들이면 부릴 수 있고 다루기 힘든 쇳덩이도 잘 다루면 좋은 기물이 된다.
사람이 하는 일 없이 놀기만 하고 노력이 없으면 평생 동안 아무것도 이룰 수 없다. 진백사가 말하기를
'사람으로 병 많은 것은 부끄러울 것 없지만 평생토록 마음의 병 없는 것이 근심이라' 했다. 참으로 옳은 말이다.

영국의 해군 장교 제임스 홀맨은 스물네 살에 시력을 잃었으나 40년 동안 프랑스, 이탈리아, 독일, 스위스, 네덜란드, 오스트리아, 러시아, 시베리아 등을 여행했다. 그리고 다시 배를 타고 세계 일주를 시작하여 아프리카, 브라질, 팔레스타인과 지중해 둘레의 여러 나라를 돌아다녔다.

그 후 그는 몇 권의 여행기를 출간하여 인간의 인내심과 정신력이 얼마나 위대한지 세상에 보여 주었다.

노력하는 사람들은 항상 가슴속에 시침時針을 지니고 산다. 쉬지 말라. 끈기 있게 집착하고 전진하라. 지금도 그대가 만든 시침은 계속 달리고 있다.

078

탐욕하지 않으면 일세를 초월한다

_{인 지 일 념 탐 사} _{변 소 강 위 유} _{색 지 위 혼}
人只一念貪私하면 便銷剛爲柔하며 塞智爲昏하며

_{변 은 위 참} _{염 결 위 오} _{피 료 일 생 인 품}
變恩爲慘하며 染潔爲汚하여 壞了一生人品하나니

_{고 고 인} _{이 불 탐 위 보} _{소 이 도 월 일 세}
故로 古人은 以不貪爲寶라 所以度越一世니라.

사람이 오직 한마음으로 이기(利己)에만 빠져들다 보면 강직한 기질도 마모되어 유약해지고 지혜가 막혀
어두워질 뿐만 아니라 인자한 마음마저 혹독해지고 또 결백한 뜻도 더러워져 일생의 인품을 깨뜨리게 된다.
옛사람이 탐욕하지 않음을 귀하게 여긴 까닭은, 그것으로 일세를 초월할 수 있기 때문이다.

송나라 때 어떤 사람이 귀한 옥을 자한子罕에게 바쳤으나 자한은 받지
않았다. 그러자 옥을 바친 사람이 말했다.

"이것은 귀중한 보배입니다. 부디 거두어 주십시오."

그러자 자한이 말했다.

"나는 사물을 탐하지 않는 것을 보배로 여기고 그대는 옥을 보배로 여
기니 내가 그 옥을 받는다면 우리 두 사람 모두 보배를 잃게 된다. 그럴 바
엔 자기의 보배를 그대로 지니고 있는 게 낫지 않겠는가?"

이기심처럼 치졸한 것은 없다. 이기심은 자기를 이롭게 하는 것으로만
끝나지 않고 타인에게 영향을 준다. 그러니 이기심을 온전히 그대 것으로
만 하지 말고 타인에게까지 만족으로 도달하게 하라.

079

귀로 듣고 눈으로 보는 것을 경계하라

이 목 견 문　　　위 외 적　　　　정 욕 의 식　　　위 내 적
耳目見聞은 爲外賊하고 情欲意識은 爲內賊하나니

지 시 주 인 옹　　성 성 불 매　　　독 좌 중 당　　　적　　변 화 위 가 인 의
只是主人翁이 惺惺不昧하여 獨坐中堂하면 賊이 便化爲家人矣니라.

귀로 듣고 눈으로 보는 것은 바깥 도둑이지만 정욕의 의식은 내면의 도둑이다.
주인되는 마음이 맑게 깨어서 방 안에 의젓이 앉아 있으면 도둑들은 곧 하인이 되어 한집안 식구가 된다.

"인간의 의식이란 여러 가지 망상, 욕망, 의도가 사이좋게 잡거하고 있는 곳이다. 또한 몽상의 단지이며 사고의 소굴이다."

빅토르 위고의 『레미제라블』에 나오는 대목이다. 살아간다는 것은 사고의 연속을 의미한다. 사람마다 사고하고 의식하고 행동하는 방향이 각각 다르다. 한 사람의 사고가 정욕에서 출발하게 되면 그는 지체 없이 그 방향을 의식하고 행동으로 옮긴다. 또 다른 한 사람의 사고가 권력이나 출세로 기울면 곧장 그 방면을 의식하고 행동으로 옮긴다.

그래서 마음과 정신이 있다. 마음은 모든 사고와 의식과 행동의 방향을 정리하는 광장이다. 교통정리가 끝나면 정신이라는 용광로에서 모든 것들이 새로 태어난다. 키르케고르는 말한다.

"인간은 정신이다. 정신이란 무엇인가? 정신이란 자기다. 자기란 자기 자신에 대한 하나의 관계이다."

080

확실한 뉘우침은 미래를 밝게 한다

도 미 취 지 공　　　불 여 보 이 성 지 업
圖未就之功이 不如保已成之業이요

회 기 왕 지 실　　　불 여 방 장 래 지 비
悔旣往之失이 不如防將來之非니라.

아직 이루지 못한 일을 꾀하기보다 이미 이루어 놓은 일을 잘 보전하라.
지나간 과실을 뉘우치는 것으로 다가올 잘못을 경계하라.

　영국에 '사람은 과오의 아들'이란 말이 있다. 사람이라면 누구나 과오를 범할 수 있다는 말이다. 우리 모두 과오를 범하며 산다. 그래서 법과 형벌이 만들어졌다. 그러나 생각해 보면 법이 만들어진 그 자체부터가 과실인지도 모른다.

　사람은 누구나 과실을 범하고 나서 후회하거나 자책하며 스스로 다시 일깨우는 자정 능력이 있다. 아무리 현명한 사람이라도 실수하고 과오를 범할 수도 있다. 사람이 저지르는 과실 중에서 가장 큰 과실이라면, 아마도 자기 자신의 과실을 깨닫지 못하는 점일 것이다.

　확실한 과실 앞에서는 확실한 뉘우침으로 대응하라. 쓰레기를 분리수거하듯 과실에 대한 뉘우침도 확실하게 분리하여 수거하라. 매립하거나 소각해 버릴 뉘우침도 있지만, 재활용할 수 있는 뉘우침의 과실은 그대에게 가장 필요한 자양이 될 수도 있다.

081
사람의 기상은 높을수록 좋다

기상   요고광   이불가소광   심사   요진밀
氣象은 要高曠하되 而不可疎狂이며 心思는 要縝密하되

이불가쇄설   취미   요충담   이불가편고
而不可瑣屑이며 趣味는 要沖淡하되 而不可偏枯며

조수   요엄명   이불가격렬
操守는 要嚴明하되 而不可激烈이니라.

사람의 기상은 높을수록 좋지만 소홀해서는 안 되고, 마음은 빈틈이 없어야 하지만 자질구레해서는 안 된다.
취미는 깨끗한 것이 좋지만 지나쳐서는 안 되고, 지조는 엄정하게 지켜야 하지만 과격해서는 안 된다.

인격의 고상함과 엄숙함을 옥玉과 서리에 비유한 말로 '곤옥추상捆玉秋霜'이란 말이 있다. 티 없는 옥 같은 고상함과 찬서리처럼 냉기가 도는 엄숙한 지조를 지닌 사람을 일컫는 말이다. 모든 사람들이 이처럼 '곤옥추상' 같은 모습이라면 세상은 숨이 막혀 살아갈 수 없을 것이다.

저마다 꽃들은 그 형태가 다르듯이 향기 역시 다르다. 나무를 보라. 저마다 그 잎새가 다르듯이 열매 또한 다르다. 사람도 모두가 제각각의 형태와 향기를 지니고 있다.

높은 기상, 빈틈없는 마음, 깨끗한 취미, 엄정한 지조는 누구에게나 필요하다. 그러나 그것을 보다 자기답게 만드는 것이 중요하다. 장미꽃에는 장미의 향기와 가시가 있듯이 그대의 인격, 그대만의 품격을 키워라. 완전한 그대만의 인격 앞에서 그대를 해칠 수 있는 적은 없다.

082
바람은 소리를 남기지 않는다

_{풍래소죽 풍과이죽불유성 안도한담 안거이담불유영}
風來疎竹에 風過而竹不留聲하고 雁度寒潭에 雁去而潭不留影이라

_{고 군자 사래이심시현 사거이심수공}
故로 君子는 事來而心始現하고 事去而心隨空하느니라.

바람이 성긴 대숲에 불어와도 바람이 지나가면 그 소리를 남기지 않는다.
기러기가 차가운 연못을 지나가도 기러기가 지나가고 나면 그 그림자를 남기지 않는다.
그러므로 군자는 일이 생기면 비로소 마음이 나타나고 일이 지나고 나면 마음도 따라서 비워진다.

　　사람들은 무엇이든 소유하기를 원한다. 그들의 눈을 즐겁게 하는 것, 그들의 귀를 즐겁게 하는 것, 그리고 그들의 마음을 즐겁게 하는 것이라면 가리지 않고 자기 것으로 하기를 주저하지 않는다.

　　남의 것이기보다는 우리 것으로, 또 우리 것이기보다는 내 것이기를 바란다. 나아가서는 내가 가진 것이 유일하기를 원한다. 소유한다는 것은 머물러 있음을 의미한다. 모든 사물이 한 사람만의 소유가 아닐 때 그것은 살아 숨쉬며 이 사람 혹은 저 사람과도 대화한다. 모든 자연을 보라. 바람이 성긴 대숲에 불어와도 바람이 가고 나면 그 소리를 남기지 않듯이, 모든 자연은 그렇게 떠나보내며 산다.

　　지나간 일들에 미련을 두지 말라. 스치는 것들을 붙잡지 말고 그대에게 찾아와 잠시 머무는 시간을 환영하라. 그리고 비워 두라. 언제 다시 그대 가슴에 새로운 손님이 찾아들지 모른다.

083
아름다운 덕은
아름다운 품성에 있다

청능유용 인능선단 명불상찰
淸能有容하며 仁能善斷하며 明不傷察하며

직불과교 시위밀전불첨 해미불함 재시의덕
直不過矯면 是謂蜜餞不甛하여 海味不鹹이니 纔是懿德이니라.

청렴결백하면서도 너그럽고, 어질면서도 결단력이 있으며, 총명하면서도 지나치게 살피지 않고,
강직하면서도 바른 것에만 치우치지 않는다면 이야말로 꿀을 발라도 달지 않고
바다 고기라도 짜지 않다. 이것이 곧 아름다운 덕이다.

계강자季康子가 공자에게 물었다.

"무도한 죄인은 사형으로 엄히 다스려서 백성들이 겁이 나서라도 유덕한 방향으로 나아가게 하는 것이 어떻겠습니까?"

공자가 대답했다.

"그대 스스로가 착하고자 하면 백성은 저절로 착해질 것이오. 군자의 덕은 바람이요, 소인의 덕은 풀이라 하였으니 바람을 맞으면 풀은 반드시 머리를 숙이는 법이오."

『논어』에 나오는 이야기다. 죄인을 다루는 데 무조건 포악한 수단으로만 나아간다면 그것은 이미 바람일 수 없고, 그런 포악함 아래 풀잎은 다만 눕는 척할 뿐이다. 그래서 청렴결백하면서도 너그러워야 하고, 어질면서도 결단력이 있어야 한다는 말이다.

벤저민 프랭클린은 덕의 요소로 다음 열세 가지를 열거했다. 절제와 침묵, 규율과 결단, 검약과 근면, 성실과 공정, 중용과 청결, 평정과 순결, 그리고 겸양이다.

덕에 다다르는 길은 참으로 험준하다. 그것은 오로지 그대 자신의 땀과 괴로움이 그 씨앗이 되어야 한다.

084

가난 때문에 스스로를 버리지 말라

빈 가 정 불 지 빈 녀 정 소 두
貧家도 淨拂地하고 貧女도 淨梳頭하면

경 색 수 불 염 려 기 도 자 시 풍 아
景色이 雖不艶麗나 氣度는 自是風雅니

사 군 자 일 당 궁 수 요 락 내 하 첩 자 폐 이 재
士君子가 一當窮愁寥落이언정 奈何輒自廢弛哉리요.

가난한 집이라도 깨끗이 청소하고, 가난한 여자라도 단정하게 빗질을 하면 그 모습이 비록 아름답지는 못하더라도 그 기품은 저절로 풍긴다. 사람이 한때 곤궁하고 영락했다 하여 어찌 스스로를 게을리하여 버릴까 보냐.

"보라! 신이 만든 샘물가에서 얻은 한 모금의 물과, 자비로운 사람에게 얻은 한 조각의 빵과 별이 반짝이는 하늘을 천장으로 삼은 이 잠자리 외에는 아무것도 가진 것이 없다는 즐거움을……."

프랜시스의 이 문장을 가볍게 바꿔 보자.

"보라! 버려진 샘물가에서 얻은 한 모금의 물과, 지나가는 사람에게서 구걸한 한 조각의 빵과 별이 보이는 하늘을 천장으로 삼은 이 잠자리 외에는 아무것도 가진 것이 없다는 서러움을……."

원래 문장에서는 인간과 자연이 교유하는 아름다움과 생명에 대한 외경, 순수한 서정을, 바꾼 문장에서는 가난의 서러움을 한눈에 읽을 수 있다.

어떤가? 의식의 차이란 이렇게 무서운 것이다. 가난은 그대 의식의 텃밭에 자란 잡초를 뽑아 버리느냐 그렇지 않느냐의 차이일 뿐이다.

085

고요한 때일수록 마음 놓지 말라

^한^중 ^{불 방 과} ^{망 처} ^{유 수 용}
閑中에 不放過하면 忙處에 有受用하며

^{정 중} ^{불 락 공} ^{동 처} ^{유 수 용}
靜中에 不落空하면 動處에 有受用하며

^{암 중} ^{불 기 은} ^{명 처} ^{유 수 용}
暗中에 不欺隱하면 明處에 有受用하느니라.

한가한 때에 헛된 시간을 보내지 않으면 바쁜 때에 쓸모가 있고,
조용한 때에 마음을 놓아 버리지 않으면 활동할 때에 쓸모가 있으며
어둠 속에서 속이고 숨기는 일이 없으면 밝은 곳에서 그 보람을 누릴 수 있다.

활을 당긴 상태로 화살을 쏘지 않고 있는 모습을 '지만持滿'이라고 한다. 만반의 준비를 갖추고 힘을 배양하여 기다리는 상태를 말한다.

춘추 말기 월나라 왕 구천句踐은 명신 범려范蠡의 간언을 듣지 않고 오나라를 공격했다가 오히려 부차夫差가 거느린 군사에 대패했다. 구천은 일단 회계산으로 피하기는 했지만 결국 오나라 군사에 포위되어, 항복이냐 옥쇄냐의 기로에 서게 되었다. 범려의 진언을 듣지 않은 것을 후회하며 구천은 범려에게 의견을 물었다. 그러자 범려가 대답했다.

"지만하는 자에게 하늘의 도움이 있습니다. 지금은 다만 예를 두터이 하고 강화를 구하여 오나라 왕을 섬기도록 해 주십시오."

구천은 범려의 말을 따라 오나라 왕에게 항복하고 국력의 회복을 기다려, 지만한 지 22년 만에 마침내 오나라를 멸망시키고 천하의 패자가 되

었다. 목이 말라서야 비로소 우물을 파는 어리석음을 갖지 말 일이다. 개도 먹이를 먹고자 할 때는 먼저 꼬리를 흔들고 난 뒤에 먹지 않는가.

　날고 싶다는 꿈이 있으면 그 날개를 감추기 위해 애쓰라. 할퀴려는 음모가 있으면 그 손톱을 보이지 않게 하기 위해 애쓰라. 그리고 끊임없이 준비하라.

086

생각을 깊이 하면 깨닫게 된다

염 두 기 처　　재 각 향 욕 로 상 거　　변 만 종 리 로 상 래
念頭起處에 纔覺向欲路上去어든 便挽從理路上來하라

일 기 변 각　　일 각 변 전　　차 시 전 화 위 복
一起便覺하며 一覺便轉은 此是轉禍爲福하며

기 사 회 생 적 관 두　　절 막 경 이 방 과
起死回生的關頭니 切莫輕易放過하라.

한순간의 생각이 사욕의 길로 나아감을 깨닫게 되면 곧 되돌려 도리의 길로 나가게 하라.
생각이 나면 곧 깨닫고 깨달으면 재빨리 돌이키라. 이것이야말로 불행을 행복으로 만들고
죽음에서 삶으로 되돌아오는 계기가 된다. 참으로 안이하게 방심하지 말라.

　　깊이 생각하지 않는 사람은 나라도 어찌할 수 없다고 공자는 말했다. 주저하는 것은 생각하기 이전의 행동이다. 주저하는 사이에 그대의 소유로 할 수 있었던 일체의 것들이 물결처럼 그대 옆으로 스쳐 지나간다. 생각은 행동의 씨앗이다. 깊이 생각할수록 그 씨앗은 알차게 영근다.

　　생각했으면 깨닫고, 깨달았으면 재빨리 돌이키면 된다. 탐욕으로 가는 길이 얼마나 쉬운가는 그대도 알고 있다. 손가락 하나만 집어넣어도 탐욕은 그대를 통째로 삼켜 버린다. 그러나 깨달음의 길은 참으로 가파르고 멀다. 그대의 첫발을 들여놓는 것이 얼마나 중요한 일인지 모른다. 그것은 삶과 죽음의 갈림길이며 행복과 불행의 갈림길이 되기 때문이다.

　　어렵더라도 첫발을 깨달음 쪽으로 내디디기에 용감하라. 인생은 그대의 생각, 그대만의 사고에서 만들어진다는 사실을 한시도 잊지 말라.

087

마음은 모든 일의 근본이다

정 중 염 려　　　징 철　　　　견 심 지 진 체　　　　한 중 기 상　　　종 용
靜中念廬가 澄徹하면 見心之眞體하며 閒中氣象이 從容하면

식 심 지 진 기　　　담 중 의 취　　충 이　　　득 심 지 진 미
識心之眞機하며 淡中意趣가 沖夷하면 得心之眞味하나니

관 심 증 도　　　무 여 차 삼 자
觀心證道는 無如此三者니라.

고요한 가운데 생각이 맑고 투철하면 마음의 참바탕을 볼 수 있고 한가로움 속에서 기상이 조용하면
마음의 참기틀을 알 수 있으며 담백함 속에서 마음의 뜻이 평온하면 마음의 참맛을 얻을 수 있다.
마음을 보며 도를 체험하는 데는 이 세 가지 방법이 으뜸이다.

　　마음은 사람의 지智, 정情, 의意의 움직임을 말한다. 또는 그 근원을 말하기도 한다. 사람의 마음을 소우주에 비유하는 것도 그 이유 때문이다.

　　사람의 마음은 손으로 잡을 수 없고 눈으로 볼 수 있거나 대화할 수 있는 형상이 있는 것도 아니다. 그러나 다시 생각해 보면 마음과는 얼마든지 많은 말을 나눌 수 있다. 마음은 사람의 내면에 있지만 육체를 통하여 행동한다. 마음의 명령을 거역하는 육체란 보기 힘들다. 마음을 바라보는 방법을 익히라. 자신의 마음을 확실히 읽을 수 있는 기지를 배워라. 『법구경』은 이렇게 가르친다.

　　"마음은 모든 일의 근본이 된다. 마음은 주인이 되어 모든 일을 시키나니, 그 마음속에 악한 일을 생각하면 그 말과 행동도 또한 그러하리라."

088
괴로움 속에서 즐거움을 얻어라

靜中靜은 非眞靜이라 動處에 靜得來라야
纔是性天之眞境이요 樂處樂은 非眞樂이라
苦中에 樂得來라야 纔見心體之眞機니라.

고요한 곳에서 고요함을 지키는 것은 참다운 고요함이 아니다. 소란 속에서 고요를 지켜야만
마음의 참다운 경지에 이를 수 있다. 즐거움 가운데에 즐거움을 지니는 것은 참다운 즐거움이 아니다.
괴로움 가운데서 즐거운 마음을 얻어야만 마음의 참된 쓰임새를 볼 수 있다.

인간의 감정은 예측할 수 없다. 그것은 어둠 속에 있었는가 하면 어느새 밝음 속에서 웃음을 드러내기도 하고, 괴로움 속에서 울고 있는가 하면 어느새 즐거움 가운데서 춤을 추고 있다. 니체는 인간의 행동은 약속할 수 있어도 감정은 약속할 수 없다고 말했다.

고통을 이겨내기 위해 즐거운 마음으로 안간힘 쓰는 사람은 자신의 마음을 쓸 줄 아는 사람이다. 즐거움 속에서도, 이웃을 위해 자신의 즐거움을 줄이려는 사람은 자신의 마음을 쓸 줄 아는 사람이다.

괴로움은 우리에게 즐거움을 인식시키고 즐거움은 괴로움을 인식시켜 준다. 감정이란 모두가 마음에 뿌리를 내리기 때문이다. 자기 자신을 위하여 기쁨을 남에게 주라. 남들을 위하여 모든 슬픔을 그대 것으로 만들어 보라. 그대는 항상 완벽하게 존재하고 있다.

089
결심했다면 다시는 의심하지 말라

舍己여든 *毋處其疑*하라 處其疑하면 即所舍之志多愧矣리라
施人커든 *毋責其報*하라 責其報하면 併所施之心이 俱非矣니라.

어떤 일에 스스로를 바쳐 일하기로 했다면 다시는 그 일을 의심하지 말라.
의심하면 결심한 자기 의지에 부끄러움을 주게 된다.
남에게 무언가를 베풀었다면 그에 대한 보답을 바라지 말라. 만약 보답을 바란다면 베풀었던 마음마저 헛되게 된다.

"주사위는 던져졌다."는 말은 시저가 로마로 쳐들어갈 때 루비콘 강을 건너면서 한 말이다. 이제는 뒤로 물러설 수 없다는 뜻이다.

사람이 어떤 일에 한번 결심을 하게 되면 신념을 갖고 그 일에 몰두해야 한다. 그러나 어떤 사람들은 얼마 견디지 못하고 물러서거나 뒤엎는 경우도 종종 있다. 그 일에 자신의 결심을 너무 쉽게 준 데에 문제가 있다. 결심이란 자기 자신을 스스로의 마음속에 머무르게 하는 것이다. 토스카니니는 이런 말을 남겼다.

"신념은 인간에게 가장 중요한 것이다. 그러나 아무리 굳은 신념이 있더라도, 침묵으로써 가슴속에 품고만 있으면 아무 소용이 없다. 죽음을 걸고서라도 반드시 신념을 발표하고 실행하겠다는 용기가 필요하다. 거기에서 처음으로 자신이 가지고 있는 신념이 생명을 떠우는 것이다."

그대의 길을 가라. 주위를 의식할 필요 없이 오직 그대의 길을 갈 뿐이다.

090
하늘인들 나를 더 어떻게 하랴

天_천이 薄_박我_아以_이福_복이거든 吾_오는 厚_후吾_오德_덕以_이迓_아之_지하며

天_천이 勞_노我_아以_이形_형이거든 吾_오는 逸_일吾_오心_심以_이補_보之_지하며

天_천이 阨_액我_아以_이遇_우여든 吾_오는 享_향吾_오道_도以_이通_통之_지하면 天_천且_차奈_내에 我_아何_하哉_재리요.

하늘이 나를 업신여긴다면 나는 스스로 덕을 두텁게 하여 이를 맞이할 것이고,
하늘이 나를 수고롭게 한다면 나는 스스로 마음을 편하게 하여 이를 도울 것이며,
하늘이 나를 곤궁하게 한다면 스스로 도를 형통케 하여 그 길을 열 것이다. 하늘인들 나를 더 어떻게 하랴.

사람들은 쉽게 운명을 받아들이고 자신을 의탁함으로써 위로받기도 한다. 그러나 참으로 운명에 한번쯤 도전해 볼 용기를 가져야 한다. 그 운명을 뒤엎을 기회를 잡을 수도 있기 때문이다.

스스로 덕을 두텁게 하고 마음을 편하게 하며, 도를 형통케 하는 것은 바로 운명에 과감히 도전하는 사람의 자세다. 자기 자신을 일깨울 수 있다는 것은 얼마나 아름다운 일인가. 그것은 그만큼 자기 자신을 알고 있기 때문이다. 스스로가 할 수 있는 힘과 지혜의 영역을 파악하고 있다는 말이다. 석가께서 말씀하셨다.

"자기 자신을 등불로 하고 자기를 의지할 곳으로 삼으라. 남의 것을 의지할 곳으로 삼지 말라. 진리를 등불로 하고 진리를 의지할 곳으로 삼으라. 다른 것을 의지할 곳으로 삼지 말라."

091
하늘의 힘이란 얼마나 놀라운가

貞士는 無心徼福이라 天卽就無心處牖其衷하며

憸人은 著意避禍라 天卽就著意中奪其魄하나니

可見天之機權이 最神이라 人之智巧何益이리요.

뜻이 곧은 선비는 애써 복을 구하지 않아도 하늘은 그 자리로 나아가서 마음을 열어 준다.
음흉한 사람은 불행을 피하려고 애쓰지만 하늘은 그 애쓰는 속으로 찾아가서 넋을 빼앗는다.
보라, 하늘의 힘이란 얼마나 놀라운가! 인간의 지혜와 잔재주가 무슨 소용 있으랴.

회남자淮南子의 말을 빌면 복이란 화가 없는 것보다 더 큰 것이 없고, 이익이란 잃지 않는 것보다 더 나은 것이 없다고 한다. 그러나 사람들은 신에게 축복을 간구한다. 그들의 간구가, 혹은 기도가 효험이 없다고 느껴지면 그들은 이내 신에게서 등을 돌린다. 그들이 간구했던 것은 축복이 아닌 행운이었기 때문이다. 누군가는 인생을 지배하는 것은 행운이지 결코 지혜가 아니라고 강변했지만 행운이란 도박과 같다. 뜻이 곧은 선비는 애써 구하지 않아도 하늘이 찾아가서 축복한다고 했다. 스스로 뜻을 곧게 지키려는 의식이 하늘을 부른 것이다. 음흉한 사람은 불행을 피하려고 애써도 하늘이 찾아가서 혼낸다고 했다. 그에게 하늘은 칼날일 수밖에 없기 때문이다. 잊지 말라. 하늘은 스스로 돕는 자를 돕는다.

092
사람을 보려면 그 후반을 보라

聲妓라도 晩景從良하면 一世之胭花無碍요

貞婦라도 白頭失守라면 半生之淸苦俱非라

語에 云看人只看後半截하라 하니 眞名言也로다.

기생도 만년에 한 남편을 따르면 '한때의 화장기'도 거리낌이 없고,
정숙한 여자라도 만년에 정조를 잃으면 반평생의 절개가 수포로 돌아간다.
속담에 이르기를 '사람을 보려면 그 후반을 보라'고 했으니 참으로 옳은 말이다.

천재 시인 이상의 산문 중에 이런 글이 있다.

"'남편만 없었던들' '남편이 용서만한다면' 하면서 지킨 아내의 정조란 이미 간음이다. 정조는 금제禁制가 아니고 양심이다. 이 경우의 양심이란 '절대적 애정' 그것이다."

여성의 정조는 고드름과 같다는 말도 있다. 한번 녹아 버리면 끝이란 뜻이다. 삶 속에는 항상 깨달음이 있다. 삶은 깨달음의 연속적 전개에 지나지 않는다. 한 번의 실수도 깨달음이 있어 고쳐지면 이미 지나간 실수쯤은 덮을 수 있다. 그러나 단정했던 삶이 뒤늦게 깨졌을 때 그것은 속수무책이다. 깨닫고 고칠 여유가 없기 때문이다. 이야말로 고드름의 경우와 다를 바가 없다. 역시 사람을 보려면 그 후반을 보라.

093

인격은 스스로가 만든다

평민　　궁종덕시혜　　　변시무위적공상
平民도 肯種德施惠하면 便是無位的公相이요

사부　　　도탐권시총　　　경성유작적걸인
士夫도 徒貪權市寵하면 竟成有爵的乞人이니라.

보통 사람이라도 즐겨 덕을 심고 은혜를 베풀면 지위 없는 재상이 되고
고관대작도 권세에 탐닉하고 은총을 판다면 지위 있는 거지가 된다.

사람은 신이 아니다. 사람이 가장 아름답게 느껴질 때는 참으로 인간다운 모습을 보여줄 때다. 그때야말로 사람은 신을 닮아 있기 때문이다. 애당초 사람은 신을 닮으라고 만들어진 것이 아니다. 다만 가장 사람답게, 인간다운 삶을 영위하게끔 만들어졌다.

그런데도 사람들은 사람처럼 살려고 하지 않는다. 탐욕과 쾌락과 음모와 전쟁 같은 것을 그들의 덕목으로 삼으려 한다. 탐욕과 쾌락에 빠져 허우적거리고 음모와 전쟁에 빠져 신음한다. 이런 것들이 참으로 사람답게 사는 모습이라면 차라리 짐승답게 사는 것이 참모습일지도 모른다.

인격은 스스로가 만든다. 짐승의 꼬리를 달고 다니면서 사람 흉내를 내는가, 아니면 사람의 얼굴을 하고서 사람답게 사는가는 오로지 그대 자신에게 달려 있다.

094

그 기울어지기 쉬움을 염려하라

問祖宗之德澤하면 吾身所享者是니 當念其積累之難하고
<small>문조종지덕택 오신소향자시 당념기적루지난</small>

問子孫之福祉하면 吾身所貽者是니 要思其傾覆之易니라.
<small>문자손지복지 오신소이자시 요사기경복지이</small>

조상이 남겨 준 은혜를 생각하라. 그것은 지금 내가 살아 있어 누리는 모든 것이니.
그 쌓기 위해 어려웠음을 명심하라. 자식이 받아 누릴 복을 생각하라.
내가 지금 물려주는 것이 바로 그것이니 그 기울어지기 쉬움을 염려하라.

'뿌리 깊은 나무는 바람에 움직이지 않아 꽃피고 열매를 많이 맺는다'는 말은 『용비어천가』에 나온다. 근본이 튼튼하면 어떤 비바람에도 흔들림 없이 살아갈 수 있다는 말이다. 선조가 물려준 것에 감사할 줄 알고, 그것을 고이 지킬 줄 아는 사람이라야 후대 삶을 생각하게 될 것이다.

『사기열전』에 이런 말이 있다. '하늘은 사람의 시초이며 부모는 사람의 근본이니, 사람은 궁하면 그 근본으로 돌아가게 된다. 그 까닭에 괴로우면 하늘을 부르지 않는 자가 없고, 병고에 시달리면 부모를 부르지 않는 자가 없다.'

오늘 그대의 삶이 조상으로부터 면면히 이어져 내려온 것임을 명심하라. 조상으로부터 물려받은 피 한 방울이 그대 오늘의 삶의 전부임을 깨달으라. 그대, 근원 없는 냇물이 되어선 안 된다.

095

선을 속이는 것은 큰 죄악이다

군 자 이 사 선　　무 이 소 인 지 사 악
君子而詐善은 無異小人之肆惡이요

군 자 이 개 절　　불 급 소 인 지 자 신
君子而改節은 不及小人之自新이니라.

군자로서 선을 속이는 것은 소인이 악을 마음대로 하는 것과 같다.
군자로서 지조를 꺾는 것은 소인이 스스로의 잘못을 뉘우치는 데도 미치지 못한다.

　　흉악한 자가 그 실상을 모르는 사람들 앞에서 훌륭한 척 위장하는 것을 '백정년 가마 타고 모퉁이 도는 격'이라고 한다. 또 겉으로는 어리숙한 척 하면서 남들이 보지 않는 곳에서 어지러운 행실을 저지르는 것을 '밑구멍으로 호박씨 깐다'고 했다. '등 치고 간 내먹는다'는 겉으로는 위해주는 척하면서 속으로는 해를 끼친다는 말이다.

　　위선은 시대를 통틀어 인간 의식의 한 부속물처럼 그 맥을 같이하고 있다. 파스칼은 이렇게 강조했다.

　　"인간은 천사도 아니지만 짐승도 아니다. 그러나 불행한 것은 인간은 천사처럼 행동하려고 하지만 짐승처럼 행동한다는 것이다."

　　그대 자신을 위선의 탈 속에 집어넣지 말라. 위선은 자신을 속이는 가장 큰 죄악임을 그대 내면에 새겨 두라.

096

오늘 깨닫지 못하면 내일을 기다려라

가인유과　　　　불의폭노　　　불의경기
家人有過거든 不宜暴怒하며 不宜輕棄니

차사난언　　　　차타사은풍지　　　금일불오　　　사래일재경지
此事難言이어든 借他事隱諷之하되 今日不悟여든 俟來日再警之하여

여춘풍해동　　　　여화기소빙　　　재시가정적형범
如春風解凍하며 如和氣消氷하면 纔是家庭的型範이니라.

가족 중에 잘못한 이가 있으면 크게 화내지도 말고 가볍게 스치지도 말라.

잘못을 탓하기가 어렵다면 다른 일을 빌어 넌지시 깨닫게 하라. 오늘 깨닫지 못하면 다시 내일을 기다려 훈계하라.

봄바람이 언 땅을 녹이고 온화함이 얼음장을 녹이듯 하라. 그것이 가정의 규범이 된다.

　　가족은 하나씩 별개일 수도 있지만 궁극적으로 하나라는 커다란 힘을 가진다. 하나의 뿌리를 근원으로 하기 때문이다. 가족은 서로 주기 위해 존재해야 하지 얻기 위해 존재한다면 금방 소멸해 버리고 말 것이다. 가정은 행복을 저축하는 곳이지 채굴하는 곳이 아니기 때문이다.

　　중국 강주의 진陳씨 일족은 7백 명이나 되는 가솔을 거느렸다. 식사 시간이면 식구들이 한자리에 모여, 노인에서부터 어린이까지 질서 있게 식사를 했다. 그 집에서는 개를 백여 마리나 기르고 있었는데 그들 역시 한 우리에 모여 먹이를 먹었다. 개 한 마리만 오지 않아도 다른 개들은 그 개가 올 때까지 기다리며 먹지 않았다. 사람들이 일군 사랑과 인내와 화평의 분위기가 짐승에게까지 미친 것이다. 가족은 꾸짖음도 사랑이어야 한다. 인내할 줄 아는 평화로운 매질이어야 한다.

097
마음을 살펴 항상 원만하게 하라

차심　상간득원만　천하자무결함지세계
此心이 常看得圓滿하면 天下自無缺陷之世界요

차심　상방득관평　천하자무험측지인정
此心이 常放得寬平하면 天下自無險側之人情이니라.

내 마음을 살펴 항상 원만하게 한다면 세상은 한 점 결함이 없는 세계가 될 것이며
내 마음을 열어 항상 너그럽게 한다면 세상에 험악한 인정이란 저절로 사라질 것이다.

사람은 가끔 자기 자신을 타인으로 느낄 때가 있다. 그것은 어떤 일에 직면했을 때의 마음의 동요에서 비롯된다. 내가 했다고 믿기 힘든 행동 후에 느끼는 당혹감 같은 것이다.

사람의 마음은 가장 이질적인 것들이 복합적으로 내재되어 있다. 데카르트는 사랑의 감정에 대해 기술하면서 다음과 같은 말을 덧붙였다.

"남을 증오하는 감정은 얼굴의 주름살이 되고 남을 원망하는 마음은 고운 얼굴을 추악하게 변모시킨다. 감정은 늘 신체 반사 운동을 일으킨다. 사랑의 감정은 신체 내에 조화로운 빛을 흐르게 하고 맥박이 고르며 보통 때보다 기운차게 움직인다."

그대 마음을 살펴 항상 원만하게 한다면 피다 만 꽃나무도 다시 꽃을 피울 수 있다. 그대 마음을 열어 항상 너그럽게 한다면 메말라 버린 강바닥에 다시 강물이 흐르게 할 수도 있다.

098
방종한 자의 미움은 방종일 뿐이다

澹泊之士는 必爲濃艶者所疑하며 檢飭之人은 多爲放肆者所忌하나니
담박지사　　필위농염자소의　　　검칙지인　　다위방사자소기

君子處此하며 固不可少變其操履하며 亦不可太露其鋒芒이니라.
군자처차　　고불가소변기조리　　　역불가태로기봉망

마음이 깨끗한 사람은 반드시 사치한 자의 의심을 받고 엄격한 사람은 흔히 방종한 자의 미움을 받기 마련이다.
그러나 군자는 그런 경우에 일말의 지조도 변함이 없어야 하고 또 지나치게 엄격함을 드러내지 말아야 한다.

마음속에 깨끗하지 못한 욕심과 증오와 시기 그리고 질투가 가득 차 있다면 그에 따르는 의구심은 마치 눈덩이처럼 부풀어 그의 마음을 가득 채운다. 그런 사람일수록 상대적이다. 그의 그러한 의구심의 표적은 자기가 가진 욕심을 갖지 않은 사람, 자기가 가진 증오와 시기와 질투 따위를 조금도 마음에 담지 않은 사람을 겨눈다.

의심과 미움에 신경 쓸 필요는 없다. 그것은 다만 그가 가진 의심과 방종의 흐름일 뿐이며, 그 자체가 곧 또 하나의 의심이며 방종이기 때문이다. 『팔만대장경』도 '지혜 없는 자 의심 끊일 날 없다'고 적고 있다.

그런 사람의 의심과 미움을 그대를 위한 가장 즐거운 노래로 들어라. 그 의심의 돌들을 바닥에 깔고 그대는 물결처럼 다만 흘러가라. 그 미움의 찌꺼기들을 거름으로 심고 그대는 다만 한 그루 싱싱한 나무로 푸르게 뻗어 나가라. 그대의 참모습은 거기밖에 없다.

099

순조로울 때 자신을 돌아보라

거역경중하면   주신개침폄약석이라   절려행이불각하며
居逆境中하면 周身皆鍼砭藥石이라 砥節礪行而不覺하며

처순경내하면   만전진병인과모라   소고마골이부지
處順境內하면 滿前盡兵刃戈矛라 銷膏靡骨而不知하느니라.

역경에 처해 있을 때는 주위가 모두 침과 약이어서 자신도 모르게 절조와 행실을 닦게 된다.
모든 일이 순조로울 때는 눈앞이 모두 칼과 창이어서 살을 에이고 뼈를 깎아도 깨닫지 못한다.

장맛비로 목욕을 하고 폭풍으로 머리를 감는다는 옛말이 있다. 극심한 고생을 참고 견디며 일하는 사람의 모습을 빗댄 말이다. 세상을 살아가면서 겪는 어려움을 당연하다고 여기는 사람도 있다. 그것은 그만큼 세상살이가 고달프고 괴롭다는 말일 수도 있으나 다른 한편으로는 그 많은 어려움을 당해 보아야 사람다운 사람이 될 수 있다는 것을 은연중 내포하는 것 같다.

역경이 아름다울 수는 없다. 행복할 수는 더더욱 없다. 그런데도 사람들은 그 역경을 사랑하듯 감싸안으며 말한다. 이를테면 디즈레일리의 '역경보다 나은 교육은 없다'든지, 세네카의 '불은 쇠를 단련시키고 역경은 강한 사람을 단련시킨다', 또 에머슨의 '역경은 청년에게 찬란한 기회이다' 등이 그렇다.

그렇게 본다면 역경에 처했을 때 주위의 모든 어려움은 침과 약이 되어

한 인간을 보다 강인하게 만든다는 얘기가 된다. 순조로울 때의 주위는 칼과 창이 되어 한 인간을 끝없이 마모시킨다는 얘기가 된다. 뼛속으로 스며드는 듯한 그 말을 기억하라. 역경을 그대에게 찾아온 절체절명의 기회로 포착하라.

100
욕심의 불길은 스스로를 태운다

생장부귀총중적 기욕여맹화 권세 사열염
生長富貴叢中的은 嗜欲如猛火하며 權勢가 似烈焰하나니

약불대사청랭기미 기화염부지분인 필장자삭의
若不帶些清冷氣味하면 其火焰不至焚人이라도 必將自爍矣니라.

부귀한 집에서 성장한 사람은 그 욕심이 사나운 불길 같고 그 권세가 날카로운 불꽃과 같다.
만약 조금이라도 맑고 신선한 기운을 지니지 않는다면, 그 불길이 남을 태우지는 못하더라도
반드시 그 자신을 태워 버리고 말 것이다.

"예수께서 제자들에게 이르시되, 내가 진실로 너희에게 이르노니 부자는 천국에 들어가기가 어려우니라. 다시 너희에게 말하노니 약대(낙타)가 바늘귀로 들어가는 것이 부자가 하나님의 나라에 들어가는 것보다 쉬우니라."

우리에게 너무나 잘 알려진 성서의 말씀이다. 부자에 대한 인식은 옛날이나 지금이나 한결같다. 고리키는 그의 소설 『밑창』에서 이렇게 부자를 윽박질렀다.

"부자의 기질이란 이를테면 천연두와 같은 것이다. 병이 나아도 자국이 남는다. 부자는 아무리 가난해도 타고난 가난뱅이 행세는 못한다."

그런가 하면 데이비드 로렌스는 『날개 돋친 뱀』에서 지나칠 정도로 부자를 매도했다.

"부자 계급이란 머리가 두 개 달린 개나 다섯 발 가진 송아지 같아서 참

으로 엉뚱하다. 부러운 눈으로서가 아니라 정상적인 사람이 엉뚱한 사람에 대해서 품게 되는 느리고도 뿌리 깊은 적개심과 호기심을 가지고 보아야 할 대상이다."

그래서 부자들은 외로운 것인지도 모른다. 그래서 그들 자신이 앞서 가난한 사람들을 경원시한 것인지도 모른다.

모든 욕심은 지극한 이기심에서 비롯한다. 과거의 모든 도덕률은 우리들에게 결코 이기적이 되어서는 안 된다고 일러 주지만, 어느 누구나 자기 자신을 버릴 수 없는 것이 현실이다. 사람은 누구나 스스로를 사랑하고 자기의 행복만을 위하여 행동하는 자기를 가지고 있다. 문제는 그 이기심이 타인의 기쁨에까지 미치는가, 아니면 타인의 기쁨을 짓밟는가에 있다. 사랑은 두 사람의 에고이즘이란 말도 있지 않은가.

옛날 속담에 '부잣집 가운데 자식'이란 말이 있다. 흔히 부잣집 자식은 일하지 않고 방탕하다고 하여 무위도식하는 사람쯤으로 인식된 데서 나온 말이다. 부잣집 가운데 자식이니 그 욕심이 오죽하랴 싶은 의구심에서 비롯된 것이리라. 부잣집 일은 부잣집 밖으로 끌어내지 말라. 오직 그대 자신의 일에 충실하라.

101

참된 일념에는 불가능이 없다

^{인심 일진 변상가비 성가운}
人心이 一眞하면 便霜可飛하며 城可隕하며

^{금석가관 약위망지인 형해도구}
金石可貫이나 若僞妄之人은 形骸徒具하고

^{진재이망 대인 즉면목 가증 독거 즉형영자괴}
眞宰己亡하니 對人하면 則面目이 可憎하고 獨居하면 則形影自塊니라.

사람의 참된 일념은 여름에도 서리를 내리게 할 수 있고, 울음으로 성곽을 무너뜨릴 수 있으며
쇠붙이와 돌도 뚫을 수 있다. 거짓된 사람은 그 모양만 갖추었을 뿐 참사람은 이미 사라져 버렸기 때문에
사람을 대할 때에는 얼굴도 흉하게 보이고 혼자 있을 때는 스스로의 몸과 그림자에 스스로가 부끄러워한다.

'나의 사전에 불가능이란 없다'고 나폴레옹이 말하지 않았더라도 그 말을 사용할 수 있는 사람은 무수히 많다. 그만큼 인간의 능력은 무한하다. 할 수 있다는 신념을 가지고 있다면 어떤 난관이라도 돌파할 수 있는 것이 인간이기 때문이다.

여름에 서리를 내리게 한 이야기는 『회남자』에 나온다. 추연이라는 사람은 연나라의 혜왕을 충성을 다해 섬겼다. 그러나 대신들이 추연을 참소하자 왕은 추연을 감옥에 가두어 버렸다. 추연이 통곡하자 하늘이 감동하여 한여름에 서리를 내렸다는 것이다.

또 고디어스 왕이 알렉산더 대왕에게 어렵게 매듭을 맨 밧줄을 보이면서 풀어 보라고 하자 알렉산더 대왕은 서슴없이 칼로 베어 버리면서 소리쳤다.

"천하의 알렉산더가 이 따위 것을 풀게 생겼느냐?"

사람은 누구나 확실한 자기 신념이 있어야 한다. 강한 신념을 가진 사람은 그의 생애를 강하게 만들 수밖에 없다. 그것은 온갖 시련이 그 신념을 그림자처럼 좇을 것이기 때문이다.

102
본연의 모습이 참모습이다

문 장　주 도 극 처　　무 유 타 기　지 시 흡 호
文章이 **做到極處**하면 **無有他奇**요 **只是恰好**며

인 품　주 도 극 처　　무 유 타 이　지 지 본 연
人品이 **做到極處**하면 **無有他異**요 **只是本然**이니라.

문장을 공부하여 극진한 경지에 다다르면 별달리 기이한 것이 없고 알맞을 뿐이다.
인격을 연마하여 극진한 경지에 다다르면 별달리 뛰어나는 것이 아니라 다만 본연 그대로일 뿐이다.

어떤 한 분야를 깊이 탐구하여 완성의 경지에 다다르고 보면 기묘한 별다른 재주가 따로 있는 것이 아니라 그것이 바로 원래부터 있던 자연 그대로인 것을 깨닫게 된다. 그것이 바로 최고 경지이다. 그래서 알맞을 뿐이고 본연의 모습을 그제서야 만나게 되는 기쁨일 뿐이다.

거기까지 이르는 과정이 중요한 것이다. 참으로 노력하지 않고, 공부하지 않고, 스스로를 채찍질하지 않고서 본연의 모습을 만나기 힘들기 때문이다. 헤밍웨이는 그의 집필 활동에 대하여 이렇게 말할 적이 있다.

"다 써서 완결된 책은 죽인 사자와 같다."

독자에게는 결과가 매우 귀중할지 모르지만 작가에게는 타버린 재에 불과하다는 것이다. 그대 좌우를 그대의 또렷한 시선으로 돌아보라. 그대는 어디만큼 와 있는가?

끊임없이 나아가는 자신을 향하여 돌진하라. 과녁은 그대 속에 있다.

103

허상과 실상을 스스로 깨달아라

이 환 적 언　　무 론 공 명 부 귀　　즉 지 체　　역 속 위 형
以幻迹言하면 無論功名富貴도 卽肢體도 亦屬委形하며

이 진 경 언　　무 론 부 모 형 제　　즉 만 물　　개 오 일 체
以眞境言하면 無論父母兄弟도 卽萬物도 皆吾一體니

인 능 간 득 파 인 득 진　　재 가 임 천 하 지 부 담　　역 가 탈 세 간 지 강 쇄
人能看得破認得眞하면 纔可任天下之負擔하며 亦可脫世間之韁鎖니라.

이 세상의 모든 것을 허상으로 본다면 부귀공명은 물론 내 육신까지도 잠시 빌린 것에 불과하다.
이 세상의 모든 것을 실상으로 본다면 부모형제는 물론 세상만물이 나와 한 몸이 아닌 것이 없다.
모쪼록 사람들이 이 세계가 허상임을 알아차리고 만물이 나와 한 몸임을 깨닫는다면
비로소 세상의 짐을 맡아 이끌어 나갈 수 있고 세상의 속박에서 벗어날 수 있다.

허상은 우리를 사로잡고 끝없이 매료시키며 즐겁게 한다. 사람들은 허상의 무지개를 좇아 숨가쁘게 치닫는다. 아름다운 주택을 마련하고 그 주택을 지킬 여인을 화사하게 치장시킨다. 값비싼 가구로 실내 장식을 하고 감미로운 술과 음식으로 그들의 위장까지도 유혹해 버린다. 밖으로는 명성을 흩날리고 안으로는 짙은 쾌락의 몸 냄새를 진동시킨다.

어느새 그것들은 삶의 진리이자 목적이 된다. 그들은 이제 허상의 엄청난 기류에서 헤어나지 못하고 모든 실상으로부터 멀어진다.

한 줌의 흙도 한 송이의 꽃도 그대와 한 몸임을 인지하라. 그대가 자연 속에서 홀로 된다면 그대는 완전한 무無일 수밖에 없음을 상기하라. 그리고 허상 속에 숨어 있는 내면을 깨달아라.

104
남의 비밀을 들추어내지 말라

不責人小過하며 不發人陰私하며 不念人舊惡하라
三者는 可以養德하며 亦可以遠害니라.

남의 작은 허물을 꾸짖지 말고 남의 비밀을 들추어내지 말며 남의 지나간 과오를 마음에 두지 말라.
이 세 가지를 명심하면 스스로의 덕을 기를 수 있으며 또한 해를 멀리할 수 있다.

사람에게는 누구나 다 비밀이 있다. 사랑의 비밀에서부터 우정의 비밀, 슬픔과 기쁨의 비밀까지 다채롭기까지 하다.

만약에 누군가가 다른 사람에 관하여 그대에게 한 말을 누설하고 싶은 마음이 생기거든 그대는 말하기에 앞서 다음 세 가지의 질문을 통과하라. 그 질문이야말로 참으로 좁은 문이다. 첫째, '그것이 사실이냐?'에 대하여, 둘째 '그것이 필요한 것이냐?'에 대하여 그대 마음에 진실하게 대답하라. 그리고 세 번째로 '그것이 친절한 일이냐?'는 것이다.

그대가 이 세 가지 질문에 명확한 답을 내릴 수만 있다면 얼마든지 비밀을 누설해도 좋다.

남의 비밀을 감춰 주는 것은, 남의 작은 허물을 꾸짖지 않는 것과 또 남의 지나간 과오를 마음에 두지 않는 것과 함께 그대가 지닐 수 있는 큰 덕목 중의 하나다. 그대의 큰 덕목을 더욱 살찌게 하라.

105

탐닉하지 않으면 뉘우침은 없다

상구지미 개란장부골지약 오분 변무앙
爽口之味는 皆爛腸腐骨之藥이니 五分이면 便無殃하며

쾌심지사 실패신상덕지모 오분 변무회
快心之事는 悉敗身喪德之媒니 五分이면 便無悔니라.

입을 즐겁게 하는 음식은 모두가 장을 상하게 하고 뼈를 썩게 하는 독약과 같다.
많이 먹지 말고 절반쯤에서 그쳐야 화를 면한다. 마음을 즐겁게 하는 쾌락은 모두가 몸을 망치고
덕을 잃게 하는 매개물이다. 깊이 탐닉하지 말고 절반쯤에서 그쳐야 뉘우침이 없다.

쾌락이란 유쾌하고 즐거운 상태를 말한다. 또 심리학적으로는 욕망의 만족에서 생기는 감정을 뜻하는 말이기도 하다.

욕망이 없는 사람은 없다. 아울러 쾌락을 부정하는 사람 역시 드물다. 쾌락이라 해서 무조건 금기시해서도 안 된다. 오스카 와일드는 쾌락을 자연의 음미이며 그 승인의 표정이라고도 했다. 또한『심연으로부터』에서 이런 말을 남겼다.

"사유의 영역에서 역설이 나와 가졌던 관계를 정욕의 영역에서는 외고집이 가졌다. 욕정은 마침내 질병이 되고 광증이 되고 혹은 그 둘을 합친 것이 되었다."

잠시 늪지대를 연상해 보자. 늪 속에 한 발을 들이밀면, 늪은 서서히 두 발과 두 팔과 온몸을 차례대로 보이지 않는 밑바닥까지 끌어들인다. 그리고 늪은 다시 잠잠히 그의 정체를 감추며 살아 숨쉰다.

그러한 늪을 건너기 위해서는 완전히 뛰어넘든가, 아니면 쉬지 말고 그 위를 가볍게 달려가야 한다. 그렇게 해야 그 속으로 빠져들지 않는다. 도스토옙스키는 쾌락 속으로 깊이 빠져든 인간을 다음과 같이 정의했다.

"완전히 정욕에 사로잡힌 인간은 나이를 먹고 나서 특히 그런 일이 흔하지만, 너무도 맹목적이 되어 소망이 없는데도 소망이 있는 것같이 생각해 버린다. 그리고 아무리 우수한 인간이라도 마치 분별을 잃은 어린아이처럼 행동한다."

쾌락이란 꼭 그런 늪과 같다. 차라리 그런 늪지대로 다가서지 말든가 아니면 뛰어넘든가, 그것도 아니면 쉬지 말고 그 위를 가볍게 달려 벗어나야 한다.

탐닉하지 말라는 것이다. 쾌락을 즐기더라도 깊이 빠져들지 말고 적당한 자리에서 벗어나라는 것이다. 쉽게 말해서 쾌락에 지지 말고 이겨 나가라는 것이다. 쾌락을 이길 수 있는 쾌락, 그것을 그대 것으로 하라는 말이다. 번즈의 이 말을 그대를 위한 것이라 생각하라.

"쾌락은 펼쳐진 양귀비와 같아서 꽃을 쥐면 핀 꽃은 시들어 버린다. 또 쾌락은 강물에 떨어지는 눈송이와 같아서 한순간 하얗다가 그다음엔 영원히 녹아 버린다."

106
마음가짐을 무겁게 하지 말라

_{사 군 자　지 신　불 가 경　　경 즉 물 능 요 아　　이 무 유 한 진 정 지 취}
士君子는 持身을 不可輕이니 輕則物能撓我하여 而無悠閒鎭定之趣요

_{용 의　불 가 중　　중 즉 아 위 물 니　　이 무 소 쇄 활 발 지 기}
用意를 不可重이니 重則我爲物泥하여 而無瀟洒活潑之機니라.

군자의 몸가짐을 가볍게 말라. 가볍게 하면 사물에 마음을 주게 되어 여유와 침착함을 잃게 된다.
또 마음가짐을 무겁게 하지 말라. 너무 무거우면 마음속 사물에 얽매여 시원함과 활달함을 잃게 된다.

행동이 모호하거나 뚜렷하지 못할 때 쓰는 말로 '학도 아니고 봉도 아니고'라는 속담이 있다. 이도 저도 아닌 행동을 비난하는 말이다.

피타고라스는 자기 자신을 정리하지 않은 행동은 임자 없이 멋대로 달리는 말이나 다름없다고 했다. 그러면서 목표가 없는 행동은 하나의 방종이라고 강하게 비난했다. 정리되지 못한 사고에서 어떻게 무게를 느낄 수 있으며 부피 또한 어떻게 감지할 수 있겠는가.

인간의 행동은 바로 그 사람의 거울이다. 그 사람의 사고를 가장 확실하게 통역한 것이 곧 행동이 되기 때문이다. 아리스토텔레스는 인간의 행동을 모두 일곱 개의 원인으로 분류했다. 그것은 기회, 본능, 강제, 습관, 이성, 정열, 희망이다.

어느 것이라도 좋다. 행동이 유발되는 원인 그 어느 것이라도 그대의 중심을 실으라. 중심을 잃어버리면 그대는 자연히 도태될 수밖에 없다.

107

사람은 두 번 태어나지 않는다

_{천지} _{유만고} _{차신} _{불재득}
天地는 有萬古하되 此身은 不再得하며

_{인생} _{지백년} _{차일} _{최이과}
人生은 只百年에 此日이 最易過라

_{행생기간자} _{불가부지유생지락} _{역불가불회허생지우}
幸生期間者는 不可不知有生之樂하며 亦不可不懷虛生之憂니라.

천지는 변함이 없지만 내 몸은 두 번 태어나지 않는다.
인생은 다만 백년의 세월, 그 나날은 쉽게 지나가 버린다. 다행히도 그 사이에 태어난 내 몸이 살아 있는
즐거움을 깨달아야 할 것이며 또한 헛된 삶에 대한 근심을 어찌 생각 안할 수 있으랴.

"하찮고, 허약하고 쉽게 더럽혀지며 냄새 나는 것이다."

프랑스 왕의 사랑을 독차지하던 한 여인이 아이를 낳은 지 며칠 만에 죽으면서 자신의 목숨에 대해서 남긴 말이다. 왜 그 여인에겐 인간의 생명이 그토록 하찮은 것이 되었을까? 그녀는 자신의 삶 속에서 스스로의 생명을 돌보는 일 없이 오직 자신의 삶만을 즐겼기 때문이다. 생명을 아끼며 사랑하지 않았는데 어떻게 그 삶이 아름다울 수 있었겠는가.

이 세상에서 인간의 목숨보다 더 귀중한 것은 없다. 삶은 그 껍질이며 의상일 뿐이다. 생명을 아끼고 사랑하는 만큼 그 생명에게는 보다 보람찬 의상을 입혀야 할 것이다.

그대 삶을 보다 충실하게 살라. 삶이란 그대의 목숨 안팎을 드나들며 흐르는 물결임을 잊지 말라. 그 물결을 깨끗하고 도도하게 다스려라.

108
원수는 은혜로부터 나타난다

怨因德彰하나니 故로 使人德我로는 不若德怨之兩忘이요
仇因恩立하나니 故로 使人知恩으로는 不若恩仇之俱泯이니라.

원한은 덕으로부터 나타난다. 그러므로 사람들로 하여금 내게 덕이 있다고 여기게 하기보다는
차라리 덕과 원한을 모두 잊게 하는 것이 낫다. 원수는 은혜로부터 나타난다. 그러므로 사람들로 하여금
나의 은혜를 알게 하기보다는 차라리 은혜와 원한을 모두 없애 버리는 것이 낫다.

원한에는 원통한 생각과 뉘우침이 복합적으로 섞여 있다. 원통하며 후회스럽기도 한 감정은 쉽사리 풀리지 않는다. 아버지의 원수를 고소하여 형을 받게 한 젊은이를 만난 카토는 그의 손을 잡고 이렇게 말했다.

"부모가 세상을 떠난 뒤라 할지라도 그 원한은 이렇게 풀어야 하오. 양이나 염소의 피로써가 아니라 생전의 원수들의 눈물과 법으로써 말이오."

어떻게 해서든지 원한은 풀어야 한다는 이야기다. 원한을 풀지 않고 가슴에 묻어 둔다는 것은 삶 자체를 형틀에 가둬 두는 것과도 다를 바 없다. 문제는 원한의 감정에서 물러서는 것이다. '십 리가 모래 바닥이라도 눈찌를 가시나무가 있다'는 속담도 있지만 친한 벗 가운데서도 얼마든지 원수는 생겨나기 마련이다.

그대가 미워해야 할 사람은 세상에 많지 않다. 원수는 그대의 건너편 자리에 있는 것이 아니라 그대 마음속에 있음을 돌이켜 생각하라.

109

번성할 때에 더욱 조심하라

노래질병   도시장시초적   쇠후죄얼
老來疾病은 都是壯時招的이요 衰後罪孽은

도시성시작적   고   지영이만   군자우긍긍언
都是盛時作的이니 故로 持盈履滿을 君子尤兢兢焉하느니라.

늙어서 생기는 병은 모두가 젊었을 때 불러들인 것이며 쇠퇴한 뒤의 불행은 모두가 번성할 때에 만들어진 것이다.
그러므로 군자는 가장 번성할 때에 더욱 조심해야 한다.

"나의 몰락은 누구의 탓도 아닌 나 자신의 탓이다. 내가 나의 최대의 적
이었고 나 자신의 비참한 운명의 원인이었다."

나폴레옹은 운명에 대하여 이렇게 말했다. 그는 자신의 몰락에서 스스
로를 되돌아보았고 불행의 깊은 수렁을 뼈저리게 실감한 것이다.

노년의 병고는 젊었을 때의 방종에서 비롯한다. 마찬가지로 일체의 몰
락이나 불행은 가장 번성했을 때의 착오와 무절제에서 비롯한다. '비단이
한 끼라'는 속담은 그런 몰락의 행태를 한눈에 보여준다. 집안이 몰락하
여 감추어 두었던 비단을 팔아 보니 한 끼밖에 안 된다는 뜻으로, 한번 기
울기 시작하면 걷잡을 수 없음을 말해 준다.

어쩌랴! 기우는 것을 곧장 바로 세우기는 힘든 일이다. 그러나 기울기
전에 바로 세워 놓을 수는 있다. 그것은 그대 마음에 달려 있다. 그대는 이
미 나폴레옹의 절규를 외면하고 있지 않기 때문이다.

110
옛 친구와의 정의를 두텁게 하라

市私恩은 不如扶公議요 結新知는 不如敦舊好요
시 사 은 불 여 부 공 의 결 신 지 불 여 돈 구 호

立榮名은 不如種隱德이요 尙奇節은 不如謹庸行이니라.
입 영 명 불 여 종 은 덕 상 기 절 불 여 근 용 행

사사로이 은혜를 거래함은 공의(公議)를 위하는 것만 같지 못하고 새로운 친구를 사귀는 것은
옛 친구와의 정의를 두텁게 하는 것만 같지 못하다. 유명한 명성을 세우기보다는 숨은 공덕을 심는 것이 낫고
어려운 절의를 따르기보다는 평소 행동을 삼가는 것이 낫다.

'모우전구冒雨剪韭'는 비가 오는데도 그 빗발 속에서 부추밭에 들어가 부추를 솎아 친구에게 대접한다는 것으로 우정의 두터움을 한 폭의 그림처럼 보여주는 말이다. 또 '문경지교刎頸之交'라는 말은 아주 극단적이어서 이채롭기까지 하다. 목을 잘라도 마음이 변치 않을 사이, 즉 죽고 살기를 같이할 만한 친구와의 우정을 보다 박진감 있게 표현하고 있다. 사무엘 존슨은 우정에 관하여 다음과 같은 말을 남겼다.

"사람은 인생을 살아가면서 새로운 친구를 만들지 않으면 곧 고립에 빠진 자신을 발견하게 되리라. 우정은 끊임없이 손질을 하면서 지켜야 한다. 우정을 나태와 침묵으로 죽여 없애는 것은 현명하지 못한 일이다. 그것은 확실히 권태로운 역정의 가장 큰 위안을 의식적으로 던져버리는 것이 된다. 나는 새로운 벗을 만들지 않는 날들을 모두 잃어버린 것으로 간주한다."

새 친구가 삶의 활력소라면 옛 친구는 삶의 뿌리다. 새로운 친구든 옛 친구든 우정을 끊임없이 손질하며 지켜 나가야 함은 당연한 이야기다. 아름다운 우정이 있는 곳에는 아름다운 인생이 만들어진다. 그래서 어떤 사람은 우정은 곧 삶이며 우정의 결여는 죽음이라고까지 얘기했다. 우정은 비오는 날의 우산일 수도 있고 눈오는 날의 화로처럼 서로를 따뜻하게 하기 때문이다.

인생을 살아간다는 것은 나만의 일이 될 수 없다. 삶이란 모든 사람이 함께 어우러져서 살아가게 되어 있다. 아름다운 인생을 만들어 낸다는 것은 곧 아름다운 사회를 만들어 내는 것이며, 아름다운 세상을 만들어 낸다는 얘기도 될 수 있다.

"잃어버린 친구를 대신할 만한 것은 절대로 있을 수 없다. 오랜 친구는 만들어지는 것이 아니다. 공통된 그 많은 추억, 함께 당한 그 많은 괴로운 시간, 그토록 많은 불화, 그리고 화해, 마음의 격동이라는 보물만큼 값어치 있는 것은 아무것도 없다. 이런 우정들은 다시 만들어 내지 못하는 것들이다. 참나무를 심었다고 오래지 않아 그 그늘 밑에 쉬기를 바라는 것은 헛된 일이 아닐 수 없다."

생텍쥐페리의 『인간의 대지』 속에 나오는 구절이다. 어떤가? 새 친구를 사귀는 수고로움보다는 옛 친구가 있어, 그를 아끼는 것이 얼마나 더 귀중한 일인지 알겠는가. 그 안에서 그대는 일상의 행동을 삼가고 절제하는 지혜를 배우게 될 것이다.

111

진리는 인내와 시간이 밝혀 준다

공평정론 불가범수 일범 즉이수만세
公平正論은 不可犯手니 一犯하면 則貽羞萬世하며

권문사두 불가저각 일저즉점오종신
權門私竇는 不可著脚이니 一著則點汚終身하느니라.

공평한 의견과 논의를 반대하지 말라. 한번 범하면 영원히 수치를 남긴다.
권력과 사리사욕에 발붙이지 말라. 한번 발붙이면 평생토록 오점이 된다.

개인적인 일들로 옳지 못한 의견에 동조하거나 침묵한다면 그것은 자기 자신을 많은 사람들 앞에 내던지는 것과 다름없다. 인간의 감정이란 연약하기 그지없는 들풀과 같다. 조금만 세찬 바람이 불어와도 한곳으로 쏠리기 마련이고 조금만 강한 힘에도 곧잘 짓밟히기 때문이다. 하지만 다시 생각해 보면 인간의 감정처럼 억센 것도 없다. 연약한 들풀처럼 한 바람에 쏠렸다가도 다시 일어서고, 작은 힘에 짓밟혔다가도 또다시 일어서고야 마는 강인한 의지력을 지녔기 때문이다. 스피노자가 말했다.

"여럿이 한자리에 모이면 의견이 모두 다르다. 그대가 옳다 해도 무리하게 남을 설복시키는 것은 현명하지 못하다. 의견이란 못질과 같아서 두들기면 두들길수록 깊이 들어간다. 진리는 인내와 시간이 절로 밝혀 준다."

그대의 사사로운 욕심 때문에 옳은 말을 외면한다면 당연히 많은 사람들로부터 외면당할 수밖에 없다.

112

내 뜻을 굽혀 남의 환심을 사지 말라

곡 의 이 사 인 회　　　불 약 직 궁 이 사 인 기
曲意而使人喜는 不若直躬而使人忌하며

무 선 이 치 인 예　　　불 약 무 악 이 치 인 훼
無善而致人譽는 不若無惡而致人毁니라.

뜻을 굽혀 사람들의 환심을 얻기보다는 자신을 곧게 지켜 사람들의 미움을 받는 게 차라리 낫다.
선행이 없으면서 남의 칭찬을 받기보다는 나쁜 일을 하지 않으면서 사람들의 조롱을 받는 게 차라리 낫다.

어떤 사람들은 사소한 이익 때문에 자신의 본래 의지를 굽히면서 상대
방의 환심을 사기 위해 전전긍긍한다. 얼마나 값싼 흥정이며 싸구려 거래
인가. 자신의 의지나 신념을 담보로 사소한 이익을 얻어 내는 것이야말로
낚시에 매달린 미끼만 보는 물고기와 다를 것이 없다.

스위스의 종교 개혁자 츠빙글리는 당대의 정계와 루터에게 막대한 영
향을 끼쳤다. 그는 카펠의 싸움에서 군목으로 종군했다가 붙들린 몸이 되
어 사지를 찢기는 비참한 죽음을 당하면서 다음과 같은 말을 남겼다.

"내 육체는 죽일 수 있어도 내 정신만은 결코 죽일 수 없다."

사람의 환심을 사려 들지 말고 차라리 그대의 뜻을 지키기 위해 전력투
구하라. 그러면 오히려 많은 사람들이 그대의 환심을 사기 위해 사방에서
몰려들지 모른다.

113
친구의 잘못을 보면 마땅히 충고하라

_{처 부 형 골 육 지 변} _{의 종 용} _{불 의 격 렬}
處父兄骨肉之變하면 宜從容하고 不宜激烈하며

_{우 붕 우 교 유 지 실} _{의 개 절} _{불 의 우 유}
遇朋友交遊之失하면 宜凱切하고 不宜優游니라.

부모형제의 변을 당하게 되면 가급적 침착하고 과격하지 말라.
친구의 잘못을 보면 마땅히 충고할 것을 주저하지 말라.

친구로서 아무런 역할도 못하는 사람은 언제 적이 되어 오히려 해를 끼칠지도 모른다고 한다. 친구가 되기 위해서는 나름대로의 역할이 필요하다. 그것은 친구가 요구해서 맡아질 성질의 것이 아니라 오로지 나 스스로가 구하여 맡을 역할이다.

친구처럼 보이는 사람은 대개 친구가 아니고 그렇게 보이지 않는 사람이 오히려 친구라고 데모크리토스도 얘기한 바 있다. 그것은 친구가 요구하는 역할이 아닌 나 스스로가 찾아낸 역할이었을 때 참으로 친구가 될 수 있다는 말이다.

친구의 속마음을 읽는 것도 쉬운 일이 아니지만 친구의 잘못을 충고하는 일도 그다지 쉬운 일이 아니다. 그러나 친한 친구에게일수록 당당하라. 그가 잘못하는 바가 있으면 시간을 주지 말고 충고하라. 그것이 친구의 속마음을 읽을 수 있는 지름길이 될 수 있다.

지음知音이란 말이 있다. 음音은 안다는 의미지만 참으로 친한 벗을 이르는 말이기도 하다. 이것은 『열자列子』의 탕문 편에 나오는 이야기로 거문고의 명인 백아와 그 음악을 옳게 이해하는 친구 종자기 사이에서 생긴 말이다.

백아가 거문고를 타며 높은 산울림을 표현하려 들자 듣고 있던 종자기가 무릎을 치며 말했다.

"아, 굉장하구나! 산이 높고 험하기가 태산과 같구나."

다시 백아가 흐르는 물을 거문고에 실으려 하자 종자기는 기다렸다는 듯 말했다.

"참으로 좋구나! 그 양양하기가 양자강과 황하와도 같구나!"

이처럼 백아가 이미 마음속으로 생각하고 있는 것을 종자기는 어김없이 알아맞추어 비평했다고 한다. 백아에게 종자기는 자신의 음악을 참으로 알아주는 단 한 사람의 친구였던 것이다.

이 이야기에서 비롯되어 자기의 뜻을 알아주는 참다운 벗을 지음이라고 일컫는다. 부실한 친구는 정면으로 쳐들어오는 적보다도 나쁘다는 영국의 격언은 귀에 담아둘 만한 경구다. 친구의 잘못을 충고할 줄 모르고, 친구의 불행을 아파할 줄 모르며, 친구의 행복을 사랑할 줄 모르는 친구는 부실한 친구다. 그는 친구로서 아무런 역할도 못하는 사람인 것이다.

그대 자신이 먼저 친구가 되라. 그러면 타인도 그대의 친구가 될 것이다. 친구의 손에 들어가는 것은 잃은 것이 아니다.

114

작은 일일수록 소홀하지 말라

소처 불삼루 암중 불기은
小處에 不滲漏하며 暗中에 不欺隱하며

말로불태황 재시개진정영웅
末路不怠荒하면 纔是個眞正英雄이니라.

작은 일을 소홀히하지 말고 비밀스런 곳에 속이고 숨기지 않으며 실패한 경우에도
자포자기하지 않는 사람이 진정한 대장부다.

모든 큰일의 열매는 작은 일에서 비롯된다. 사람들이 흔히 놓쳐 버리기 쉬운 작은 일에서 모든 실패는 비롯된다. 천지의 둑도 개미구멍에서부터 새어 나고, 백 길의 큰 집도 굴뚝의 작은 구멍에서 새어 나오는 연기로부터 불탄다는 말도 있다.

프랑스 루이 24세 때 재무장관을 지낸 콜벨의 소년 시절 이야기다. 그 무렵 그는 포목점 점원으로 일하면서 생계를 유지하고 있었다. 어느 날 콜벨은 호텔에 투숙하고 있는 한 은행가에게 옷감을 팔고 돌아온 일이 있었다. 그런데 돌아와서 다시 계산해 보니 옷감의 값을 잘못 알고 엄청나게 비싼 값을 받아온 것이었다.

그는 제값 이상으로 받은 돈을 되돌려 주기 위해 자리를 박차고 일어섰다. 포목점 주인이 극구 만류했지만 그는 부리나케 호텔로 달려갔다. 그는 은행가를 찾아 사실을 말하면서 정중히 사과했다. 물론 그 여분의 돈

도 되돌려 주었다. 그러나 그 일로 화가 난 포목점 주인은 즉석에서 콜벨을 해고해 버렸다. 굴러들어 온 엄청난 돈이 콜벨의 정직성 때문에 물거품이 됐기 때문이다.

이튿날 콜벨의 집으로 은행가가 찾아왔다. 자기 때문에 콜벨이 일자리를 잃었다는 얘기를 들은 그는 콜벨이 자기 은행에서 일하도록 일자리를 마련해 주었다. 그 길로 콜벨은 은행가를 따라 파리로 가서 은행원이 되었으며, 그곳에서 프랑스 재무장관이 될 싹을 키운 셈이 되었다.

"하루만 행복하고 싶으면 이발을 하라. 일주일 동안 행복하고 싶으면 결혼을 하라. 한 달 동안 행복하고 싶으면 말을 사고, 한 해를 행복하게 지내고 싶으면 새 집을 지으라. 그러나 평생토록 행복하게 살고 싶다면 정직하라."

영국의 속담이다. 작은 일일수록 소홀하지 말라. 비밀스런 곳에 속이고 숨기지 말라. 어떤 경우에도 자포자기하지 말라. 정직한 인간은 신이 창조한 가장 기품 있는 작품이다.

115

한 그릇의 밥으로도 은혜를 만든다

千金도 難結一時之歡이요 一飯이 竟致終身之感하나니

蓋愛重反爲仇요 薄極翻成喜也니라.

천금으로도 한때의 환심을 사기가 어렵고 한 그릇의 밥으로도 평생의 은혜를 만든다.
대개 사랑이 지나치면 은혜가 오히려 원수로 바뀌고, 괴로움이 지극하면 박대한 것도 오히려 기쁨이 된다.

어떤 사람이 물었다.

"은덕으로 원수를 대하는 것이 어떻습니까?"

공자가 대답했다.

"그렇다면 은혜에는 무엇으로 대하겠는가? 정의로써 원수를 대하고 은덕은 은덕으로 갚아야 하느니라."

사람은 대개 남에게 기대기 좋아하는 감정을 보이지 않는 곳에 숨기고 있다. 그것은 좀체 밖으로 그 모습을 드러내지 않을 뿐 안으로는 항상 꺼지지 않는 불씨의 모습을 하고 살아 있다. 어려운 일일수록 스스로 그 일을 해결하려 들지 않고 누군가의 도움으로 쉽사리 그 일이 해결되기를 은근히 기대한다.

역경에 처한 사람일수록 그러한 기대감이 곧 약이 된다는 말도 있지만 오히려 그런 사람일수록 기대감은 독이 될 수도 있다는 사실을 깨달을 필요가 있다.

남에게 은혜를 베풀 때에는 시작을 가볍게 하라는 옛말이 있다. 처음에는 무겁고 나중에 가볍게 한다면 그 은혜를 모르는 것은 물론 오히려 푸대접한다고 원망을 듣기가 쉽기 때문이다.

남에게 기대려는 감정, 남에게 의지해서 무언가를 이루려는 감정이야말로 가시를 심어 놓고 장미를 기다리는 것과 다를 바 없다. 그런 사람이라면 차라리 등을 보여주는 게 약이다. 막연한 기대감은 일찌감치 지워주는 게 약이 될 수 있다는 말이다.

한 그릇의 밥으로도 은혜를 깨달을 수 있는 사람이면 기꺼이 그를 도와줘라. 밤에 한 일이 낮이면 나타나듯이, 아무도 모르게 그를 도와준 일이 나중엔 그를 큰사람으로 만들 수 있다.

작은 것이 오히려 큰 기쁨을 만들어낸다는 사실을 그대는 지금부터 알고 행동하라.

116
굽힘으로써 펼 수 있음을 깨달아라

藏巧於拙하며 用晦而明하며 寓青于濁하며
以屈爲伸하면 眞涉世之一壺요 藏身之三窟也니라.

뛰어난 재주는 어리석음으로 감추고, 지혜는 드러내지 않으면서도 명철함을 잃지 않으며,
청렴은 오히려 혼탁 속에 깃들게 하고 굽힘으로써 몸을 펴는 것,
이것이야말로 세상을 건너는 구조선이며 몸을 보호하는 안전장치가 된다.

어떤 사람이 현자에게 말했다.

"많은 사람들이 당신을 나쁜 사람으로 생각하고 있습니다."

그러자 현자가 대답했다.

"여러분들이 나에 대해 전부 알지 못하는 것은 퍽 다행한 일입니다. 이보다 더 지독한 말을 들을 수도 있었을 테니까요……."

현자는 그의 재주를 어리석음으로 감추었고, 지혜를 드러내지 않으면서도 명철함은 잃지 않고 있었다.

현명한 사람은 결코 자기 자신을 위험한 처지에 버려두지 않는다. 그가 현명함으로써 어리석음 속에 숨을 수 있는 것처럼, 보다 큰 현명함은 보다 큰 어리석음으로 비쳐질 수도 있다.

그대는 그대의 라이벌에게서 삶을 배워라. 그대의 적은 그대가 필요로 하는 모든 것을 감추고 있다. 그대의 적을 그대의 것으로 삼으라.

117

무성한 잎에서 소슬한 낙엽을 보라

쇠 삽 적 경 상　취 재 성 만 중　　발 생 적 기 함　즉 재 영 락 내
衰颯的景象은 就在盛满中하고 發生的機緘은 卽在零落內하나니

고　군 자　거 안　　의 조 일 심 이 려 환
故로 君子는 居安하면 宜操一心以慮患하며

처 변　　당 견 백 인 이 도 성
處變하면 當堅百忍以圖成이니라.

쓸쓸한 모습은 충만함 속에 있고 신선한 움직임은 스러지는 가운데 있다.
그러므로 군자는 편안할 때에 참마음으로 뒷일을 염려해야 하고 그리고 백번을 참고 견디어 성공을 도모해야 한다.

영국 시인 워즈워스는 봄철 숲 속에서 솟아나는 힘이야말로 인간에게 선악에 대하여 많은 것을 가르쳐 준다고 했다. 단단한 흙을 뒤집고 올라오는 여린 나무의 새싹도 새싹이지만, 온갖 생명체들이 생존을 위하여 상대를 노리는 모습 또한 단순한 인간의 선악 논리로는 설명하기 힘들다. 봄의 얼굴 속에는 이미 가을의 모습이 깔려 있다. 봄은 가을을 바탕으로 태어날 수 있고, 가을 또한 그 봄을 바탕으로 만들어지기 때문이다.

나무꾼이 가시나무를 패기 위해 가지를 다듬어 쐐기를 박자 나무가 한숨을 지으며 말했다.

"도끼를 탓할 것은 없지만 내가 만든 쐐기의 고통은 견딜 수가 없구나."

가시나무에는 가시가 나기 마련이다. 원인이 있으면 결과가 있다. 오늘에서 내일을 보라. 끊임없이 견디고 인내하면서 완전한 그대를 꽃피우라.

118

보기에 이상한 것은 즐기지 말라

_{경 기 회 이 자} _{무 원 대 지 식} _{고 절 독 행 자} _{비 항 구 지 조}
驚奇喜異者는 無遠大之識하고 苦節獨行者는 非恒久之操니라.

진기한 것을 보며 놀라워하고 이상한 것을 즐기는 사람은 원대한 식견이 없다.
지조를 지키기 위해 세상과 맞서 혼자 행하는 것은 영원한 지조가 될 수 없다.

정상이 아닌 사람을 우리는 기인이라고 부른다. 괴상한 버릇, 즉 괴벽을 가진 사람을 이상한 눈으로 바라보기 일쑤다.

괴벽을 가진 사람들은 수없이 많다. 괴테는 비뚤게 걸린 그림을 보는 것을 아주 싫어했다. 그는 그림이 비뚤어졌다고 하여 들어갔던 극장을 뛰쳐나온 일도 있었다. 또 프랑스의 유명한 배우 베르나르는 말년에 유리관 속에 들어가 장송곡을 들으며 잠을 잤다. 그뿐인가? 레오나르도 다 빈치는 자기만 보기 위해서 쓰는 글은 글씨를 거꾸로 뒤집어 썼다. 그래서 사람들이 그의 글을 거울에 비쳐 보아야만 하는 고충을 겪기도 했다.

괴벽은 이상하고 기이하게 길들여진 버릇일 뿐이다. 이상하고 기이하게 생긴 동물이나 식물을 돌연변이라고 부른다. 정상이 아니기 때문이다. 진기한 것을 보고 놀라워하고 이상한 것을 즐기는 사람 또한 정상이 아니다. 지조를 지키기 위해 홀로 세상에 맞서는 것 또한 진기하고 이상할 따름이다. 지조도 시대라는 장강의 흐름을 거스를 수는 없기 때문이다.

119
나의 어리석음으로
남을 시기하지 말라

무 편 신 이 위 간 소 기　　　무 자 임 이 위 기 소 사
毌偏信而爲奸所欺하매 毌自任而爲氣所使하며

무 이 기 지 장 이 형 인 지 단　　　무 인 기 지 졸 이 기 인 지 능
毌以己之長而形人之短하며 毌因己之拙而忌人之能하라.

한쪽으로만 치우쳐서 간사한 사람에게 속지 말 것이며 제 힘만을 너무 믿고 객기 부리는 일이 없도록 하라.
자신의 장점만으로 남의 단점을 드러내지 말 것이며 자신의 어리석음 때문에 남의 유능함을 시기하지 말라.

옥은 돌로 닦고, 금은 소금으로 씻으라는 옛말이 있다. 사물의 장단점을 잘 알고 처리해야 한다는 뜻이다. 사람도 마찬가지다. 그가 지니고 있는 장단점이야말로 그 사람만이 지닌 독특한 향기다. 그것을 따로 떼어 바라본다면, 하늘에서 해와 달을 각각 따로 떼어 바라보는 것과 같은 이치다. 한쪽으로만 치우치는 것도 결점이고, 제 힘만을 믿고 객기를 부리는 것도 결점이다. 또 남의 단점을 드러내어 말하는 것도, 자신의 어리석음으로 남을 시기하는 것도 엄청난 단점이다.

그러나 생각해 보라. 그대는 그럴 수밖에 없었던 적이 없는가?

결점이 없는 친구를 신뢰하지 말라. 또한 결점이 보이지 않는 이성이라면 절대 사랑하지 말라. 그들은 보이지 않는 곳에서 결점투성이 인간으로 변모할지도 모른다.

120

아는 것은 누구이며
범하는 것은 또 누구인가?

당 노 화 욕 수 정 등 비 처　　　　명 명 지 득　　　　우 명 명 범 착
當怒火慾水正騰沸處하며 明明知得하며 又明明犯著하나니

지 적 시 수　　　범 적 우 시 수　　　차 처　　　능 맹 연 전 념　　　　사 마 변 위 진 군 의
知的是誰며 犯的又是誰요 此處에 能猛然轉念하면 邪魔便爲眞君矣니라.

누구라도 분노의 불길과 욕망의 물결이 마침내 끓어오르려 할 순간을 알고 있으며,
알고 있으면서도 범하고 만다. 아는 것은 누구이며 범하는 것은 또 누구인가?
그 순간을 당하여 대담하게 생각을 바꾸면 악마도 문득 변하여 참마음이 된다.

　막이 오른다. 무대는 그대의 마음이다. 그대는 이제 끝없이 타오르는 불길 속에 뛰어들어 그 불길과 함께 분노한다. 그대의 분노는 전쟁의 아들이 되었다가 질투의 여신으로 바뀐다. 다시 애증의 가시로 피었다가 죽음의 마왕으로 변신한다. 그대의 분노는 마치 굴러떨어지는 물건처럼 떨어져 부딪친 물건 위에서 깨진다.

　다시 막이 오른다. 무대는 그대의 마음이다. 그대는 이제 용광로처럼 끓어오르는 욕망의 물결이 되어 그대 자신을 물결 속으로 끌어들인다. 그대의 욕망은 탐욕의 애첩이 되었다가 권력자의 안경으로 바뀐다. 다시 착취의 갈퀴로 만들어졌다가 걸귀乞鬼의 치맛자락으로 변신한다. 그대의 욕망은 마치 모든 강물이 바다로 들어가 보이지 않는 것처럼 흐르는 물결과 함께 흩어진다.

사람의 마음이야말로 하나의 극장과 같다고 누가 말했던가? 거기서는 온갖 지각知覺이 차례차례로 나타나고 사라졌다가 되돌아와 춤춘다. 그러 다가 어느새 꺼지고 다시 뒤섞이어 끝없이 많은 여러 가지 상황을 만들어 낸다. 성 크리소스토무스의 말을 빌어 보자.

"세상은 하나의 극장에 불과하다. 사람의 사업은 연극의 각본이고, 부 자와 가난뱅이, 지배자와 피지배자는 연극의 배역이다. 그러나 현세가 지 나가면 무대의 막은 내려지고 가면은 벗겨진다. 그러고 나서 모든 사람이 심문받는다. 그들의 업적을 심문받는 것이다. 그것은 그의 부도 아니고 지위도 아니다. 그 사람의 일일 뿐이다. 우리들은 우리들의 업적이 그 심 문에 합격되기를 바란다."

그대의 마음이 그대의 무대라면 그대는 스스로 연출자가 될 수밖에 없 다. 분노의 불길과 욕망의 물결을 알고 있는 자도 그대이고, 그것을 알면 서도 범하는 자 역시 그대이기 때문이다.

그 무대를 위하여, 그리고 관객을 위하여 대담한 변화를 주라. 그대는 확실하게 연출해 낼 수 있다. 그 불길과 그 물결을 사랑과 평화의 몫으로 충분히 되돌려 놓을 수 있는 것도 그대가 있기 때문이다.

121

남의 단점은 애써 덮어 주라

_{인 지 단 처   요 곡 위 미 봉   여 폭 이 양 지}
人之短處는 要曲爲彌縫이니 如暴而揚之하면

_{시   이 단 공 단   인 유 완 적   요 선 위 화 회}
是는 以短攻短이요 人有頑的이면 要善爲化誨니

_{여 분 이 질 지   시   이 완 제 완}
如忿而疾之면 是는 以頑濟頑이니라.

남의 단점은 애써 덮어 줘야 한다. 만약 들추어 다른 사람에게 알린다면
이것은 단점으로써 단점을 공격하는 것에 불과하다. 상대에게 완고함이 있다면 타일러서 일깨워 줘야 한다.
만약 성을 내서 그를 미워한다면 이것은 완고함을 가지고 완고함을 구제하는 것에 불과하다.

자신의 결점을 반성하는 사람은 남의 결점을 볼 틈이 없다. 사람마다 자기 일에 바쁜 것은 당연하다. 자기가 해야 할 일, 자기 자신에 충실하기 위해 최선을 다하는 일상이라면 남의 결점에 간섭하거나 충고하기는 쉽지 않다. 프랑스의 모럴리스트 라브뤼예르의 충고는 그래서 값지다.

"사람은 남의 결점에 대해서는 고통을 느끼고 참을 수 없을 만큼 마음을 졸이는 법이다. 그러나 자기 자신이 범한 똑같은 결점에 대해서는 아무런 주의도 하지 않는다. 사람들은 남의 잘못을 판단하지만, 그것이 곧 자기 자신의 그림자라고는 생각하지 않는다."

현명한 자는 타인의 결점을 보고 자기 결점을 고친다. 하물며 남의 단점을 들추는 건 얼마나 큰 어리석음인가? 그대 스스로를 고치기에 애쓰라. 타인의 결점은 가장 확실한 가르침이다.

122

잘난 체하는 사람 앞에선
입을 다물어라

우 침 침 불 어 지 사　　　차 막 수 심
遇沈沈不語之士하면 且莫輸心하며

견 행 행 자 호 지 인　　　응 수 방 구
見悻悻自好之人하면 應須防口하라.

음침하게 말이 없는 사람을 만나면 아직 마음을 털어놓고 말하지 말라.
화를 잘 내며 스스로 잘난 체하는 사람을 만나면 차라리 입을 다물어 버려라.

사람의 마음은 눈에 보이지 않는다. 손에 잡히지 않으며 귀로도 들리지 않는다. 그러나 사람의 마음은 눈에 보이지 않아도 보이고 손에 잡히지 않아도 잡을 수 있으며 귀에 들리지 않아도 들린다. 마음은 무형이지만 유형이며 숨어 있는 것 같지만 사실은 드러나 있다.

'면리장침綿裏藏針'이란 말이 있다. 솜 속에 바늘을 감추어 꽂는다는 뜻으로 겉으로는 부드러운 듯해도 속으로는 아주 흉악한 것을 이르는 말이다. 또 '소중유도笑中有刀'란 말도 있다. 웃음 속에 칼이 있다는 말이다. 겉으로는 친절하게 좋은 말만 하지만 마음속으로는 음험한 생각을 가지고 있다는 뜻이다.

사람의 마음이야말로 얼마나 다양한 색깔로 만들어졌으며, 또 얼마나 무한한 공간으로 만들어졌는가를 실감할 수가 있다.

그대 마음과 그대 입을 아름답게 장식하라. 마음이야말로 그대 삶의 정원이다. 아름다운 꽃나무만 심기에도 바쁠 것이다. 잘난 체하는 사람과 음침하게 말 없는 사람 앞에서는 그대의 정원을 보여줄 필요가 없다. 소리나지 않게 조용히 닫아 버려라.

123

마음을 가다듬을 줄 알아야 한다

염 두 혼 산 처　　요 지 제 성　　　염 두 끽 긴 시　　요 지 방 하
念頭昏散處는 要知提醒하며 念頭喫緊時는 要知放下니라

불 연　　　공 거 혼 혼 지 병　　　우 래 동 동 지 요 의
不然이면 恐去昏昏之病이라도 又來憧憧之擾矣니라.

마음이 어둡고 어지러울 때는 가다듬을 줄 알아야 하고 마음이 긴장되어 굳어졌을 때는 풀어 버릴 줄 알아야 한다.
그렇지 않으면 어두운 마음을 가다듬어 놓더라도 다시 마음이 흔들리는 혼란을 맞이할까 두렵다.

"사람은 자기 자신을 의탁할 자기의 세계를 가지고 있어야 한다. 자기의 세계에 충실했느냐, 못했느냐가 늘 문제다. 사람에게 가장 슬픈 일은 자기가 마음속에 의지하고 있는 세계를 잃어버렸을 때다. 나비에게는 나비의 세계가 있고 까마귀에게는 까마귀의 세계가 있듯이, 사람도 각자 정신의 기둥이 될 세계를 가지고 있지 않으면 안 된다."

헤겔의 말이다. 마음이 어둡거나 어지러울 때는 자기의 마음과는 거리가 먼 곳을 방황하고 있을 때다. 사람들은 가끔씩 자기의 마음과는 관계없이 술을 마셔대거나 여자를 만나거나 또 용서받기 어려운 잘못을 저지른다. 자기의 세계에서 무의식적으로 이탈하는 것이다. 마음을 빼앗기면 눈은 아무것도 못 본다는 영국 속담은 그런 경우를 일컬어 생겨난 것인지도 모른다.

신은 세상에 하나뿐인 그대를 창조했다. 그대 자신의 세계를 지켜라.

124

털끝만한 막힘이 변화를 부른다

제일청천 숙변위신뢰진전 질풍노우 숙변위낭월청공
霽日靑天이 修變爲迅雷震電하며 疾風怒雨가 倏變爲朗月晴空하나니

기기하상 일호응체 태허하상
氣機何常이리요 一毫凝滯이며 太虛何常이리요

일호장색 인심지체 역당여시
一毫障塞이라 人心之體도 亦當如是니라.

맑게 개인 날의 푸른 하늘이 별안간 천둥 번개로 변하고 사나운 비바람도 어느새 밝은 달 맑은 하늘로 변한다.
천지의 움직임이 어찌 일정할 수 있으랴. 그것은 털끝 만한 막힘 때문이다. 하늘의 모습이 어찌 일정할 수 있으랴.
털끝 만한 막힘 때문이다. 사람의 마음 바탕도 또한 이와 같다.

움직이는 시계의 초침을 보고 있으면 한순간 한순간이 과거로 내몰리고 새로운 한순간 한순간이 미래로부터 다가옴을 피부로 느낄 수 있다. 현재란 얼마나 짧은 한순간이며 또 얼마나 보잘것없는 것인가.

모든 것은 변하기 마련이라지만 어떤 형태나 생명의 덧없음도 변화함으로써 새로운 생명으로 거듭나는 아름다움을 일깨워 준다.

시간이야말로 세상의 모든 본성을 변화시킨다. 헤라클레이토스의 말처럼 사람은 같은 강물 속에 두 번 몸을 담글 수는 없다. 두 번째의 강물은 이미 전혀 다른 물이 되었기 때문이다.

그렇게 모든 것은 변화하고 또 변화한다. 하지만 그 모든 것을 담고 있는 우주는 변하지 않는다. 사람의 마음 바탕도 그와 같다. 천둥과 비바람이 휘몰아친 뒤, 눈 깜짝할 사이에 하늘에는 씻은 듯 달이 떠오르듯이, 사

람의 마음 바탕도 희로애락의 온갖 상황으로 뒤바뀐다. 폭풍우가 지난 뒤 하늘이 예전처럼 푸르듯이, 희로애락이 지난 뒤에는 마음도 예전처럼 그 흔적을 찾아볼 수 없어야 한다. 털끝만한 막힘이 변화를 부른다.

125
의지는 지혜의 칼이다

승 사 제 욕 지 공　　유 왈 식 불 조　　역 불 이 자
勝私制欲之攻은 有曰識不무면 力不易者며

유 왈 식 득 파　　　인 불 과 자　　개 식 시 일 과 조 마 적 명 주
有曰識得破라도 忍不過者니 蓋識是一顆照魔的明珠요

역 시 일 파 참 마 적 혜 검　　　양 불 가 소 야
力是一把斬魔的慧劍이라 兩不可少也니라.

사리사욕을 억제하는 데 있어 빨리 깨닫지 않으면 억제하기 어렵다고 말하는 사람이 있는가 하면,
비록 깨달았다 하더라도 그것만으로는 이겨낼 수 없다고 말하는 사람도 있다.
지식은 악마의 정체를 밝히는 한 알의 밝은 구슬이며, 의지는 악마를 베는 지혜의 칼이다.
이 두 가지 모두가 없어서는 안 될 것들이다.

"남의 일을 잘 알고 있는 사람은 똑똑한 사람이다. 자기 자신을 잘 알고 있는 사람은 그 이상으로 총명한 사람이다. 그리고 남을 설복시킬 수 있는 사람은 그 이상으로 강한 사람이다."

노자가 말했다. 그대는 욕망을 물리칠 수 있는 의지와 인내라는 무기가 있다. 그것이야말로 욕망을 지배할 수 있는 튼튼한 지혜의 칼이다.

어느 것을 고를 것인가 고민하지 않아도 된다. 그대의 깨달음과 지혜는 칼과 칼날과 같다. 그들은 함께 싸우고 함께 대처한다. 그 길만이 그대가 욕망의 늪에서 벗어날 수 있는 길이다.

그대 자신에 대한 존경, 그대 자신에 대한 지식, 그대 자신에 대한 억제, 이것들만이 그대를 위한 절대적인 힘을 가졌다는 것을 기억하라.

126

얼굴빛을 함부로 바꾸지 말라

覺人之詐라도 不形於言하며 受人之侮라도
不動於色하면 此中에 有無窮意味하며 亦有無窮受用이니라.

남의 속임수를 알면서도 말로 나타내지 않고 남에게 모욕을 받더라도 얼굴빛이 변하지 않는다면
그 속에 무한한 뜻이 있고 무한한 덕이 있다.

　　말은 말하는 그 사람을 조각하는 칼날과 같다. 그 사람이 하는 한마디 말로 품격이 달라지기 때문이다. 아름다운 사람의 입에서 추악한 말을 만나기는 힘들다. 교만하게 보이는 사람의 입을 통하여 공손한 말을 듣기란 참으로 힘든 것과 마찬가지다.

　　자기가 내뱉는 말은 곧 자기 자신의 인격을 조각하는 것과 같다. 거칠게 또는 표독스럽게, 아니면 속임수의 말로 그대 자신을 거칠거나 표독스럽거나 사기꾼으로 조각하는 어리석음을 범하지 말라. 말이란 사상의 옷이라고 했다. 그대 사상의 옷을 아무렇게나 입을 수야 없지 않은가.

　　말은 적을수록 좋다. 간결할수록 아름답다. 많은 말을 만들어 그대 자신을 누더기로 만들지 말라. 입을 열면 침묵보다 뛰어난 것을 말하라. 그렇지 않으면 가만히 있는 것이 낫다.

　　표정 역시 마찬가지다. 작은 일에 얼굴빛이 변하는 것은 크게 어리석은

탓이다. 표정은 그대 얼굴이 만들어 내는 마음의 말이다. 말 없는 그림이 지만 그것은 컴퓨터가 찍어 내는 정보보다도 더욱 확실한 그림이다. 색깔 이 뚜렷한 그대 얼굴의 변화를 아무에게나 드러내 보이지 말라. 눈도 둘, 귀도 둘이지만 입은 다만 하나뿐이다. 많이 보고 많이 듣고 그리고 조금 만 말하라.

127

역경은 호걸을 단련하는
화로와 망치다

橫逆困窮은 是煅煉豪傑的一副鑪錘니 能受其煅煉하면
則身心交益하며 不受其煅煉하면 則身心交損이니라.

사람을 괴롭히는 역경은 호걸을 단련하는 화로와 망치다. 능히 그 단련을 받아 내면 심신이 함께 이로울 것이며
그 단련을 이겨 내지 못하면 심신이 함께 해롭다.

모든 고통, 모든 역경만이 인간의 가장 위대한 교사다. 고통이 주는 입김을 받음으로써 인간은 점차 성숙해 가며 인간으로서 완전해지기 위해 노력한다. 그래서 스위스의 사상가 힐티는 이런 말을 남겼다.

"고통은 미래의 행복을 의미하고 그것을 준비해 주지만 나는 그러한 경험을 통하여 역경이 닥칠 때는 희망을 품게 되고, 반대로 너무나 큰 행복이 올 때는 의심을 품게끔 되었다."

모든 고통의 때는 미래의 행복을 예약하며 다가온다. 그 고통의 때야말로 그대를 단련시키기 위한 용광로이며 망치다. 그 단련을 어떻게 이겨내느냐가 문제이다.

『돈키호테』의 작가 세르반테스는 작가가 될 때까지 참으로 파란 많은 반생을 지냈다. 가난한 집에서 태어나 교육도 제대로 받지 못했고 24세

때는 레판트의 해전에 참전하여 왼쪽 팔에 상처를 입고 불구의 몸이 되었으며, 28세 때는 말레이의 포로가 되어 5년 간 고생을 했다. 그는 그동안 네 번이나 탈주를 시도했지만 모두 실패하고 마침내는 보석금을 내어 겨우 석방되었다.

그는 38세 때부터 희곡을 썼지만 전혀 팔리지 않아 극심한 생활고를 겪었다. 마지못해 세금 징수원이 되어 지방으로 돌아다녔으나 영수증을 잘못 발행하여 투옥되기까지 했다.

그리하여 그는 1605년 옥중에서 『돈키호테』 전편을 썼다. 그때 나이가 58세였다. 그는 인생의 전반기를 파란 속에서 보냈지만 조금도 굴하지 않고 마침내 걸작을 쓸 수 있었던 것이다.

만약 이 세상에 고통이나 역경이 없었다면 죽음이 그 모든 것을 삼켜 버렸을지도 모른다. 고통이 있었기 때문에 사람들은 그 고통을 이겨 내기 위해 도전할 수 있었고 그리고 승리할 수 있었다.

역경은 그대에게 고마운 기회다. 고통이야말로 그대를 향해서 일부러 찾아든 귀한 손님인 것이다. 아주 정중히 대접하라. 그대 마음 깊숙한 곳에서 솟아나는 우정으로 확실하게 대접하라.

128

생각이 소홀함을 경계하고
지나치게 살핌을 경계하라

해 인 지 심　불 가 유　방 인 지 심　불 가 무　차 계 소 어 려 야
害人之心은 不可有요 防人之心은 不可無라 此戒疎於慮也요

영 수 인 지 기　무 역 인 지 사　차 경 상 어 찰 야
寧受人之欺나 毋逆人之詐라 하니 此警傷於察也라

이 어 병 존　정 명 이 혼 후 의
二語竝存하면 精明而渾厚矣니라.

남을 해치려는 마음이 있어도 안 되지만 남이 해치려는 것을 막으려는 마음이 없어서도 안 된다.
이 말은 생각이 소홀함을 경계한 것이다. 차라리 남에게 속는 일이 있더라도 남이 속일 것을
미리 추측해서는 안 된다. 이 말은 지나치게 살피는 것을 경계한 것이다.
이 두 가지 말을 아울러 간직한다면 생각이 밝아지고 덕행 또한 두터워질 것이다.

'일엽지추一葉知秋'라는 아름다운 옛말이 있다. 나뭇잎 하나가 떨어지는 것을 보고 가을이 왔음을 알 수 있다는 말이다. 즉 한 가지 일을 보고 앞으로 다가올 일을 미리 짐작할 수 있다는 말이다.

세상에도 그런 일들은 숱하게 많다. 남을 해치려는 마음이야 물론 있어서도 안 되겠지만 남이 나를 해치려 할 때는 그것을 막을 수 있는 마음의 준비는 있어야 한다. 그야말로 일엽지추처럼, 나를 해치려는 사람의 행동에서 쉽사리 그런 징조는 찾아낼 수 있다는 말이다.

또 남이 나를 속일 것이라고 추측하는 것처럼 어리석은 일은 없다. 절망 같은 감정이야 어느 한 부분을 파괴하고 말지만 추측이란 많은 것을

파괴할 염려가 있다. 어떤 일을 추측하는 그 순간부터 그 추측은 자신을 속박하기 때문이다. '내 속 짚어 남의 말 한다'는 속담도 마찬가지다. 남도 그러려니 하고 지레짐작하여 남의 말을 하는 것은 얼마나 위험한 일인가. 석가가 말했다.

"너의 눈동자를 기만의 세계로부터 돌리라. 그리하여 자기의 감정에 믿음을 두지 말라. 그들은 거짓말쟁이다. 네 자신 속에, 개인을 떠난 자신의 내부에 영원한 사랑을 찾으라."

모든 것은 확실하게 자기 자신을 깨달아 아는 것이 급한 일이다. 늑대는 죽을 때가 가까워지면 무리로부터 떠나 홀로 고립한 채 숨을 거둔다. 또 백조는 죽음 직전에 전 생애의 침묵을 깨뜨리고 감미로운 피날레를 노래한다. 코끼리는 어떤가? 그는 미리 정해진 비밀의 묘지를 택해서 스스로 투신해 버린다.

이는 너무나 확실하게 자기 자신을 알고 있기 때문이다. 예감한다는 것은 잘 알고 있다는 확신이 오기 전에는 있을 수 없는 감정이다. 그대 자신에게서 타인을 예감하라.

129

남의 말 때문에 의지를 굽히지 말라

毋因群疑而阻獨見하며 毋林己意而廢人言하며
毋私小惠而傷大體하며 毋借公論以快私情하라.

많은 사람이 의심한다고 해서 자신의 의지를 굽히지 말 것이며 자기 혼자만의 뜻을 좇아 남의 말을 버리지 말라.
작은 은혜 때문에 큰일을 손상케 하지 말고 공론을 빌어 사사로운 일을 해결하지 말라.

"난 낡은 의미에서는 신을 찾을 수 없습니다. 만약 찾을 수 있는 척한다면 그건 센티멘털리즘이죠. 하지만 인간성이니, 인간의 의지니 하는 것에는 이젠 구역질이 날 정도입니다. 나 자신의 의지에조차도 마찬가지입니다. 내 의지란 내가 아무리 현명하다 하더라도 내가 일단 그것을 행사하기 시작하면 그건 지구의 표면에 발생한 또 하나의 귀찮은 일거리에 불과하다는 것을 깨달았습니다. 타인의 의지에 이르러서는 설상가상이고요."

데이비드 로렌스의 『날개 돋친 뱀』에 나오는 한 대목이다. 의지란 곧 그 사람의 마음이며 생각이며 뜻이다. 다시 말하면 생각하고 선택하고 결심하여 실행하는 능력과 지식 그리고 감정과 대립되는 정신 작용을 말한다. 한 사람의 의지란 곧 그 사람의 분명한 자유의지를 지칭하는 것이다.

자유의지란 그래서 신성하다. 그것은 누구도 간섭할 수 없는 것이며, 누구의 간섭도 받아선 안 될 성역이기도 하다.

그러나 세상이란 혼자 사는 곳이 아니다. 많은 사람과 어우러져서 하나의 사회를 형성하고 그 사회 속에서 나름대로의 입지를 마련해 살아간다. 그러한 세상을 사노라면 사람들은 자기 자신도 모르는 사이에 의지와는 상관없이 살아가고 있는가 하면, 또 자기 혼자만의 의사를 고집하여 타인의 조언을 받아들이지 않는 어리석음을 범하기도 한다. 누군가 이런 말을 했다.

"여자를 안다고 말하는 사람은 허풍쟁이다. 여자를 안다고 생각하는 사람은 속기 쉬운 사람이다. 여자를 아는 체하는 사람은 이중적인 사람이다. 여자를 알고 싶어하는 사람은 사려 깊은 사람이다. 반면에 여자를 안다고 말하지 않으며, 여자를 안다고 생각하지 않으며, 여자를 아는 체하지 않으며, 여자를 알고 싶어하지조차 않는 사람은 여자를 아는 사람이다."

그대의 자유의지는 어디로 실종해 버렸는가? 그대가 일찍 삶의 본질을 깨달았다면 다른 사람이 뭐라고 하든 그대는 의지를 굽히지 않았을 것이며, 타인의 조언을 함부로 저버리지 않았을 것이다. 삶이란 여자와 같은 것이다. 그것은 신비하게도 참으로 여자와 같은 것이다.

130
그대 몸은 하나의 작은 천지다

오 신   일 소 천 지 야   사 회 노 불 건
吾身은 一小天地也라 使喜怒不愆하며

호 오 유 칙   변 시 섭 리 적 공 부   천 지   일 대 부 모 야
好惡有則하면 便是燮理的攻夫요 天地는 一大父母也라

사 민 무 원 자   물 무 분 진   역 시 돈 목 적 기 상
使民無怨咨하며 物無氛疹하면 亦是敦睦的氣象이니라.

내 몸은 하나의 작은 천지다. 기뻐함과 노함에 허물 없이 하고 사랑하고 미워함을 법도 있게 한다면,
이것이야말로 천지의 이치에 순응하는 방법이다. 천지는 하나의 거룩한 어버이다.
백성으로부터 원망이 없게 하고 일체의 사물에 근심이 없게 하면 이것이야말로 화목을 이루는 기상이다.

인간은 하나의 소우주라고 말한 파스칼의 논리대로라면 인체는 자동
태엽기계이며 영구운동의 견본이라고 한 라메트리의 『인간기계론』도 틀
린 말은 아닌 것 같다. 열이 소모하는 것을 음식이 보충하기 때문이다.

사람은 먹지 않으면 육체는 말할 것도 없이 영혼도 쇠약해지고 일시에
불탔다가 힘없이 죽어 버린다. 꺼지기 직전의 촛불이 순간적으로 강해지
는 것과도 같다. 그와 반대로 육체에 영양을 공급해 보라. 힘을 돋우는 국
물이나 독한 술을 목구멍에 집어 넣으면 영혼은 술과 똑같이 강한 용기로
무장된다.

작은 하나의 천지인 그대 몸에서 일어나는 사계절의 운행을 잘 다스려
라. 찬서리 비바람도 이유가 있는 것처럼 그대 마음의 희로애락도 이유가
있다. 온몸을 기쁨이게 하라. 그대 마음을 참으로 작은 천지이게 하라.

131
착한 사람이라도 미리 칭찬하지 말라

善人을 未能急親이어든 不宜預揚이니 恐來讒譖之奸이며
惡人을 未能輕去여든 不宜先發이니 恐招媒孽之禍니라.

착한 사람이라도 빨리 친해질 수 없다면 미리 칭찬하지 말라. 간악한 사람의 이간질이 두렵다.
몹쓸 사람이라도 쉽사리 멀리할 수 없다면 미리 발설치 말라. 뜻밖의 재앙을 부를까 두렵다.

세상에는 참으로 이해할 수 없는 온갖 사연들이 많다. 그만큼 사람마다
지닌 성격과 묘한 특성이 헤아릴 수 없을 정도로 다양하다.

맥계貘稽가 말했다.

"나는 많은 사람들의 입으로부터 크게 비난을 받고 있습니다."

맹자가 대답했다.

"상심할 일이 아니다. 선비란 많은 사람들에게 비난받는 법이다."

어떤 의미에선 사람들에게 비난받지 못하는 위치에 서 있는 사람이 한
심한 사람인지도 모를 일이다. 쓸 만한 사람을 지칭해서 미리 칭찬하는
말을 흘리다 보면 모함하기 좋아하는 사람이 그 사람을 그냥 둘 리가 없
다. 또 몹쓸 사람을 멀리할 계획을 미리 흘려서도 안 된다. 기미를 알아차
린 몹쓸 사람이 역습을 해올 건 너무나도 뻔한 일이다. 그대는 부디 비난
받을 위치에 서서 비난받지 못할 위치를 멀리서 건너다보라.

132

가정의 단란함이 지상의 기쁨이다

부 자 자 효　　　형 우 제 공　　　종 주 도 극 처
父慈子孝하며 兄友弟恭하며 縱做到極處라도

구 시 합 당 여 차　　　착 부 득 일 호 감 격 적 염 두　　　여 시 자 임 덕
俱是合當如此하니 著不得一毫感激的念頭라 如施者任德하며

수 자 회 은　　　변 시 로 인　　　변 성 시 도
受者懷恩하면 便是路人이니 便成市道니라.

어버이가 자식을 사랑하고 자식이 어버이께 효도하며, 형이 아우를 아끼고
아우가 형을 공경하는 마음이 지극할지라도 그것은 참으로 당연한 일일 뿐 감격할 일이 못 된다.
베푸는 이가 그것을 덕으로 자처하고 받는 이 또한 은혜로 여긴다면
그것은 곧 모르는 행인과 같아 장사꾼의 마음과 다를 바 없게 된다.

가족이 함께 있는 풍경은 아름답다. 어머니와 아들, 아버지와 딸, 누이
동생과 형제간이 예사롭게 모여 있는 장면이라도 그것은 아름답기 그지
없다.

세계의 모든 나라 모든 사람이 애창하는 '즐거운 나의 집(Home Sweet
Home)'의 작사가 존 하워드 페인은 한 번도 가정을 가져본 일이 없었다.
그가 이 노래를 지은 것은 프랑스 파리에서 글자 그대로 돈 한 푼 없는 가
난한 신세였을 때였다. 그는 평생토록 아내를 얻지 않았고 집도 가지지
않은 채 지구 위를 바람처럼 헤맸다고 한다. 1851년 3월 3일, 그는 사랑
하는 친구에게 보낸 편지에서 다음과 같은 이야기를 남겼다.

"참으로 이상한 이야기가 되겠지만 세계의 모든 사람들에게 가정의 기

뿜을 자랑스럽게 노래한 나 자신은 아직껏 '내 집'이라는 맛을 모르고 지냈으며 앞으로도 맛보지 못할 것 같소."

그는 이 편지를 쓴 지 일 년 뒤 튀니지의 어느 길거리에 쓰러진 채 세상을 떠났다.

정말 아이러니한 이야기다. 한 번도 가정을 가져 보지 못한 사람이 지은 노래가 전 세계 사람들이 즐겨 부르는 노래가 되었다니 말이다. 아마도 가정을 가져 보지 못한 사람이기 때문에 오히려 가정에 대한 뜨거운 사랑을 노래할 수 있었는지도 모른다.

한 가정의 단란함이 지상에서의 가장 큰 기쁨인 것은 두말할 나위가 없다. 가족 구성원 모두가 사랑과 행복을 나눌 때 그것은 가장 아름다운 가정이 되고도 남는다.

형제자매끼리 나누는 우애의 정이 가정이란 울타리를 지키는 끊어지지 않는 끈이다. 너무도 당연하고 보편적인 이야기로 들리겠지만 이 시대를 살아가는 사람들에겐 그다지 쉬운 말로 들리지 않을 것이다.

우리 속담에 '새 한 마리도 백 놈이 갈라 먹는다'는 말이 있다. 아무리 작은 것이라도 의가 좋으면 여러 사람이 나누어 먹을 수 있다는 말이다. 또 '누이네 집에 어석술 차고 간다'는 속담도 있다. 누이 집에 가면 밥을 너무 많이 담아 주어서 어석 숟갈로 조심스레 퍼먹는다는 말이다.

지극히 당연한 일이지만 옛사람들은 형제간의 우애를 누누이 강조했다. 가정의 단란함이 지상의 기쁨임을 잊지 말라.

133

뛰어난 경륜일수록 어렵게 얻어진다

<ruby>청천백일적절의<rt></rt></ruby>　<ruby>자암실옥루중배래<rt></rt></ruby>
青天白日的節義도 自暗室屋漏中培來하며

<ruby>선건전곤적경륜<rt></rt></ruby>　<ruby>자임심이박처조출<rt></rt></ruby>
旋乾轉坤的經綸도 自臨深履薄處操出하느니라.

청천백일 같은 빛나는 절개도 어두운 방 한구석에서 길러진 것이며
천지를 휘두르는 뛰어난 경륜도 사실은 깊은 못에 들듯이 살얼음 밟듯이 조심스럽게 얻어진 것이다.

"강과 바다가 수백 개의 산골짜기 물줄기의 복종을 받는 이유는 낮은 곳에 있기 때문이다. 다른 사람들보다 높은 곳에 있기를 바란다면 아래에 서고, 그들보다 앞서기를 바란다면 뒤에 서라. 그리하여 사람들의 뒤에 있을지라도 그의 무게를 느끼지 않게 하며 그들보다 앞에 있을지라도 그들의 마음을 상케 하지 않느니라."

공자의 말이다. 경륜이란 일을 조직적으로 잘 계획하는 것을 이른다. 조직적인 계획 없이 완성될 수 있는 일은 없다. 또한 권력의 높은 자리에 앉아서 천하를 다스리자면 조직적인 계획은 더욱 필요하다.

'만절필동萬折必東'은 흐르는 황하의 물이 만 번을 굽돌아도 동쪽으로 흐르고야 만다는 뜻으로, 굳게 먹은 마음과 지조는 아무리 꺾으려 해도 꺾이지 않고 원래의 뜻대로 나아감을 일컫는 말이다. 어둠 속에서 빛나는 절개가 키워지듯이 삶은 갈고닦을수록 빛을 더할 수밖에 없다.

134

아름다움이 있으면 추함도 있다

有妍이면 必有醜하여 爲之對니 我不誇妍이면 誰能醜我며

有潔이면 必有汚하여 爲之仇니 我不好潔이면 誰能汚我리요.

아름다움이 있으면 반드시 추함이 있어 서로 비교가 된다. 내가 아름다움을 자랑하지 않는다면
누가 나를 추하다 하겠는가. 깨끗함이 있으면 반드시 더러움이 있어 서로 비교가 된다.
내가 깨끗함을 드러내지 않는다면 누가 나를 더럽다 하겠는가.

사랑이 있으면 미움이 있고 만남이 있으면 헤어짐이 있다. 선이 있으면 악이 있고 높은 것이 있으면 낮은 것이 있다. 이 세상의 사물은 모두가 상대적이다.

애써 높은 곳에 있기만을 고집하면 그 지나친 집념 탓으로 가장 낮은 곳에서 높은 곳을 우러러보게 될 것이다. 애써 아름다움을 과시하며 그 아름다움만을 굳이 고집한다면 그대 내면에 도사리는 가장 추한 것들이 그대의 아름다움을 어느 날 갑자기 잠식해 버렸음을 깨달을 수 있을 것이다. 진리가 결여된 아름다움은 허상이다. 허수아비에게서 아름다움을 느낄 수 없는 것처럼 진실이 아닌 모든 것은 추악하기 마련이다. 로댕이 말했다.

"사물이 아름다운 것은 단지 그것이 진실일 때뿐이다. 진실 이외의 아름다움은 없다."

135

은혜와 원한은 크게 밝히지 말라

공 과 　 　 불 용 소 혼 　 　 　 혼 즉 인 회 타 타 지 심
功過는 不容少混이니 混則人懷惰墮之心하며

은 구 　 　 불 가 태 명 　 　 명 즉 인 기 휴 이 지 지
恩仇는 不可太明이니 明則人起携貳之志하느니라.

공로와 과실을 절대로 혼동하지 말라. 만약 혼동하게 되면 사람들은 나태한 마음을 갖게 된다.
은혜와 원한을 크게 밝히지 말라. 만약 밝히게 되면 사람들은 배반의 마음을 품게 된다.

톨스토이는 『부활』에서 인간에 대하여 다음과 같이 풀어 쓰고 있다.

"인간은 강과도 같다. 물은 어느 강에서든 어디로 흘러가도 역시 같은 물이요, 강에는 빠른 것도 있고 넓은 것, 고요한 것, 찬 것, 흐린 것, 따뜻한 것도 있다. 인간도 마찬가지다. 인간은 누구나 자신 속에서 온갖 성질이 나타나고 각각 다른 경우에는 각각 다른 성질이 나타나는 법이다. 그래서 같은 사람이지만 가끔 전혀 다른 성질이 나타나곤 하는 것이다. 어떤 사람에게는 이런 경우가 몹시 심한 경우도 있다."

사람들은 때와 장소에 따라 그 정서가 쉽사리 달라지는 것을 자주 보게 된다. 감정의 변이에 따라서, 같은 색깔이던 것이 어느 때는 빨간색으로, 어느 때는 파란색으로 변색되기도 한다. 그러면서도 누군가가 물으면 자기는 다만 한 가지 같은 색깔이라고 고집한다.

물은 어느 강에서든, 어디로 흘러가든 역시 같은 물이듯이 사람은 어느

장소에서건 또 어떻게 살아가더라도 역시 같은 사람임에 틀림없다.

공로와 과실을 혼동해 버리면 왜 사람들은 나태해질까? 자신의 공로와 타인의 과실이 구별되지 않는 데서 그들은 목표에 대한 의욕을 잃어버린다. 상벌을 확실하게 구별해 주기를 원하는 어린이와 다를 것이 없다.

은혜와 원한을 두드러지게 나타나게 하면 왜 사람들은 배반의 마음을 품을까? 사람들은 자신의 원한과 타인의 은혜가 크게 구별되는 것에 부끄러움과 분노를 느끼면서 자신의 현재에 대하여 심한 모욕감을 느낀다. 나 자신의 공로에 타인의 과실이 희석되는 것은 거부하면서 나 자신의 원한이 타인의 은혜로움으로 하여 크게 부각되는 것은 부끄러워한다.

결국 따지고 들면 모든 것은 이기심 탓이다. 누구든지 자기의 물레방아에 물을 끌어대듯이 발상 자체가 자기로부터 비롯되기 때문이다.

가장 무서운 것은 행복이 인간을 이기주의자로 만드는 데에 있다. 그대는 그대 자신을 부디 그대 이상으로 바라보지 말라. 아울러 그대 자신보다 이하로도 바라보지 말라. 물은 어느 강에서도 물일 뿐이듯 그대 또한 어디에서도 그대일 뿐이다.

136

능숙한 일이라도
힘을 다 쓰지 말라

_{작위} _{불의태성} _{태성즉위} _{능사} _{불의진필}
爵位는 不宜太盛니니 太盛則危하며 能事는 不宜盡畢이니

_{진필즉쇠} _{행의} _{불의과고} _{과고즉방흥이훼래}
盡畢則衰하며 行誼는 不宜過高니 過高則謗興而毁來니라.

너무 높은 지위를 갖지 말라. 너무 높으면 위태롭다. 능숙한 일이라도 힘을 다 쓰지 말라.
다 쓰게 되면 쇠퇴한다. 행실을 너무 고상하게 하지 말라. 너무 고상하면 비방과 욕설이 다가온다.

지위란 높은 나무를 타고 사방을 바라보는 것과 같다는 말이 있다. 높은 나무에 올라 사방을 내려다보는 것은 좋지만 바람이라도 불면 얼마나 위험하겠는가. 이는 실력 없는 자가 높은 자리에 앉으면 위험하다는 것을 빗댄 말이다. 하기사 '분盆에 심어 놓으면 못된 풀도 화초라 한다'는 속담도 있지만 아무리 못난 사람일지라도 좋은 지위에 앉혀 놓으면 잘나 보일 수밖에 없을 것이다.

그러나 높은 지위일수록 그것은 참으로 지키기 힘든 자리가 된다. 많은 사람들의 표적이 되는 것은 당연하다 치더라도 보다 힘든 종의 역할을 충실히 해내야 하기 때문이다. 먼저 군주나 국가의 종이 되어야 하고 명성의 종이 되어야 하며, 또 맡겨진 일에 대한 일의 종이 되어야 하기 때문이다.

게다가 행실을 특히 고상하게 가져야 한다. 많은 사람들이 지켜보는 가운데서 조금이라도 흐트러진 모습을 보여선 안 된다. 그러자면 또 뒤따르는 비방과 욕설은 오죽할 것인가?

또한 지위에 충실하기 위해 그가 가진 능력을 최대한 발휘해야 할 것이다. 자신이 가진 능력과 재질을 힘껏 발휘함으로써 자신의 보호를 스스로에게 의탁해야 할 것이다. 얼마나 괴로운 일인가. 인간의 능력이란 한계가 있다. 그는 곧 쇠퇴하기 시작하는 자신의 능력을 깨닫게 된다. 얼마나 스산한 일인가. 존 러스킨은 모든 일에 임하는 사람들에게 다음과 같은 말로 충고한다.

"사람들이 그들의 일로 행복해지기 위해서는 다음 세 가지 사항이 필요하다. 첫째 그들이 그 일에 적합할 것, 둘째 적당량의 일을 할 것, 그리고 셋째 성공할 것이라는 감각을 확실하게 가질 것."

그대를 지키는 일은 그대 자신이 얼마나 스스로를 아끼느냐에 달려 있다. 그대에게 고생을 아끼지 않는 비상한 능력이 있다면 세상은 오직 그대 몫이다. 그대 마음대로 하라.

137
냉철한 마음으로 자기를 조절하라

염 량 지 태　　부 귀　　갱 심 어 빈 천
炎凉之態는 富貴가 更甚於貧賤하며

투 기 지 심　　골 육 우 흔 어 외 인　　차 처 약 부 당 이 냉 장
妬忌之心은 骨肉尤很於外人하나니 此處若不當以冷腸하며

어 이 평 기　　선 불 일 좌 번 뇌 장 중 의
御以平氣하면 鮮不日坐煩惱障中矣니라.

> 뜨겁다가도 얼음처럼 차가워지는 변덕스러움은 부귀한 사람이 가난한 사람보다 더 심하며,
> 시기하고 질투하는 마음은 육친이 남보다 더욱 심하다. 그러한 가운데서 냉철한 마음으로 당하지 않고,
> 평정한 기운으로 억제하지 않는다면 번뇌의 나날을 겪을 수밖에 없다.

부자는 날개 없이도 날고, 다리 없이도 달린다는 말이 있다. 그만큼 부자에게는 불가능한 일이 없다는 말이다. 그런 반면에 또 부자만큼 변덕이 심한 사람도 없다고들 한다.

부자의 변덕은 가난한 사람들에게 슬픔이라는 열매를 맺게 한다. 부자는 항상 가지고 있지만 가지고 있는 것들을 가난한 사람에게 줄 듯 말 듯 하면서 쉽사리 주지 않는다. 그래서 부자의 변덕은 가난한 사람들에게 아첨이라는 열매를 맺게하고 시기와 질투라는 씨앗을 심게 한다. 우리 속담에 '사촌이 땅을 샀나, 배를 왜 앓아?'라는 말이 있다. 가까운 친인척일수록 시기와 질투심은 더욱 크게 심지를 돋우는 모양이다.

그 속에서 자신을 조절하는 길은 변덕과 시기와 질투 속으로 그대를 과감히 던지는 것이다. 소유하지 않고 사랑하는 것이다.

138

선행은 드러나기를 싫어한다

_{악 기 음   선 기 양   고   악 지 현 자   화 천}
惡忌陰하고 善忌陽하나니 故로 惡之顯者는 禍淺하고

_{이 은 자   화 심   선 지 현 자   공 소   이 은 자   공 대}
而隱者는 禍深하며 善之顯者는 攻小하고 而隱者는 功大니라.

악한 일일수록 그늘에 숨어 있기를 싫어하고 선한 일일수록 겉으로 드러나기를 싫어한다.
그러므로 악이 드러난 자는 재앙이 덜하고 숨어 있는 자는 재앙이 깊으며,
선이 드러난 자는 공로가 덜하고 숨어 있는 자는 그 공로가 크다.

선행은 모래에 쓰여지고 악행은 바위에 새겨진다는 폴란드의 격언은 새겨 둘 말이다. 선행은 사람들의 뇌리에서 쉽사리 잊혀지지만 악행은 쉽게 지워지지 않는 데서 나온 말이리라. 남에게 선을 행할 때야말로 인간은 자기 자신에게 최선을 다하는 셈이 된다. 세네카의 말을 보자.

"남에게 선을 베푼 자는 자신에게도 선을 베푼 자다. 남에게 베푼 일의 보상을 의미하는 것이 아니다. 착한 일을 한 행위 속에 그 의미가 들어 있다. 착한 일을 했다는 의식은 인간에게 최고의 보수이기 때문이다."

그래서 선한 일을 한 사람은 그 행위 자체는 물론 당사자인 자신이 밖으로 드러나는 것을 싫어한다. 착한 일을 했다는 의식 하나만으로도 족하기 때문이다. 그래서『법구경』은 이런 말을 남겼다.

"악한 일은 자기를 괴롭게 하지만 행하기 쉽다. 착한 일은 자기를 편안하게 하지만 행하기 어렵다."

139

덕은 재능의 주인이다

德者는 才之主요 才者는 德之奴니 有才無德이면
如家無主而奴用事矣라 幾何不魍魎而猖狂이리요.

덕은 재능의 주인이며 재능은 덕의 종이다. 재능이 있어도 덕이 없다면
집안에 주인은 없고 종이 제멋대로 하는 것과 같으니, 어찌 도깨비가 날뛰지 않겠는가?

자장子張이 덕을 높이고 모순을 분별하는 길을 묻자 공자가 대답했다.

"진실과 신의를 지키고 정의를 향하여 나아가는 것이 덕을 높이는 길이다. 세상 사람들은 사랑하면 그가 살기를 원하고, 미우면 그가 죽기를 원하니 도대체 남이 살기를 원하고 또 죽기를 바라는 것 모두가 모순이다."

덕은 모든 것의 근본이다. 그래서 플라톤도 덕은 일종의 건강이며 아름다움이며, 영혼의 좋은 존재 형식이라고 했다. 거기에 반해서 악덕은 병이며 허약함이라 했다. 재승덕박才勝德薄이란 말이 있다. 재주는 뛰어나지만 덕이 적다는 뜻이다. 재능은 칼과 같은 것이다. 잘 쓰면 몸을 지킬 수 있지만 잘못 쓰게 되면 몸을 해치고 만다. 그러기에 덕이 그 재능을 조율하는 것이다. 덕을 사랑하라. 그대가 이 세상에서 가장 사랑하는 것 이상으로 사랑하라.

140
쥐를 잡기 위해 쥐구멍을 막지 말라

서 간 두 행   요 방 타 일 조 거 로   약 사 지 일 무 소 용
鋤奸杜倖에는 要放他一條去路니 若使之一無所容하면

비 여 색 서 혈 자   일 체 거 로   도 색 진   즉 일 체 호 물   구 교 파 의
譬如塞鼠穴者가 一切去路를 都塞盡하면 則一切好物을 俱咬破矣니라.

간악한 사람을 제거하고 아첨하는 무리를 막으려면 달아날 길을 열어 줘야 한다.
만일 그들에게 몸둘 곳을 없게 하면, 그것은 쥐구멍을 틀어막는 것과 같게 된다.
도망갈 길이 모두 막혀 버리면 귀중한 기물을 물어뜯고 말 것이다.

쇠가 사람을 죽이는 일을 본 적이 있는가? 결코 쇠는 사람을 죽이지 않는다. 죽이는 것은 그 쇠와 연결된 사람의 손이다. 그러나 그 손의 움직임을 유심히 보라. 그 손은 사람의 마음에 따랐을 뿐이다.

모든 것이 마음이다. 사람이 사람에게 간악할 수 있는 것도, 아첨할 수 있는 것도 그 사람의 마음에 의한 것일 뿐이다. 사람의 마음이야말로 칠면조의 날개처럼 변화무쌍하다. 사람의 마음은 좀체 한곳에 머무르지 않는다. 그것은 마치 바람처럼 다른 사람의 마음속까지 헤집고 돌다가 또 어디론가 가서 머물기도 한다. 그것은 걷잡을 수가 없다. 사면팔방 어디에서도 막힘이 없는 것, 그러나 때로는 꽉 막혀 버린 것이 사람의 마음이다.

그대 위에 마음을 실어라. 누군가 그대로부터 달아날 길을 터 줘야 할 한다면 그대 마음 위에 그 누군가를 실어 줘라.

141

공로는 남과 함께하지 말라

_{당 여 인 동 과}　　_{부 당 여 인 동 공}　　_{동 공 즉 상 기}
當與人同過로되 不當與人同功이니 同功則相忌하며

_{가 여 인 공 환 난}　　_{불 가 여 인 공 안 락}　　_{안 락 즉 상 구}
可與人共患難이로되 不可與人共安樂이니 安樂則相仇하느니라.

다른 사람과 과실은 함께하더라도 공로는 같이하지 말라. 공로를 함께하면 곧 서로 시기하게 된다.
다른 사람과 어려움은 함께하더라도 안락함은 같이하지 말라. 안락함을 함께하면 곧 원수처럼 맞서게 된다.

세상을 살아가면서 어려움을 나누어 가질 수 있는 친구란 많지 않다. 그대가 어려움 속에서 어려움의 실타래를 풀고 있을 때 함께하는 친구가 유일한 친구다. 그 친구는 그대의 아픔을 덮어줄 수 있을 뿐만 아니라 그대로부터 자신의 아픔을 덮어주기를 원한다.

마음을 주고받을 수 있다는 건 어려움이란 현실적인 과제를 함께하기 때문이다. 그러한 고난들은 악이 선을 인식시키듯 최선의 기쁨을 알려줄 것이다. 겨울이 봄 속에서 끝나듯 그대의 어려움도 기쁨 속에서 끝날 수 있다. 그러나 그 친구와 안락을 같이하지 말라. 모든 과실은 같이하더라도 하나의 일을 위한 공로는 함께하지 말라. 어려움이 아닐 때라면 인간은 쉽게 시기하고 배반하게 된다.

그것이 사람이다. 사람의 정이 그런 것이다. 앞에서 보면 장미, 뒤에서 보면 가시 같은 것이 인생이다.

142
한마디 말로써 깨우쳐라

사 군 자　　빈 불 능 제 물 자　　우 인 치 미 처　　　출 일 언 제 성 지
士君子로 貧不能濟物者는 遇人痴迷處여든 出一言提醒之하여

우 인 급 난 처　　　출 일 언 해 구 지　　　역 시 무 량 공 덕
遇人急難處여든 出一言解救之면 亦是無量功德이니라.

군자는 가난하여 물질적으로 사람을 도울 수 없더라도, 어리석음으로 방황하는 사람에게는 한마디 말로
깨우쳐 주고 위급하고 곤란한 처지의 사람에게는 한마디 말로써 풀어 줄 수 있다. 이 얼마나 무량한 공덕인가.

　"말이란 입으로 불어 내는 바람이 아니다. 그 말에는 뜻이 있어야 한다. 그러나 그 말하는 것을 보면 하나도 일정한 것이 없으니, 그러면 과연 말하는 것이 있다고 할 것인가? 혹은 말하는 것이 없다고 할 것인가? 가령 말이 있다고 하자. 그러면 그것이 갓난 새새끼의 지껄이는 소리와 다르다고 할 어떤 구별이 있는가, 혹은 없는가?"

　『장자』제물론에 나오는 대목이다. 진실은 어디에 있는가에 대한 명가名家의 궤변에 일격을 가한 장자다운 비판이다. 말은 상대에게 전달하기 위한 확실한 의미가 있어야 한다. '말만 잘하면 천 냥 빚도 갚는다'는 오랜 속담처럼 말로써 해결되지 않을 일은 없다.

　그대의 한마디 말을 필요로 하는 사람이 있다면 서슴지 말고 달려가라. 고기는 낚싯바늘로 잡고 사람은 말로써 잡는다고 하지 않았던가.

143

따뜻하면 몰려들고
추우면 버리는 것

饑則附하며 飽則颺하며 煥則趨하며 寒則棄는 人情通患也니라.

굶주리면 달라붙고 배부르면 떠나가며 따뜻하면 몰려들고 추우면 버리는 것.
이것이 바로 사람들의 한결같은 마음의 병폐이다.

사람이 살아가는 세상은 '적자생존'과 '우승열패'의 범주를 벗어나지 못한다. 그렇기 때문에 같은 인간일지라도 경우에 따라 포도주처럼 달기도 하고 쓰기도 한 것이다. 장용학의 『원형의 전설』을 보자.

"산다는 것은 낯이 익어 간다는 것입니다. 낯이 익는다는 것은 낯이 두터워져 간다는 것입니다. 두터워지지 않으면 도태되어 버리는 것입니다. 적자생존이란, 낯이 두터워져 간다는 것을 학술적으로 표현한 말입니다."

낯이 두터워지지 않으면 도태된다는 것은, 도태되지 않기 위해서라도 낯을 두껍게 하지 않으면 안 된다는 말과 같다. 그래서 사람들은 너 나 할 것 없이 굶주리면 달라붙고 배부르면 떠나면서 낯을 두텁게 하고, 다시 따뜻하면 몰려들고 추우면 버리면서 그 낯을 더 두텁게 만드는지도 모른다.

바이런이 말했다. "인간은 미소와 눈물 사이를 왕복하는 시계추다"라고. 미소와 눈물 사이를 왕복하려면 얼마나 달라붙고 떠나야 할 것인가?

144

냉철한 눈을 깨끗이 닦아라

^{군 자} ^{의 정 식 냉 안} ^{신 물 경 동 강 장}
君子는 宜淨拭冷眼이요 愼勿輕動剛腸이니라.

군자는 참으로 냉철한 눈을 깨끗이 닦아야 하며 삼가 굳은 마음을 가볍게 움직여선 안 된다.

"만일 네 오른 눈이 실족하게 하거든 빼어 내버리라 네 백체 중 하나가 없어지고 온몸이 지옥에 던져지지 않는 것이 더 나으리라."

성서의 말씀이다. 사람들의 눈이 죄를 짓는 경우는 참으로 많다. 사람의 마음도 마찬가지다. 모든 욕망은 눈에서 비롯되어 마음으로 접어들기 때문이다. 간음하는 것, 도둑질하는 것, 거짓말하는 것, 살인하는 것 모두가 두 눈을 통하여 마음 한구석으로 은밀하게 숨어든다.

볼테르는 이런 말을 남겼다. "우리의 눈이 둘 있다고 하여 그만큼 조건이 좋아지는 것은 아니다. 한 눈은 인생의 좋은 부분을 보는 데 쓰인다. 선을 보는 눈을 가리는 나쁜 버릇을 가진 사람은 많지만 악을 보는 눈을 가리는 사람은 얼마 되지 않는다."

그래서 통찰이 필요하다. 온통 밝혀서 살펴야 한다는 말이다. 냉철한 눈은 감정에 휘말리지 않는다. 냉철하게 바라보는 시각에는 마음 또한 그 길로 따라잡는다.

145

혼돈에서 깨어나
스스로를 비춰 보라

일 등 형 연　　　만 뢰 무 성　　차 오 인 초 입 연 적 시 야
一燈螢然하고 萬籟無聲은 此吾人初入宴寂時也요

효 몽 초 성　　　군 동 미 기　　차 오 인 초 출 혼 돈 처 야
曉夢初醒에 群動未起는 此吾人初出混沌處也라

승 차 이 일 념 회 광　　　형 연 반 조　　　시 지 이 목 구 비　　개 질 곡
乘此而一念廻光하여 炯然返照하면 始知耳目口鼻는 皆桎梏이요

이 정 욕 기 호　　　실 기 계 의
而情欲嗜好는 悉機械矣리라.

차가운 등불이 반딧불처럼 깜박거리고 만상이 소리가 없다. 우리가 비로소 편히 잠들 때다.
새벽꿈에서 갓 깨어날 때 모든 움직임은 아직 일어나지 않았다. 우리가 비로소 혼돈에서 깨어날 때다.
이때를 놓치지 않고 일념으로 빛을 돌려 스스로를 비춰 보면 비로소 알 것이다.
이목구비가 모두 질곡이고 정욕과 기호가 모두 마음을 병들게 하는 기계인 것을.

밤은 모든 것을 그 긴 어둠의 자락으로 덮어 버린다. 낮에 있었던 숱한 울음과 노래와 비명과 속삭임을 밤은 마치 거대한 빗줄기로 쓸어가듯이 그의 공동空洞으로 한없이 휘몰아 버린다. 그런 밤 속에선 반짝이는 등불마저도 힘이 없다. 사람의 소리, 땅의 소리 그리고 하늘의 소리마저 잠잠해진 시간, 그런 시간에 나를 들여다보는 또 하나의 나는 외롭다. 그 외로움이야말로 내게는 가장 값진 것들이다. 그 고독 속에서 나는 둥둥 떠다니던 나를 발견하고 그를 붙잡아 내 곁에 앉힌다. 끝없이 서러워하던 나를 발견하고 그를 내 품으로 끌어당긴다. 다시 욕망의 불씨로만 커 가고

있던 나를 발견하고 그를 잠재운다. 깊디깊은 밤이 주는 고독은 그래서 밝고 맑다. 그 밝음과 맑음 속에서 나는 내 외로움의 그림자 같은 것을 하나둘씩 모아 내 가슴에 쌓는다.

새벽꿈에서 갓 깨어날 때도 마찬가지다. 사람의 움직임, 땅의 움직임, 그리고 하늘의 움직임까지도 아무런 기척이 없을 때 나는 내 속에 있는 또 하나의 나를 만나면서 외로워한다. 그 고독 속에서는 생명과 생명이 만나듯 그렇게 나와 내가 만난다. 꽃과 꽃들이 섞이듯 그렇게 나와 내가 섞인다. 그토록 아무것과도 비교될 수 없는 고독 속에 살고 싶다. 나의 이 목구비가 그토록 질긴 질곡으로 나를 칭칭 감고 있는 삶 속에서 외롭고 싶다. 끝없이 외롭고 싶다.

삶이란 그렇게 우리들을 형편없이 만들어 버린다. 삶 속에는 숱한 것들이 삶의 찌꺼기처럼 살아남아 부유한다. 죽음도 사랑도 그리고 배신도 미움도 모두 그 부유물의 한 가지에 불과하다. 남아 있는 것은 살아 있는 것이 아니다. 마찬가지로 보이지 않는 것들은 죽은 것이 아니다.

그대의 삶에서 이 모든 부유물들을 없애 버린다면 과연 무엇이 남을까? 아무 소리도 움직임도 없는 그 시간에 다만 그대가 살아 있음을 실감하라.

146
남을 원망하는 사람이 되지 말라

_{반기자} _{촉사개성약석} _{우인자} _{동념즉시과모}
反己者는 觸事皆成藥石하고 尤人者는 動念卽是戈矛라

_{일이벽주선지로} _{일이준제악지원} _{상거소양의}
一以闢衆善之路하고 一以濬諸惡之源하나니 相去宵壤矣니라.

스스로를 반성하는 사람은 닥치는 일마다 모두 이로운 약이 되지만
남을 원망하는 사람은 생각하는 것마다 스스로를 해치는 창칼이 된다. 하나는 모든 선의 길을 열고
또 하나는 모든 악의 근원을 이루는 것으로 이 두 가지 차이는 하늘과 땅 사이처럼 멀다.

"사람을 사랑하되 그가 나를 사랑하지 않거든 나의 사랑에 부족함이 없는지 살펴보라. 사람을 다스리되 그가 다스림을 받지 않거든, 나의 교도에 잘못이 없는가를 살펴보라. 사람을 존경하여 보답이 없거든 나의 존경에 모자람이 없는가를 살펴보라. 행하여 얻음이 없으면, 모든 것에 대한 나 자신을 반성하라. 내가 올바르다면 천하는 모두 나에게 돌아온다."

맹자의 말이다. 반성한다는 것은 자기가 한 일을 스스로 돌이켜 살피는 것이다. 스스로를 돌아보아 부족함과 잘못됨과 모자람을 스스로 채울 수 있는 지혜야말로 살아 있는 자의 넉넉함이다.

1차 세계대전 중의 프랑스 영도자였던 클레망소는 독일을 향한 증오가 극에 달했다. 그는 죽는 날까지 독일을 증오하고 혐오하며 외쳤다.

"독일을 향해서 세운 채로 묻어 달라."

증오는 사람을 맹목적이게 만든다. 그 증오가 설령 자신에게로 되돌아

오는 한이 있어도 증오의 극치에서 물러서려 하지 않는다. 그것이 인간의 속성이다.

　나 자신을 돌아보기에 앞서 남을 원망한다는 것은 그 원망만한 응어리를 자기의 가슴에 심는 것과 다름없다. 그 응어리는 가슴 속에서 차츰차츰 그 부피를 더하여 마침내는 자기 자신을 서서히 소멸시키고 말 것이기 때문이다. 원망이야말로 인간 정신을 소멸시키는 가장 빠른 지름길이다.

　사랑은 생리적으로 강하고 미움은 생리적으로 약하다고 데카르트는 말했다. 그대가 남을 원망하는 감정을 품고 있다면 그대의 피는 매우 나쁜 상태에 놓인다는 것이 데카르트의 논리다. 그것은 그 미운 감정으로 하여 모든 음식의 맛까지 잃어버리게 된다는 것이다.

　그대의 건강을 위해서라도 남을 원망하는 마음에서 한시바삐 벗어나라. 그것이 선의 길을 여는 것이다. 그대 자신을 향한 사랑의 표시일 수도 있다.

147

덕을 두텁게 하려면 도량을 넓혀라

덕 수 양 진　　　양 유 식 장　　　고　　육 후 기 덕
德隨量進하고 量由識長하나니 故로 欲厚其德이면

불 가 불 홍 기 량　　　욕 홍 기 량　　　불 가 불 대 기 식
不可不弘其量하며 欲弘其量이면 不可不大其識이니라.

덕은 도량을 따라서 향상되고 도량은 식견으로 말미암아 성장한다.
그러므로 그 덕을 두텁게 하려면 그 도량을 넓혀야 하고, 그 도량을 넓히려면 그 식견을 크게 해야 한다.

덕이란 공정하고 남을 넓게 이해하고 받아들이는 마음이나 행동을 뜻한다. 도량이란 너그러운 마음과 깊은 생각을 일컫는 말이지만 어떤 일을 잘 다루어 나가는 품성 그 자체를 말하기도 한다.

니체는 덕을 원주圓柱에 비유했다. 원주는 위로 오를수록 점점 더 아름답고 내부는 점점 더 강하여 그에 따라 지탱하는 힘이 강해진다는 것이다. 그런가 하면 단테는 덕을 산에 비유하기도 했다. 처음에는 어렵지만 올라감에 따라서 그 어려움을 덜 수 있다는 것이다.

아는 것이 깊어야 교양이 높아진다. 교양이 높아지면 자연히 인격은 그 나름의 향기를 지니게 된다. 마찬가지로 식견을 넓혀야 도량이 커지고 그에 비례해서 덕이 높아진다.

"누구도 혼자서는 완전한 인격을 갖추지 못한다. 친척과 화목하고 현명한 사람을 벗으로 하며 옛 친구들을 저버리지 않으면 덕은 저절로 두터워진다."

148

정신은 만고토록 항상 새롭다

^{사 업 문 장} ^{수 신 소 훼} ^{이 정 신} ^{만 고 여 신}
事業文章은 隨身銷毀하되 而精神은 萬古如新하며

^{공 명 부 귀} ^{축 세 전 이} ^{이 기 절} ^{천 재 일 일}
功名富貴는 逐世轉移하되 而氣節은 千載一日하나니

^{군 자} ^{신 부 당 이 피 역 차 야}
君子는 信不當以彼易此也니라.

사업과 학문은 육체와 함께 사라지지만 정신은 만고토록 항상 새롭다.
공명과 부귀는 세상을 따라 옮겨 가지만 의기와 절조는 천 년이 하루와 같다.
군자는 마땅히 저것으로 이것을 바꾸지 말라.

마음이란 지智, 정情, 의意의 움직임을 말한다. 또 그것들의 움직이는 근원을 일컫기도 한다. 그래서 마음의 눈은 새롭게 뜰수록 새로운 정신을 창조해 낼 수 있다. 마음은 밖에 있는 것이 아니라 안에 있기 때문이다. 『대학』에 이런 말이 나온다.

"마음은 정해진 후에야 조용해질 수 있고, 조용해진 후에야 편안해질 수 있으며, 사고할 수 있게 된 후에야 터득할 수 있게 된다."

사람마다 지니는 의기와 절조도, 또 부귀와 공명도 그 마음의 눈을 어떻게 뜨느냐에 달려 있다. 세상의 흐름을 따라 옮겨가는 것과 천 년이 하루 같은 것을 어떻게 바꾸어 가질 수 있겠는가? 『법구경』이 전한다.

"몸을 빈 병과 같다고 여기고 마음을 성처럼 든든히 하여, 지혜로써 악마와 싸워 이겨 다시는 그들을 날뛰게 하지 말라."

149

생각하기를 멈추지 말라

作人에 無點眞懸念頭하면 便成個花子하여 事事皆虛하며

涉世에 無段圓活機趣하면 便是個木人이니 處處有碍니라.

사람으로서 한 점의 참다운 생각이 없다면 이는 곧 허수아비에 불과하니 일마다 헛될 것이다.
세상을 살아가는 데 한 가닥 원활한 맛이 없다면 이는 곧 장승에 불과하니 가는 곳마다 막힐 것이다.

허수아비란 대와 짚으로 사람의 형상을 만들어 놓은 물건을 말한다. 그러나 경우에 따라서 이 허수아비란 낱말은 그 용도만큼이나 성격이 다양하다. 논이나 밭두렁에 세워 두었을 때는 원래의 허수아비 그대로다. 그러나 이 낱말은 별 쓸모가 없는 사람이나 실권이 없는 사람을 지칭할 때도 아주 적절하게 쓰인다.

뿐만이 아니다. 주관 없이 행동하는 사람에게나 또는 자기의 역할을 다하지 못하고 자리만 차지하고 있는 사람에게도 어김없이 이 낱말은 통용되기 마련이다. 이범선의 『오발탄』을 보면 다음과 같은 대목이 나온다.

"허수아비. 덜 군은 바가지에다 되는 대로 눈과 코를 그리고 수염만 크게 그린 허수아비. 누더기를 걸치고 팔을 쩍 벌리고 서 있는 허수아비. 참새들을 향해서는 그것이 제법 공갈이 되지요. 그러나 까마귀쯤만 돼도 무서워하지 않아요. 아니 무서워하기는커녕 그놈의 상투 끝에 턱 올라앉아서 썩은 흙을 쑤시던 더러운 주둥이를 쓱쓱 문질러도 별일 없거든요."

허수아비는 생각이 없다. 그러니 행동 또한 있을 수 없다. 어디까지나 타의에 의해서 옮겨지고 타의에 의해서만이 존재한다.

사람은 허수아비가 아니다. 생각할 줄 알기 때문이다. 그의 생각에 따라서 세상을 이렇게도 살고 저렇게도 살 수 있는 것이다. 생각을 멈추지 말라. 항상 새로운 생각으로 이어져 나가라. 새로운 생각이야말로 그대를 전진시키는 지름길이 된다. 공자가 말했다.

"배우기만 하고 생각을 하지 않으면 이해할 수 없고, 생각만 하고 배우지를 않으면 곧 위태로워진다."

생각은 지혜와 지식을 끌어들이는 밑거름이다. 생각을 깊이 해야 자기 자신까지도 깨달아 알 수 있기 때문이다. 생각한다는 것은 그만큼 자신과도 친해진다는 것이 된다.

사람은 자기 생각을 사용하는 것밖에 자기 고유의 것이라곤 가진 것이 없다고 에픽테토스가 말했다. 그대 고유의 것이란 무엇인가? 그대 자신의 생각 외에 다른 무엇이 또 있다고 우긴다면 그대는 큰 바보로 돌출될 위험이 있음을 알라.

150

인간의 지혜와 재주를 믿지 말라

어 망 지 설   홍 즉 리 기 중   당 랑 지 탐   작 우 승 기 후
魚網之設에 鴻則罹其中하며 蟷螂之貪에 雀又乘其後하여

기 리 장 기   변 외 생 변   지 교 하 족 시 재
機裡藏機하고 變外生變하나니 智巧何足恃哉리요.

고기 그물을 쳐 놓으면 기러기가 거기 걸리며 버마재비가 먹이를 노리는 곳에 참새가 그 뒤를 엿본다.
기틀 속에 또 기틀이 있고 이변 밖에 또 이변이 생긴다. 인간의 지혜와 재주를 어찌 믿을 수 있겠는가.

'미네르바의 부엉이는 황혼이 짙어지자 날기 시작한다'는 말을 들어 본 적이 있는가? 미네르바의 부엉이는 지혜의 사상과 이론 내지는 철학을 의미한다. 미네르바의 부엉이는 현실의 움직임이 끝난 황혼에 조용히 날면서 현실이 남겨 놓은 자취를 살피고 더듬는다는 것이다.

『몽테크리스토 백작』의 작가 뒤마는 모든 인간의 지혜는 기다림과 희망이란 두 가지 말로 요약된다고 정의했다. 기다림과 희망은 무한한 공간과 시간의 개념을 내포한다. 기다림이 없는 사람은 불행한 사람이다. 희망이 없는 사람 역시 불행하다. 기다림과 희망 속에는 인간이 지닐 수 있는 지혜와 재능이 자리 잡고 있기 때문이다. 사람의 지혜와 재능이란 한계가 있다. 인간은 태어난 순간 모든 것을 한시적으로 선택했기 때문이다.

그대의 지혜에 너무 기대지 말라. 지혜가 지나치게 많으면 어리석음으로 되돌아간다는 독일의 격언도 한번쯤 음미해 볼 필요가 있다.

채찍을 들어
그대 자신을 향하라

사람을 믿는 것은, 남들이 모두 진실하기 때문이 아니라 홀
로 진실하기 때문이다. 사람을 의심하는 것은, 남들이 모두
속이기 때문이 아니라 자기가 먼저 속이기 때문이다.

151

거울은 흐리지 않으면
스스로 맑다

수 불 파 즉 자 정　　　감 불 예 즉 자 명　　　고　　심 무 가 청
水不波則自定하며 鑑不翳則自明하나니 故로 心無可淸이라

거 기 혼 지 자 이 청 자 현　　　낙 불 필 심　　　거 기 고 지 자 이 낙 자 존
去其混之者而淸自現하며 樂不必尋이라 去其苦之者而樂自存이니라.

물결이 일지 않으면 물은 저절로 고요하고 거울은 흐리지 않으면 스스로 맑다.
마음도 그 흐린 것을 버리면 저절로 맑음이 나타나고 즐거움 역시 애써 찾지 않아도
그 괴로움만 버리면 저절로 있게 된다.

"모든 사람은 다른 사람 속에 거울을 가지고 있다. 그 거울로 자신의 결점을 확실히 볼 수 있다. 그런데 사람들은 거울을 향해 개와 같은 행동을 한다. 자기를 향해 짖거나 물어뜯는다."

쇼펜하우어의 말이다. 사람의 마음도 마찬가지다. 거울이 흐리지 않으면 스스로 맑듯이 사람의 마음도 그 흐린 것들을 지워 버리면 맑음 그대로의 마음을 바탕으로 한다. 그런데도 사람들은 스스로 애써 그 바탕에 괴로움이란 돌을 던지기에 주저하지 않는다. 그러면서 그 괴로움 속에서 스스로를 소진시키며 허우적거린다.

그대는 끝없이 맑아지고 즐거워할 권리가 있다. 그대의 행동이 그대의 거울이게 하고, 그대의 한마디 말이 그대의 마음이게 하라.

152

한마디 말을 조심하라

유 일 념 이 범 귀 신 지 금　　　일 언 이 상 천 지 지 화
有一念而犯鬼神之禁하며 一言而傷天地之和하며

일 사 이 양 자 손 지 화　　　최 의 절 계
一事而釀子孫之禍하나니 最宜切戒니라.

한 가지 생각으로 하늘의 계율을 범하게 되고 한마디 말로 천지의 조화를 깨뜨리며
한 가지 일로 자손의 불행을 빚는 수가 있다. 깊이 경계할 일이다.

　생각과 말과 일은 서로 연계되어 있다. 생각 없는 말이 있을 수 없고, 말 없이 일이 이루어질 수 없기 때문이다. 또 일은 시시각각으로 생각을 불러일으키고 생각은 갖가지 말을 만들어 내기 마련이다.

　『논어』에 '사불급설駟不及舌'이란 말이 있다. 네 마리 말이 끄는 빠른 마차라도 혀의 빠른 것에 미치지 못한다는 뜻이다. 그만큼 말은 한번 하면 빨리 퍼지고 또 취소하기도 어려운 만큼 조심해야 한다. 말뿐이 아니다. 생각 또한 신중해야 한다. 신중한 생각에서 신중한 말과 행동이 나온다.

　그대, 가급적이면 말을 듣는 쪽에 서라. 먼저 생각하라. 그다음에 말하라. 그리고 사람들이 싫증내기 전에 그쳐라. 인간은 말함으로서 동물보다 훌륭하다. 그러나 필요한 말이 아니라면 동물보다도 못한 것이다. 그대의 말은 그대 마음을 담은 한 폭의 그림이란 걸 잊지 말라.

153

시작보다 물러서는 일이 중요하다

^{사 사} ^{당 사 어 정 성 지 시} ^{거 신} ^{의 거 어 독 후 지 지}
謝事는 當謝於正盛之時하며 居身은 宜居於獨後之地니라.

하던 일을 사양하고 물러서려거든 마땅히 전성기에 물러서라.
아울러 몸을 두는 곳은 마땅히 홀로 뒤처진 곳에 자리잡아라.

당나라 이청李靖은 개국 일등 공신으로 남부럽지 않은 부귀영화를 누렸다. 그러나 달도 차면 기우는 것과 같이 부귀가 지나치면 쇠퇴하는 것을 알고 많지 않은 나이임에도 조정에서 물러나기를 간청했다. 당태종은 그 덕을 높이 기려 일대의 법으로 삼겠다고까지 했다고 한다.

모든 것은 시작보다 물러서는 일이 중요하다. 언제 어떻게 물러서야 하는가를 아는 사람은 행복한 사람이다. 존 스타인벡은 『불만의 겨울』을 통해 이런 말을 남겼다.

"인간에게는 온당한 존경을 받으며 은퇴할 시기가 오기 마련이다. 그것은 극적인 것도 아니고 벌주는 것도 아니다. 단지 작별을 하고, 목욕을 하여 기분을 가다듬고 나서 면도날을 들고 따뜻한 바다로 가는 것이다."

시기나 질투가 닿지 않는 곳, 미움이나 오해도 닿지 않는 곳에서 지난 삶을 관조해 보는 것은 얼마나 아름다운 삶인가. 은퇴는 새로운 삶을 시작하는 첫걸음임을 알라. 그대는 해야 할 일을 새롭게 찾아 나서는 것일 뿐이다.

154
사람 쓰는 일에 너무 엄하지 말라

<small>사 유 급 지 불 백 자　　　관 지 혹 자 명　　　무 조 급 이 속 기 분</small>
事有急之不白者라도 寬之惑自明하나니 毋躁急以速其忿하며

<small>인 유 조 지 부 종 자　　　종 지 혹 자 화　　　무 조 절 이 익 기 완</small>
人有操之不從者라도 縱之或自化하나니 毋操切以益其頑이니라.

<small>급하게 서둘러서 밝혀지지 않던 일도 너그럽게 하면 밝혀질 수 있다.
조급하게 서둘러 분노를 불러들이지 말라. 사람을 쓰는 일에 잘 따르지 않는 자가 있지만
가만 놓아두면 저절로 따르는 수가 있다. 너무 엄하게 하여 그 완고함을 더하게 하지 말라.</small>

　　인간이 지니고 있는 속성으로 우리는 감성과 이성, 그리고 오성을 들수 있다. 감성이란, 어떠한 자극이나 그 자극의 변화에 대하여 감각을 일으키는 일, 즉 감수성을 말한다. 이성이란 사물의 이치를 헤아려 깨닫는 성품으로, 의지와 행동을 규정하는 능력, 즉 양심을 일컫는다. 그리고 오성悟性은 사물을 이해하는 힘, 다시 말해서 이성과 감성의 중간에 위치하는 논리적 사유 능력을 말한다. 이러한 사람의 본성을 통틀어 우리는 인간성이라고 표현한다.

　　그러나 다시 생각해 보면 인간의 속성 중에서 빠뜨릴 수 없는 것들이 빠져 있는 것을 새삼 발견케 된다. 그것은 신성神性과 마성魔性이다. 그리고 수성獸性도 있다. 신을 닮은 성품이 있는가 하면 악마 같은 성품이나 짐승 같은 성품도 사람 속에 엄연히 내재하고 있다는 말이다.

　　사람은 각자 지닌 인간성에 따라서 달라진다. 그래서 세상에는 이런 저런 다양한 사람들이 있다. 이성이 앞선 사람이 있는가 하면 감성으로 똘 똘 뭉친 사람도 있다. 각양각색의 사람들이 분출하는 감정 때문에 세상은 보다 복잡해지는지도 모른다. 알랑은 『행복론』에서 이런 말을 남겼다.

"일상생활에서 가장 조심해야 할 것은 사소한 감정을 어떻게 처리해야 할 것인가이다. 사람은 흔히 큰 불행에 대해서는 체념하지만, 조그마한 기분 나쁜 일에 대해서는 도리어 감정을 억제 하지 못한다. 그러니 우리 가 마음의 준비를 갖추어야 할 것은 큰 불행보다도 사소한 일에 있다. 사 소하게 기분 나쁜 일들은 하루에도 몇 번씩 일어나며 또 그 사소한 일들 이 도화선이 되어 큰 불행으로 발전하는 일이 적지 않기 때문이다."

감정이란 그릇이 기울면 엎질러지는 물과 같다. 아주 조심성 있게 다루 지 않으면 안 된다. 사람이 사람을 만나는 모든 일에서 감정이란 눈에 보 이지 않게 스며드는 물기와 다를 바 없다. 항상 조심하라. 감정은 사람을 짐승으로 만들기도 하고 악마로 만들기도 한다는 것을 명심하라.

155

모든 재능은 덕성으로 단련하라

節義는 傲靑雲하고 文章은 高白雪이라도
若不以德性陶鎔之면 終爲血氣之私요 技能之末이니라.

절의가 고위 고관을 능가하고 문장 또한 '백설의 곡'보다 높다 하더라도,
만약 그것이 덕성으로 단련된 것이 아니라면 이는 혈기에서 빚어진 사행과 기예의 잔재주에 불과하다.

"덕은 아는 것만으로는 충분하지 않다. 우리들은 그것을 가지기 위하여, 그리고 그것을 이용하기 위하여, 또는 우리들을 선하게 만들어 줄 어떤 방법을 강구하기 위하여 애쓰지 않으면 안 된다."

아리스토텔레스의 말이다. 물론 덕을 안다는 것만도 굉장한 사실이다. 덕이라는 개념 자체를 전혀 모르는 사람과, 그런 것이 있을 수도 있다고 생각하는 정도의 사람들이 이 시대를 너무 많이 차지하여 살고 있기 때문이다. 그러나 역시 덕은 아는 것만으로는 부족하다.

이웃집 문패를 보고 이런 사람이 살고 있구나 하는 정도로는 이웃의 자격이 없다. 적어도 그 이웃집에 사는 사람이 어떤 사람인지, 어떻게 살아가고 있는지는 알아야 이웃이라 할 수 있는 것과 같은 이유다. '덕불고필유린德不孤必有隣'이란 말이 있다. 덕은 결코 외롭지 아니하고 반드시 이웃이 있다는 말이다.

덕성이란 도덕을 갖춘 바른 성질, 즉 도덕심을 일컫는 말이다. 덕성이
란 하루아침에 얻어지는 것이 아니다. 덕성이 바탕이 되지 않고 그 덕성
으로 단련된 것이 아니라면, 어떠한 재능도 뿌리를 내릴 수 없다. 절의節義
가 아무리 높고, 고상하고 아름다운 노래로 정평이 나 있는 거문고의 '백
설白雪의 곡曲'을 능가하는 문장이라 하더라도 덕성으로 단련된 것이 아니
라면 잔재주에 불과하다는 것이다. 노자가 말했다.

"현명한 사람은 도덕을 들으면 부지런히 행한다. 보통 사람은 도덕을
들었으나 기억하는 듯 잊어버린 듯한다. 어리석은 사람은 도덕을 들으면
크게 웃는다."

그대 자신을 위하여 덕성을 키워 나가라. 그 덕성으로 그대를 단련시켜
라. 그대는 가장 튼튼한 뿌리를 삶이라는 토양 속에 뻗어 내릴 수 있다.

156

은혜는 갚지 못할 사람에게 베풀라

근덕 수근어지미지사 시은 무시어불보지인
謹德은 須謹於至微之事하며 施恩은 務施於不報之人하라.

덕행을 삼가려면 모름지기 아주 작은 일에 삼가라. 은혜를 베풀려면 갚지 못할 사람에게 힘써 베풀라.

『사기』에 '분여광分餘光'이란 말이 나온다. 등불을 여러 사람에게 갈라 비치게 한다는 뜻으로 은혜를 여러 사람에게 나누어 받게 한다는 뜻이다.

스웨덴 국왕 아돌프 프레데릭은 일곱 명의 애인을 가졌다 한다. 두 여자는 한쪽 눈, 다른 두 여자는 한쪽 다리, 또 다른 두 여자는 한쪽 팔이 없었고 마지막 일곱 번째 애인은 두 팔이 모두 없었다. 그의 주장에 의하면, 진정한 사랑이란 동정심에서 비롯한 은혜에서 우러난다는 것이다. 동정이야말로 최고의 모욕이라고 말한 니체와는 전혀 상반된 논리가 아닐 수 없다.

은혜를 갚지 못할 만큼 지독히 가난한 사람일지라도 은혜를 베푸려거든 그들에게 베풀어라. 그대가 만약 베푼 은혜를 돌려받기를 바란다면, 그래도 실망할 필요는 없다. 다음 성서 구절이 그대를 위안할 것이다.

"너는 구제할 때에 오른손이 하는 것을 왼손이 모르게 하여 네 구제함이 은밀하게 하라. 은밀한 중에 한 보시는 너의 아버지가 갚으시리라."

157
옛사람의 언행에서 오늘을 배워라

교 시 인　　　불 여 우 산 옹　　　　알 주 문　　　불 여 친 백 옥
交市人은 不如友山翁하며 謁朱門은 不如親白屋하며

청 가 담 항 어　　불 여 문 초 가 목 영
聽街談巷語는 不如聞樵歌牧詠하며

담 금 인 실 덕 과 거　　　불 여 술 고 인 가 언 의 행
談今人失德過擧는 不如述古人嘉言懿行이니라.

시중의 사람을 사귀는 것은 산골 노인을 벗하는 것만 못하고 권세 있는 집안에 굽실거리는 것은
오막살이와 친한 것만 못하다. 거리에 떠도는 뜬소문을 듣는 것은 나무꾼의 노래와 목동의 피리 소리를
듣는 것만 못하고 요즈음 사람의 부덕한 일과 허물 있는 행실을 말하는 것은
옛사람의 착한 말씀과 아름다운 행동을 이야기하는 것만 못하다.

　　새로운 사람을 사귀는 것은 새로운 씨앗을 심는 것과 같다. 옛사람들은
'개를 따라가면 측간으로 간다'거나 '동무 사나워 뺨 맞는다' 등의 속담으
로 사람 사귀는 일에 조심할 것을 당부했다. 장자가 말했다.

　　"군자의 사귐은 담담하기가 물과 같고, 소인의 사귐은 달콤하기가 감주
와 같다. 군자는 담담하게 친근하고 소인은 감미롭다가 끊어진다."

　　옛사람의 언행에서 오늘을 배워라. 오늘을 사는 사람들의 부질없는 일
들을 입에 올리기보다 옛사람의 착한 말씀과 아름다운 행동을 이야기하
는 것이 얼마나 더 값진 일이겠는가. 어차피 인생이란 충분하지 못한 전
제에서 보다 충분한 결론을 끌어내는 기술이 아니겠는가?

158

덕은 모든 것의 기초가 된다

덕 자　　사 업 지 기　　　미 유 기 불 고 이 동 우 견 구 자
德者는 事業之基나니 未有基不固而棟宇堅久者니라.

덕은 모든 사업의 기초가 된다. 기초가 튼튼하지 않고서는 그 집이 오래갈 수 없다.

톨스토이는 『참회록』에서 다음과 같은 고백을 남겼다.

"사람들과의 교제를 통해서 나는 새로운 악덕을 얻었다. 병적으로 자란 자만심과 무엇을 가르쳐야 할지도 모르면서 세상 사람들을 가르치고 선도해야 할 사명을 지닌 인간이라는, 광적인 자신이 생긴 것이다."

참으로 진지한 참회에서 비롯된 고백이 아닐 수 없다. 톨스토이는 이처럼 스스로 고백함으로써 그의 덕을 크게 상처 내지 않고 자신의 악덕에서 탈출할 수 있는 기회를 얻게 된다. 하지만 많은 사람들은 참회할 양심도, 고백할 용기도 없어 스스로를 그 악덕 속에 묻어 버리고 만다. 그리고 그토록 지독한 광적인 자신감으로 유유히 현실을 살아간다.

덕으로써 기초를 삼지 않았기 때문에 그들에게는 양심도, 또 고백할 수 있는 용기도 생성되지 않는다. 세상을 살아가는 데 초석이 되는 양심과 용기 없이 그 뼈대는 결코 견고해질 수 없다.

159

마음은 자손의 뿌리다

심 자   후 예 지 근   미 유 근 불 식 이 지 엽 영 무 자
心者는 後裔之根이나니 未有根不植而枝葉榮茂者니라.

마음은 자손(子孫)의 뿌리다. 뿌리를 심지 않고 그 가지와 잎이 무성한 사람은 없다.

찰스 다윈이 대서양을 지날 때 극심한 파도가 일었다. 배는 파도에 휩쓸려 심하게 흔들렸지만 풀잎 하나만은 그 엄청난 파도에도 밀리지 않고 제 위치를 그대로 지키고 있었다. 생각을 거듭한 다윈은 그 풀이 바다 속 깊숙이 뿌리를 내리고 있다는 것을 깨달을 수 있었다.

뿌리 없는 나무가 없듯이 뿌리 없는 후손은 있을 수 없다. 우리 속담에 '산소山所 등에 꽃이 피었다'는 말이 있다. 자손이 부귀영달하게 되었음을 이르는 말이다. 또 '가지 많은 나무 바람 잘 날 없다'는 자식이 많은 어버이는 편한 날이 없다는 뜻을 나무에 비유한 말이다. 바다 속에 뿌리를 내린 풀잎은 거센 파도 속에서도 제 위치를 지키듯이 훌륭한 부모에게 뿌리내린 자식은 어떠한 세파 속에서도 굳건히 살아남아 꽃을 피운다.

덕행은 인간을 인간 이상으로 높이는 굉장한 힘을 보여 주고, 악행은 인간을 인간 이하의 조건과 가치로 떨어뜨리는 엄청난 변화를 보여 준다. 인색한 어버이에게서 낭비의 자식이 있다는 말은 참으로 좋은 경구가 아닐 수 없다. 마음이야말로 확실한 자손의 뿌리다.

160

자신의 소유를 참되게 인식하라

前人^{전인}이 云^운하되 抛却自家無盡藏^{포각자가무진장}하고 沿門持鉢效貧兒^{연문지발효빈아}라 하며

又云^{우운}하되 暴富貧兒休說夢^{폭부빈아휴설몽}하라 誰家竈裡火無烟^{수가조리화무인}고

一蔵自昧所有^{일잠자매소유}하니 一蔵自誇所有^{일잠자과소유}라 可爲學問切戒^{가위학문절계}니라.

옛사람이 말했다. "자기 집의 무진장한 것은 내버려 두고 남의 집 문 앞에서 밥그릇을 들고 거지 흉내낸다"고.
또 "벼락부자 된 가난뱅이야. 꿈같은 이야기 그만둬라. 어느 집 부엌인들 불 때면 연기 안 나랴"라고.
한 가지는 자신의 소유에 대하여 어두운 것을 깨우친 것이고
다른 하나는 자신의 소유에 대하여 자랑하는 것을 경계한 말이다. 마땅히 수양의 계명으로 삼으라.

"모든 것을 철학적으로만 따지는 인간의 인생은 어리석기 짝이 없다. 자기가 바라는 것을 모조리 차지한 인간은 조금도 행복하지 않다는 결론을 내릴 것이기 때문이다. 그러나 그 작자는 바라는 것을 모조리 가질 수 없다는 것이 행복에서는 빼놓을 수 없는 요소임을 전혀 잊어버리고 있는 것이다."

러셀의 말이다. 깨달음이 없는 삶은 진정한 삶이 될 수 없다. 그것은 오히려 주검의 옷을 빌려 입은 삶과 조금도 다를 것이 없다. '아침에 도를 깨달으면 저녁에 죽어도 좋으리'라는 말을 우리는 잘 기억하고 있다. 도道란 무엇인가? 도란 도리를 일컫는 말이다. 사람이 마땅히 지켜야 할 바른 길을 말하는 것이다. 그 길을 바라볼 수 있는 마음이 그대를 비롯한 모든 사

람에게 골고루 있는데도 사람들은 그걸 잊은 채 다른 곳에서 찾아 헤매고 있다.

행복을 뜻하는 영어 단어 'happiness'는 옳은 일이 자신 속에서 일어 난다는 뜻을 가진 'happen'에서 나온 말이다. '행복'이란 단어가 지니고 있는 원래의 뜻처럼, 그 사람의 올바른 성과인 것이지 결코 바깥으로부터 우연히 찾아든 운명의 힘이 아니다.

그대 자신이 소유하고 있는 무진장한 광맥을 파고 들어가라. 그곳에서 그대가 원하는 모든 것을 만날 수 있다. 지금 그대가 소유하고 있는 것에 대하여 자랑하지 말라. 그것들이야말로 언제 그대를 떠날지 아무도 모르 기 때문이다.

161

도덕은 공공의 것이다

_{도 시 일 중 공 중 물 사}　　_{당 수 인 이 접 인}
道是一重公衆物事니 當隨人而接引하며

_{학 시 일 개 심 상 가 반}　　_{당 수 사 이 경 척}
學是一個尋常家飯이니 當隨事而警惕니라.

도덕은 공공의 것이다. 사람을 가리지 말고 이끌어 이행케 하라.
학문은 매일 먹는 끼니 같은 것이다. 마땅히 일에 따라 조심하며 깨우치라.

　도덕은 많은 사람과 함께하는 것이다. 도덕은 혼자서 차지할 수도 없지만 혼자서 이루어질 수 없다. 그것은 이 세계가 혼자 사는 곳이 아닌 것처럼 도덕은 모든 사람에게 골고루 나누어져야만이 그 존재가 빛을 낼 수 있기 때문이다. 그래서 많은 사람들은 그들 나름대로의 도덕에 대한 정의를 내렸다. 그것이 설사 그들 개개인의 사유이며 의견일지라도 세계는 별 무리 없이 그 의견들을 받아들였다.

　칸트는 생각에 잠기면 잠길수록 감탄과 숭앙하는 마음으로 가득 차게 되는 두 가지가 있다고 고백했다. 그것은 그의 머리 위에서 반짝이고 있는 하늘의 별과 그의 마음속에 자리잡은 도덕률이라는 것이다. 우리는 가끔씩 그와 유사한 경험을 하게 된다. 깊은 생각에 잠겨 보면 유난스럽게 떠오르는 어떤 사유의 빛을 만나게 되는 경우다. 그것은 뜻밖의 것일 수도 있고 때로는 미리 예감할 수 있던 것일 수도 있다. 그런 것들은 칸트의 경우처럼 하늘의 별일 수도 있고 그 자신의 도덕률일 수도 있으며, 때로는 전혀 다른 개념의 어떤 것일 수도 있는 것이다.

헨리 애덤스는 도덕을 일컬어 개인적인 사치라고 말했는가 하면 괴테는 실제 도덕의 세계는 태반이 악의와 질투에서 성립한다고 말했다. 헤밍웨이는 도덕이라는 것은 우리가 그것에 대하여 좋게 느끼는 것이고 부도덕이란 것은 우리가 그것에 대해 나쁘게 느끼는 것뿐이라며, 그것이 자신이 도덕에 대해 아는 전부라고 술회하기도 했다. 그러나 누가 어떻게 말했고, 어떻게 정의했는가는 중요하지 않다. 도덕은 인생에서 유일한 선이기 때문이다. 세네카가 말했다.

"도덕은 흔히 생각하는 것처럼 생명을 두려워하는 데에 있지 않고 역경에 대항하여 등을 보이면서 패주하지 않는 데에 있다."

그대의 도덕률을 그대 삶의 무기로 삼아라. 그것이 설령 그대 자유에 대한 질곡이 된다 하더라도 다시 또 한 번 그대 삶의 무기로 삼아라. 세네카의 말처럼 도덕은 투쟁 속에서 보다 더욱 크게 성장한다.

162
스스로가 참되면
남을 신뢰할 수 있다

신 인 자　　인 미 필 진 성　　　기 즉 독 성 의
信人者는 人未必盡誠이나 己則獨誠矣요

의 인 자　　인 미 필 개 사　　기 즉 선 사 의
疑人者는 人未必皆詐나 己則先詐矣니라.

사람을 믿는다는 것은, 남들이 모두 진실하기 때문이 아니라 홀로 진실하기 때문이다.
사람을 의심한다는 것은, 남들이 모두 속이기 때문이 아니라 자기가 먼저 속이기 때문이다.

사랑과 신뢰는 만인의 마음에 주는 유일한 모유란 말이 있다. 어머니의 젖을 물고 있는 갓난아기의 순진무구한 얼굴을 보라. 얼마나 평화롭고 사랑스러운 모습인가. 모유란 생명을 의미한다. 어머니의 체내에서 비롯되는 젖줄은 이미 육체로선 분리되어 있는 갓난아이의 생명선으로 연장된다. 분리되어 있지만 그것은 한 몸이다. 한 몸으로 표현해 버리기에는 오히려 미흡한 완전한 한 뿌리다.

사랑과 신뢰는 모든 사람들이 영원토록 마셔야 할 생명의 모유인 것이다. 오슬러가 말했다

"인생에서 믿음보다 더 신비스러운 것은 없다. 그것은 하나의 커다란 유동력으로서 저울에 달아 볼 수도 없고 도가니에 시험해 볼 수도 없다."

누군가를 신뢰하는 사람은 행복한 사람이다. 누군가로부터 신뢰를 받

는 사람 역시 지극히 행복한 사람이다. 그들이야말로 생명의 모유를 끊임없이 흡수하는 사람들이기 때문이다.

한때 히틀러의 가장 훌륭한 인간적인 특성은 신의라는 말이 떠돈 적이 있었다. 그를 비아냥대는 농담조의 말이다. 그는 세 가지의 신의만은 어떤 일이 있어도 저버리지 않았는데 그것은 유대인과 그의 친구들, 그리고 그의 조국 오스트리아라는 것이다. 유머 중에서도 가장 스산함이 감도는 유머가 아닐 수 없다. 그는 누구로부터도 사랑받지 못했으며 누구에게서도 신뢰받지 못했다. 만인이 공유할 수 있는 사랑과 신뢰라는 모유를 그만이 먹지 못했으며 그만이 누구에게도 주지 못한 것 같다.

먼저 스스로 참될 수 있어야 한다. 스스로에게 진실하라. 그리고 타인을 사랑하고 신뢰하라. 설령 그대가 속임을 당하는 경우를 맞게 되더라도 그대만은 여전히 사랑하며 신뢰하라. 진심으로 신뢰하면 다른 사람이 그대를 따르게 된다.

163
따뜻한 마음은 모든 것을 살아 있게 한다

念頭寬厚的은 如春風煦育하여 萬物이 遭之而生하며
念頭忌刻的은 如朔雪陰凝하여 萬物이 遭之而死하느니라.

마음이 너그럽고 두터운 사람은 봄바람이 만물을 따뜻하게 기르는 것과 같아 모든 것이 그를 만나면 살아난다.
마음이 각박하고 차가운 사람은 북풍한설이 모든 것을 얼게 하는 것과 같아 만물이 그를 만나면 곧 죽게 된다.

"모든 신의 창조물을, 그 속에 있는 한 알 한 알의 모래를 사랑하라. 모든 나뭇잎을, 모든 신의 광선을 사랑하라. 모든 동물을 사랑하고 모든 식물을 사랑하고, 그 밖의 모든 걸 사랑하노라면 사물의 성스러운 신비를 파악하게 될 것이다. 일단 그것을 파악하면 나날이 더 이해하게 될 것이다. 그리하여 모든 걸 포용하는 사랑으로 전 세계를 사랑하게 될 것이다."

도스토옙스키는 한 알의 모래부터 세계에 이르기까지 모든 창조물을 사랑함으로써 신비를 파악하고 이해하고 포용하는 것을 가르쳐준다.

사랑에 인색하지 않으면 마음은 언제나 따뜻한 봄볕을 내뿜기 마련이다. 사랑에 굶주린 사람들은 스스로를 밀폐시키기에 바쁘고 사랑에 전전긍긍하는 사람들은 사랑을 두려워하며 뒷골목으로 숨어 버린다. 사랑 앞에서는 모든 것이 생성되고 활기로 가득 찬다. 사랑은 오직 사랑하는 자에게만 찾아간다는 것을 명심하라.

164

비밀한 일일수록 분명하게 하라

遇故舊之交면 意氣要愈新하며 處隱微之事면
心迹宜愈顯하며 待衰朽之人에는 恩禮當愈隆이니라.

옛 친구를 만나면 의기를 더욱 새롭게 하라. 비밀한 일을 당하게 되면 마음을 더욱 분명하게 하라.
노쇠한 사람을 대할 때는 은혜와 예우를 더욱 융성하게 하라.

비밀은 언제나 홀로이기를 원한다. 남에게 알려지는 것을 두려워하는
감정이 있는가 하면 또 부끄러워하는 경우도 있다. 남에게 알려지기를 두
려워하는 것들은 비교적 옳지 못한 일들에 속하는 것들이 많다. 루소가
말했다.

"신은 우리들에게 선을 사랑케 하기 위하여 양심을, 선을 알게 하기 위
하여 이성을, 선을 선택시키기 위하여 자유를 주었다."

비밀한 일이란 부끄럽거나 두려운 것들이다. 옛 친구를 만나 의기를 새
롭게 다지지 못하는 것도 부끄러움이고 노쇠한 사람에게 은혜와 예우를
융성하게 하지 못하는 것도 부끄러움이다. 그러나 결코 두려운 것은 아니
다.

비밀한 일일수록 분명한 것이 좋다. 비밀한 일을 드러내 놓으면 그 확
실함 때문에 얼마나 아름다운지 모른다. 그 아름다움을 선택하라.

165
악행으로 인한 손해는
스스로 알 수 없다

_{위 선} _{불 견 기 익} _{여 초 리 동 과} _{자 응 암 장}
爲善에 不見其益은 如草裡東瓜하여 自應暗長하며

_{위 악} _{불 견 기 손} _{여 정 전 춘 설} _{당 필 잠 소}
爲惡에 不見其損은 如庭前春雪하여 當必潛消니라.

착한 일을 하고서도 그 이익을 보지 못하는 것은 마치 풀 속에 난 동아처럼 모르는 사이에 저절로 자라나기 때문이다.
악한 일을 하고서도 그 손해를 보지 못하는 것은 마치 뜨락의 봄눈처럼 아무도 모르는 사이에 녹아들기 때문이다.

단테는 『신곡』에서 가을의 나뭇잎이 하나씩 떨어져서 땅을 온통 뒤덮어 버리듯이, 그렇게 아담이 뿌린 악의 씨도 하나씩 그 기슭을 떠나간다고 애통해 했다. 세상이 점점 비대해지는 만큼 악은 그 영역을 더욱 넓힐 수밖에 없을지도 모른다. 선과 악이 각각 신의 왼손과 오른손이라면 그 균형을 맞추기 위해서라도 그럴 수밖에 없을 것이다. 루소가 말했다.

"인간이여, 악(혹은 불행)의 장본인을 찾으려고 하지 말라. 그 장본인이야말로 그대 자신이다. 그대가 지금 행하고 있는 악이나 그대가 인내하고 있는 악 이외의 악이란 없다. 그 어느 것이라도 오직 그대 자신으로부터 나온다."

어디에선가 읽은 재미있는 이야기 하나를 소개한다.

악이란 원래 선의 피부였다. 선의 핏줄과 뼈와 위장을 감싼 그의 시종

무관이었다. 어느 날 선은 그의 피부인 악에서 도망쳤다. 악의 귀찮은 시중이 싫증났기 때문이다. 그때부터 악은 그의 내부를 찾기 위해 방황하기 시작했다. 처음에는 무척 온순하였으나 시간이 지남에 따라 무척 저돌적이 된 그의 방황이 계속되는 동안 인간들은 그들을 원수로 만들어 버렸다는 이야기다.

선이 나오기 위해서 악이 필요한 것처럼, 다시 말해서 악은 선의 산파란 말처럼 우리들로 하여금 곰곰이 생각하게 해 주는 이야기다. 그러나 새삼 가슴에 새겨 둬라. 뜨락의 봄눈이 녹아드는 것처럼 악행은 눈에 보이지 않게 속으로만 그 죄업이 늘어 간다. 악행으로 인한 손해는 스스로 알 수가 없다. 『법구경』은 이렇게 경고한다.

"악은 마치 녹이 쇠에서 나와 바로 그 쇠를 먹는 것처럼 사람의 마음에서 나와 도로 사람의 몸을 망친다."

166

검소함으로 인색함을 감추지 말라

勤者는 敏於德義어늘 而世人은 借勤以濟其貧하며

儉者는 淡於貨利어늘 而世人은 假儉以飾其吝하나니

君子持身之符가 反爲小人營私之具矣라 惜哉로다.

근면함이란 덕의에 민첩한 것인데도 세상 사람들은 근면을 빌어 그 가난을 건진다.
검소함이란 재물과 이익에 담박한 것인데도 세상 사람들은 검소를 빌어 그 인색함을 꾸민다.
군자의 몸을 지키는 신조가 오히려 소인배의 사리사욕 도구가 되다니 참으로 안타까운 일이다.

'절약은 화금석化金石'이란 말이 있다. 화금석은 연금업자도 구할 수 없었던 영석靈石으로서, 하등 금속을 금은으로 변조할 수 있다고 여겼다. 절약하며 검소하게 사는 삶을 화금석에 비유하는 것은 그만큼 값진 삶을 뜻하는 것일 게다. 팔만대장경에 '검소는 곧 수입에 대한 미덕'이라고까지 적혀 있다.

인색은 악덕 중에서도 가장 치사하고 더러운 항목으로 분류된다. 아주 인색한 사람을 일컬어 '개 핥은 죽사발 같다'고 한다. 또 음식 나누어 줄 때 너무 조금씩 나누어 준다는 뜻으로 '손톱 여물을 썬다'고 했다. 그런가 하면 프랑스 속담은 보다 직설적이다. '구두쇠와 돼지는 죽은 후에라야 맛이 난다'며 이죽거린다. 그만큼 인색한 사람에게서는 사람 냄새를 맡을 수가 없다. 그것은 인색 자체가 그 사람을 통째로 삼켜 버렸기 때문일 것

231

이다. 셰익스피어의 희곡 『뜻대로 하세요』를 보면 이런 대목이 나온다.

"부유한 정직은 가난한 집 속에서 구두쇠처럼 살고 있습죠. 마치 진주가 더러운 당신의 몸속에 살 듯이 말입니다."

사람들은 자신의 인색함을 검소함으로 위장하려 애쓴다. 검소한 삶을 살 뿐이지 결코 인색한 것은 아니라는 모습으로 얼굴을 드러낸다.

미국 사람 새커리 테일러는 1848년 미국 대통령에 지명된 것을 알지 못했다. 그 당시 그는 루이지애나 주의 배턴루지에 살고 있었는데, 필라델피아에서 그가 대통령으로 지명되었다는 편지가 왔으나 그는 편지 받기를 거절했다. 편지에 우표가 붙어 있지 않고 수취인 요금 부담으로 되어 있었기 때문이다.

인색도 이 정도에까지 다다르면 할 말이 없어진다. 그것은 결코 검소함이 아니다. 인색 중에서도 가장 심한 것은, 어떠한 인색함도 겁내지 않고, 오히려 그 인색을 자만하고 후회하지 않는 것이다. 한 가지의 인색을 즐기는 자는 모든 인색을 즐기는 자임을 명심하라.

167

즉흥적인 일은 오래갈 수 없다

憑意興作爲者는 隨作則隨止하나니 豈是不退之輪이며
_{빙 의 흥 작 위 자} _{수 작 즉 수 지} _{기 시 불 퇴 지 륜}

從情識解悟者는 有悟則有迷하나니 終非常明之燈이니라.
_{종 정 식 해 오 자} _{유 오 즉 유 미} _{종 비 상 명 지 등}

즉흥적인 감정으로 시작하는 일은 시작하자마자 곧 멈추게 된다.
그 어찌 물러남이 없는 수레바퀴가 될 수 있으랴. 감정과 재치로 얻은 깨달음은 깨달았는가 하면 곧 혼미해진다.
그 어찌 영원히 빛나는 밝은 지혜가 될 수 있으랴.

"일 년 계획은 봄에 있고 하루 계획은 아침에 있다. 봄에 갈지 않으면 가을에 거둘 것이 없고, 일찍 일어나서 서두르지 않으면 그날 할 일을 못한다. 젊은 시절은 일 년으로 치면 봄이고, 하루로 치면 아침이다. 그러나 봄은 눈과 귀에 유혹이 많다. 눈과 귀의 향락을 쫓느냐, 부지런히 땅을 가느냐에 일생의 운명이 결정된다."

공자의 말이다. 하고 싶은 일을 하기 위해서는 계획을 세워야 한다. 한번 세운 계획을 끝까지 밀고 나갈 때 그 계획 자체가 곧 일이 될 수 있다. 감정이란 시시각각 변한다. 게다가 즉흥적인 감정이란 바닷가에 쌓아 올린 모래성과 같다. 한 차례의 폭풍우나 세찬 파도에도 흔적도 없이 사라져 버릴 것이기 때문이다. 지혜도 마찬가지다. 감정과 재치로 얻은 깨달음은 깨달았는가 하면 금방 혼미해진다. 고통은 지혜의 아버지며 애정은 그 어머니란 말을 잊지 말고 거듭 생각하라.

168
자신의 과오는 결코 용서하지 말라

인 지 과 오   의 서   이 재 기 즉 불 가 서
人之過誤는 宜恕나 而在己則不可恕요.

기 지 곤 욕   당 인   이 재 인 즉 불 가 인
己之困辱은 當忍이나 而在人則不可忍이니라.

다른 사람의 과오는 마땅히 용서해야 하지만 자신의 과오를 용서해선 안 된다.
나의 괴로움은 마땅히 참아야 하지만 다른 사람의 괴로움을 참아서는 안 된다.

"사람들은 남에게 아첨하는 그 이상으로 자신에게 아첨한다. 남의 일에
대해서는 엄격하고 냉정하면서, 일단 자신의 일이 되면 불공평한 판단을
하고 흥분하며 편의주의로 흐른다."

베이컨의 말이다. 사람들은 항상 자기 자신을 들여다본다. 커다란 어항
속에 들어 있는 금붕어를 바라보듯 그렇게 스스로를 바라본다. 자기 자신
이 요구하는 것이 무엇인지, 또 어떠한 방법으로 그 욕구를 채울 것인지
빤히 알면서 수수방관한다. 그것이 잘못된 것인지 잘된 것인지 명확한 판
단이 서기까지도 기다리지 않고 잘잘못은 젖혀 둔 채 편의주의에 빠져 스
스로 아첨하기를 버릇처럼 한다.

타인에 대한 아첨보다 자기 자신에 대한 아첨은 더 지독한 냄새를 피우
는 악덕으로 우리 앞에 드러낸다. 그것은 곧장 이기심이라는 흉한 괴물의
모습으로 마침내는 자기 자신까지도 파먹고 만다.

　나에게 내가 가장 신뢰할 수 있는 친구가 되기 위해서는 자신에 대한 채찍을 늦추지 말아야 한다. 확실한 나를 만들기 위해서라면 그 어떤 경우라도 스스로를 용서해서는 안 될 것이다.

169

기행을 즐기는 자는
기인이 아니다

^{능 탈 속} ^{변 시 기} ^{작 의 상 기 자} ^{불 위 기 이 위 이}
能脫俗하면 便是奇로되 作意尚奇者는 不爲奇而爲異하며

^{불 합 오} ^{변 시 청} ^{절 속 구 청 자} ^{불 위 청 이 위 격}
不合汚하면 便是淸이로되 絶俗求淸者는 不爲淸而爲激이니라.

세속을 벗어나면 그것이 바로 기인이다. 짐짓 뜻을 만들어 기행을 숭상하는 자는 기인이 되지 못하고
괴이한 사람이 된다. 세속의 더러움에 섞이지 않으면 그가 곧 청렴결백한 사람이다.
짐짓 세속과 인연을 끊고 청백함을 구하는 자는 청렴결백한 사람이 되지 못하고 과격한 이가 될 뿐이다.

범인, 즉 보통 사람의 반대말이 기인奇人이다. 묘하고 이상한 사람을 지칭하는 말이다. 그와는 의미가 다른 기인畸人이 있다. 성질이나 행동이 이상야릇한 사람을 말한다. 약간은 기괴하기까지 한 사람을 일컫는다.

명예나 이익 같은 것은 아예 생각지도 않으며 범속한 일상생활의 경계를 벗어난 사람을 기인奇人이라 한다면, 반대로 공연히 기괴한 말과 행동으로 남의 눈길에 두드러지려는 야릇한 성질의 사람을 기인畸人이라고 할 수 있다. 기이할 기奇자와 병신 기畸자의 차이가 거기에 있다.

오늘을 사는 우리들의 시대에 기인奇人은 이미 없어진 지 오래다. 기인奇人으로 자처하는 사람들이 한결같이 기인畸人인 것은, 그들 자신이나 보는 사람들이나 너무나 잘 알고 있는 사실이다. 간디는 『자서전』에서 이런 말을 남겼다.

"인간 자체와 인간의 행위는 별개의 것이다. 선행은 칭찬을, 악행은 비난을 불러일으키는 것처럼 그 행위자는 악인이든 선인이든 간에 그 행한 경우대로 존경을 받거나 비난받거나 또 불쌍하게 여김을 받는 것은 당연하다."

뛰어난 성직자의 과오가 '뛰어난 성직자'이기 때문에 비난을 면할 수 있다는 것은 말이 안 된다. 모든 사람이 그와 마찬가지다. 기인인 척할 필요가 없고 청렴결백한 척할 필요가 없다. 사람은 태어나면서부터 천한 사람이 되지 않고 악한 사람이 되지 않는다. 그것은 다만 행위의 결과일 뿐이다. 사족 같지만 베일리의 시는 그런 의미에서 한 번쯤 읽을 필요가 있다.

우리는 세월이 아니라 행위에 살도다.
호흡이 아니라 사상에
숫자가 아니라 느낌에 살도다.
우리는 심장의 고동으로써 시간을 헤아릴지로다.
가장 생활답게 생활한 자는
가장 많이 사색하고 가장 고상하게 느끼고
가장 잘 행동하는 자
불완전이 끝나는 곳에 천국이 비롯하도다.

170
위엄은 엄격하게 시작하라

<small>은 의 자 담 이 농　　　선 농 후 담 자　　인 망 기 혜　　　위 의 자 엄 이 관</small>
恩宜自淡而濃이니 先濃後淡者는 人忘其惠하며 威宜自嚴而寬이니

<small>선 관 후 엄 자　　인 원 기 혹</small>
先寬後嚴者는 人怨其酷이니라.

은혜는 처음 가볍게 시작하여 무겁게 나아가라. 먼저 무겁고 나중에 가벼우면 사람들은 그 은혜를 잊어버린다.
위엄은 처음 엄격하게 시작하여 관대함으로 나아가라. 먼저 너그럽고 나중에 엄격하면 사람들은 그 혹독함을 원망한다.

'왜 감중련坎中連을 하였노?'란 속담은 불상佛像이 까닭 없이 점잖게 앉아 있기만 하듯 서로 어울리지 않고 각기 위엄을 가장한다는 뜻이다.

위엄이란 의젓하고 엄숙한 모습을 말한다. 그러나 그 위엄이 처음과 끝이 한결같다면 그것은 이미 위엄이 아니라 공포의 대상일 수 있다. 옛날 문중 회의나, 오늘의 관공서 같은 데서 열리는 각종 모임을 보면 그야말로 '감중련'의 모습을 연상하고도 남게 된다.

위엄은 향기와 같다. 그 사람의 품격에서 우러나는 체취와 같은 향기가 곧 위엄이다. 무의식중에 상대방이 느끼는 위엄이나 상대방을 압도할 수 있는 능력이 곧 위엄이다. 그런 위엄은 곧 관대함을 수반한다. 관대함이 없는 위엄은 향기 없는 꽃과도 다름없다.

언제 어떠한 경우에 어디를 가더라도 그 정도의 향기는 지니고 다녀라. 그것이 그대의 품격이고 그대의 위엄이다.

171
사람은 흙이나 나무가 아니다

_{위 서 상 유 반}　　　_{연 아 부 점 등}　　_{고 인 차 등 염 두}
爲鼠常留飯하며 憐蛾不點燈하니 古人此等念頭는

_{시 오 인 일 점 생 생 지 기}　_{무 차}　_{변 소 운 토 목 형 해 이 이}
是吾人一點生生之機라 無此면 便所謂土木刑骸而已니라.

'쥐를 위해 항상 밥을 남겨 두고 불나방을 가엾이 여겨 등불을 켜지 않는다'고 했다.
옛사람의 이러한 마음은 인간이 생장할 수 있는 한 점 기틀이다.
이 마음이 없다면 사람도 흙이나 나무처럼 형체뿐일 따름이다.

　　자기 자신보다 남을 위해 살면서 큰 만족을 느끼는 사람이 있다. 그것은 남을 위할 수 있는 그 자체야말로 참으로 중요한 자기 자신의 삶이기 때문이다. 그것이 덕성이다. 사람은 덕성을 지녔기 때문에 흙과 나무와는 완전히 다를 수밖에 없다. 슈바이처가 말했다.

　　"그대 나무에서 잎사귀 하나라도 의미 없이 뜯지 말라. 한 포기의 들꽃도 함부로 꺾지 말라. 벌레도 밟지 않도록 조심하라. 여름밤 램프 밑에서 일할 때, 많은 벌레의 날개가 타서 책상 위에 떨어지는 것을 보기보다는 차라리 창문을 닫고 무더운 공기를 호흡하라."

　　한 마리의 쥐, 한 마리의 나방, 한 포기의 들꽃에도 사람과 똑같은 생명이 있다. 신이 높은 곳에서 내려다보신다면 사람도 '하늘 밑의 벌레'에 불과하다. 자연을 걱정하고 사랑하는 것은 그대가 그 자연의 일부임을 확인하는 길이다. 그것이 바로 그대가 지닌 덕성이다.

172

뜻이 깨끗하면 마음도 밝아진다

심 허 즉 성 현   불 식 심 이 구 견 성   여 발 파 멱 월
心虛則性現하나니 不息心而求見性은 如撥波覓月이요

의 정 즉 심 청   불 요 의 이 구 명 심   여 색 경 증 진
意淨則心淸하나니 不了意而求明心은 如索鏡增塵이니라.

마음을 비우면 본성이 나타난다. 마음을 쉬게 하지 않고 본성 보기를 바란다면
그것은 마치 물결을 헤치면서 달을 찾는 것과 같다. 뜻이 깨끗하면 마음도 밝아진다.
뜻을 밝게 하지 않고 마음 밝기만을 바란다면 그것은 마치 거울을 찾느라고 먼지를 더하는 것과 같다.

의회파를 영도했던 영국 민주정치의 선구자 크롬웰은 딸이 죽자 고통
으로 자리에 드러누웠다. 주위 사람들이 위로하며 말을 걸어왔으나 그는
귀찮다는 표정으로 사람들을 거절하며 말했다.

"잠을 자거나 무얼 마시는 것은 내 뜻하는 바가 아니다. 내가 뜻하는 것
은 빨리 죽을 수 있게끔 서둘러 주었으면 하는 것뿐이다."

마음이란 뜻을 심은 밭이다. '콩 심은 데 콩 나고 팥 심은 데 팥 난다'는
속담처럼, 마음밭에 우울을 심으면 죽음밖에 거두어들일 것이 없다.

뜻을 밝게 하지 않고 마음 밝기를 기대하지 말라. 뜻은 사람을 사람답
게 하지만 때때로 그것은 어떻게 세우느냐에 따라 사람을 짐승처럼 만들
기도 한다. 마음을 비워 두고 부디 밝은 뜻을 세우라.

173

그대 자신을 확실하게 간직하라

아 귀 이 인 봉 지　　　봉 차 아 관 대 대 야　　　아 천 이 인 모 지
我貴而人奉之는 奉此峨冠大帶也며 我賤而人侮之는
모 차 포 의 초 리 야　　　연 즉 원 비 봉 아　　　아 호 위 희
侮此布衣草履也라 然則原非奉我니 我胡爲喜하며
원 비 모 아　　　아 호 위 노
原非侮我니 我胡爲怒리요.

내 몸이 귀하게 되어 남들이 나를 받드는 것은 높은 관과 큰 띠를 받드는 것이다.
내 몸이 천하게 되어 남들이 나를 업신여기는 것은 베옷과 짚신을 업신여기는 것이다. 그것은 본래의 나를
받드는 것이 아니니 내 어찌 기뻐할 것이며 본래의 나를 업신여기는 것이 아니니 내 어찌 노여워하랴.

공자를 따라다니는 일화 중에서 '상가喪家의 구狗'는 너무나 잘 알려진
이야기다. 흔히들 '상갓집 개'라고 불리는 그 이야기는 『사기』의 '공자세
가'에 실려 있다.

노나라의 수상으로서 이상적인 정치를 베풀기 위해 노력했던 공자가
귀족 가문인 삼환씨三桓氏와 정면 충돌하여 하야하고, 자기의 의견을 써
줄 주인을 찾아 천하를 편력하고 있을 때였다. 정나라 땅에 왔을 무렵 어
쩌다 제자들과 떨어져 외톨이가 되었다. 공자를 만났던 정나라 사람이 스
승을 찾아다니는 자공子貢을 만나자 안됐다는 듯한 표정으로 말했다.

"동문 쪽에 서 있는 분이 혹시 당신 스승이 아닌지 모르겠습니다. 이마
는 성천사자 요堯와 비슷하고 어깨는 명재상인 자산子産을 닮았습디다. 하
지만 무척이나 피로해 보이고 뜻을 얻지 못한 형상은 꼭 상갓집 개를 연

상케 하더군요."

그 말을 들은 자공이 급히 달려가 보니 아니나 다를까 스승인 공자였다. 그는 정나라 사람이 한 말을 그대로 공자에게 옮겨 말했다. 공자가 웃으며 대꾸했다.

"용모에 대해서는 그렇다고 할 수 없지만 상갓집 개는 썩 잘한 말이구나."

사람을 외모로 판단할 수는 없다. 비록 화려한 의상을 착용한 사람일지라도 그것이 그 사람의 진면목은 아닐 것이며, 또 비록 남루한 옷을 걸쳤더라도 그것 역시 그 사람의 참모습은 아닐 것이다. 때때로 슬픔이 기쁨의 옷을 입고 있을 수도 있으며 행복이 불행의 옷을 입고 있을 수도 있다. 보부아르는 이런 말을 남겼다.

"나로 인해서 자신의 존재를 인정하는 것이 바로 나입니다. 그리고 내가 나의 존재를 인정할 수 있는 것은 내가 참여하고 있는 경우뿐입니다. 한 객체가 나에게 속하기 위해서는 그것이 나로 인하여 세워질 필요가 있습니다. 결국 내가 그 객체를 전면에 내세웠을 경우만이 바로 전적인 나의 것입니다. 완전히 나에게 속한 유일한 현실이란 두말할 것 없이 나의 행위입니다."

그대의 껍질을 보고 받드는 것에 기뻐하지 말라. 아울러 그대의 껍질을 보고 경멸하는 것에 노하지 말라. 그대 자신을 그대로 간직하고 있으라.

174

사람의 마음 바탕이
곧 하늘의 바탕이다

心體便是天體라 一念之喜는 景星慶雲이요
심 체 변 시 천 체   일 념 지 희   경 성 경 운

一念之怒는 震雷暴雨요 一念之慈는 和風甘露요
일 념 지 노   진 뢰 폭 우   일 념 지 자   화 풍 감 로

一念之嚴은 烈日秋霜이니 何者少得이리요
일 념 지 엄   열 일 추 상   하 자 소 득

只要隨起隨滅하여 廓然無碍면 便與太虛同體리라.
지 요 수 기 수 멸   확 연 무 애   변 여 태 허 동 체

마음의 바탕은 곧 하늘의 바탕이다. 한 마음의 기쁨은 상서로운 별과 경사스런 구름 같고,
한 마음의 분노는 진동하는 우레와 사나운 빗발과도 같다. 한 마음의 자비는 부드러운 바람과 달디단 이슬 같고
한 마음의 엄격함은 뜨거운 여름 햇볕과 찬서리와도 같다. 어느 것 하나도 없을 수야 있겠는가.
다만 때 맞추어 일어나고 스러져 조금도 거리낌이 없어야 한다. 그래야만 하늘과 더불어 그 바탕을 함께할 수 있다.

니체는 사람이란 결국 자기 자신을 체험하는 데 불과한 것이라고 말했다. 그가 우연으로 보았던 많은 세월과 사건들이 지나갔기 때문이라는 것이다. 이제 또 나의 것이라고 말할 수 없는 것들이 어떻게 그 자신에게 닥쳐올 것인가에 대해 그는 두려워하기까지 했다. 묵자가 말했다.

"하늘이 바라는 바를 하지 않고, 하늘이 바라지 않는 바를 하면, 하늘도 또한 사람이 바라는 바를 하지 않고 바라지 않는 바를 한다."

사람은 하나의 작은 우주라고 한다. 사람의 마음 바탕은 하늘과 조금도 다르지 않기 때문이다. 하늘에 별과 구름이 있듯이 사람의 마음에는 기쁨

이 있다. 하늘에 진동하는 우레와 사나운 빗발이 있듯이 사람의 마음에는
분노가 있다. 자비로운 사람의 마음이 있는가 하면 부드러운 바람과 이슬
이 있고 엄격한 사람의 마음이 있는가 하면 염천의 햇볕과 찬서리가 있
다. 누가 감히 사람의 마음 바탕을 바꾸어 놓을 수 있겠는가. 장자는 또 이
렇게 말했다.

"내 몸이 내 것이 아니라 천지의 위형委形이고 생이 또한 내가 하는 것이
아니라 이것은 천지의 위화委和다. 성명이 또한 내 것이 아니라 천지의 위
순委順이고 자손이 또한 내 것이 아니고 천지의 허물벗음이다."

어디에 따로 내 것일 수 있는 것이 있겠으며 어디에 따로 그대 것이 있
겠는가? 그대의 삶이 하늘과 함께하는 한 그대는 다만 순리대로 그대의
삶을 운반하면 그만이다. 거스르지 말라. 그대가 참으로 인간인 한 하늘
은 결코 그대를 버리지 않는다.

175

일 없을 때는
마음이 어두워지기 쉽다

無事時에는 心易昏冥하나니 宜寂寂而照以惺惺하며

有事時에는 心易奔逸하나니 宜惺惺而主以寂寂하라.

일 없을 때는 마음이 어두워지기 쉽다. 마땅히 고요한 가운데 밝은 지혜로써 비추어라.
일 있을 때는 마음이 흩어지기 쉽다. 마땅히 밝은 지혜 가운데 고요함으로 중심을 삼으라.

'산지기가 놀고 중이 추렴을 낸다'는 우리의 옛 속담은 참으로 훌륭한
비유를 만들어 냈다. 산지기가 산은 안 지키고 민가에 내려가서 행음行淫
을 하고, 중이 불공은 안 드리고 술추렴을 한다는 말로, 해서는 안 될 일을
하는 것을 비유한 것이다. 또 '공연한 제사 지내고 어물魚物값에 졸린다'는
속담도 있다. 하지 않아도 좋은 일을 하고서 쓸데없이 그 후환을 입게 된
다는 뜻이다.

사람이 일을 만드는 것이 아니라 일이 사람을 만든다. 모든 사람은 각
자 그 할 일이 따로 있다. 어두워진 마음과 흩어진 마음은 오십보백보다.
어느 것이 앞이고 어느 것이 뒤로 밀려날 아무 이유가 없다. 맡은 일에 집
중하지 않으면 흩어진 것이고, 해야 할 일과 거리가 먼 엉뚱한 일에 정신
을 쏟고 있다면 그것은 마음이 어두워진 까닭이다. 일에 관하여 힐티는

다음과 같은 말로 충고하고 있다.

"인간 행복의 대부분은 끊임없이 계속되는 일과, 그 일로 인한 축복으로써 이루어진다. 그리고 결국 일을 유쾌한 것으로 받아들이게 된다. 인간의 마음은 진정한 일거리를 발견했을 때처럼 유쾌한 기분이 드는 때는 없다. 그대가 행복하기를 바라거든 먼저 일을 시작하라. 실패한 생애는 대개 그 사람이 전혀 일을 가지지 않았거나, 일이 너무 적었거나 혹은 정당한 일을 가지지 못했다는 것에 근본 원인이 있다."

절대로 어두워진 마음과 흩어진 마음 탓으로 좌절하는 일이 없도록 하라. 참으로 견딜 수 없을 만큼 좌절하게 될 경우를 만나더라도, 일을 계속하라. 그것만이 그대가 이 세상에 살아 있다는 확실한 증거가 된다.

176

일을 맡으면 몸을 그 일 안에 두어라

議事者는 身在事外하여 宜悉利害之情하며

任事者는 身居事中하여 當忘利害之慮니라.

일을 상의하는 사람은 몸을 그 일 밖에 두어 이해의 실상을 살펴보라.
일을 맡은 사람은 몸을 그 일 안에 두어 이해의 생각을 완전히 잊어버려라.

한 농부가 두 아들을 앞에 두고 다음과 같이 유언했다.

"너희들에게 남겨 줄 것은, 이 땅뙈기밖에 없지만 절대 다른 사람에게 팔아서는 안 된다. 깊지 않은 곳에 내 보물을 파묻어 두었다."

두 아들은 그 밭을 파헤쳐 아버지가 유언했던 보물을 찾아보았지만 보물은 나오지 않았다. 하는 수 없이 그들은 파헤친 땅에 곡식을 심었다. 가을이 되자 형제는 풍성한 수확을 거둘 수 있었다.

『이솝우화』 속의 한 대목이다. 인간의 근면함이야말로 인생의 참다운 보물임을 가르쳐 준다. 일이란 눈으로 볼 수 있게 마련된 사랑이다. 만약 그대가 사랑의 감정으로 일을 하지 않고 하는 수 없이 그 일을 하고 있다면, 차라리 그 일을 버려두어라. 오히려 길거리에 주저앉아 기쁨으로 일에 몰두하는 사람들에게 구걸의 손길을 내미는 편이 낫다.

177

온화한 기운으로 몸을 보전하라

표 절 의 자　필 이 절 의 수 방　　방 도 학 자　상 인 도 학 초 우
標節義者는 必以節義受謗하며 榜道學者는 常因道學招尤라

고　군 자　불 근 악 사　　역 불 입 선 명
故로 君子는 不近惡事하며 亦不立善名하나니

지 혼 연 화 기　재 시 거 신 지 진
只渾然和氣가 纔是居身之珍이니라.

지조와 의리를 내세우는 사람은 반드시 지조와 의리 때문에 비난받고,

도덕과 학문을 내세우는 사람은 항상 도덕과 학문 때문에 원망을 산다.

그러므로 군자는 악행에 가까이 서지 않을 뿐만 아니라 명예로움에도 쉽사리 서지 않는다.

오로지 혼연한 화기만으로 그 몸을 보전하는 보배로 삼아야 한다.

　　그대가 참으로 지조를 아끼고 의리를 지킬 줄 아는 사람이라면 무슨 일에서든지 지조나 의리를 내세우지 말라. 내세운다는 것은 부끄러운 일이다. 자기 자신을 그만큼 모르고 있는 탓이며 자기 자신을 그만큼 믿지 못하기 때문이다.

　　프랑스 시인 볼테르가 스위스 국경 헤르네에 최초로 성당을 지었다. 그는 성당 건물의 전면에다 다음과 같은 글귀를 새겨 넣었다.

　　'하나님을 위하여 볼테르가 이 건물을 짓다.'

　　그는 이번에는 극장을 지었다. 새로 지은 극장의 건물 앞에서 그는 지나가는 행인을 불러 세우고 이렇게 말했다.

　　"댁께서 신앙심이 두터운 분을 만나게 된다면 제가 성당을 지었다는 것

을 말해 주십시오. 혹시 예술을 사랑하는 분을 만나게 된다면 제가 극장도 지었다는 것을 꼭 전해 주십시오."

차라리 어리석음을 내세우든가 부끄러움을 내세우라. 그 안에는 온화한 기운이 있다. 순수한 마음이 있다.

178

비린내 나는 무리와
가까이하지 말라

士君子가 處權門要路면 操履要嚴明하며 心氣要和易하나니
毋少隨而近腥羶之黨하며 亦毋過激而犯蜂蠆之毒이니라.

선비가 권력의 자리에 있을 때는 그 몸가짐이 엄정하고 명백해야 하며
마음은 항상 온화하고 평화로워야 한다. 조금이라도 '비린내 나는 무리'와 가까이하지 말 것이며
또한 너무 과격하여 소인배의 독침을 건드리지 말아야 한다.

권력이라는 말을 국어사전은 억지로 복종시키는 힘이라고 풀이한다. 또 법률적으로는 다스리는 사람이 다스림을 받는 사람에게 복종을 강요하는 힘이라고 설명하고 있다. 그런 엄청난 힘을 가진 사람과 가지지 못한 사람이 함께 한 세상을 살아가기란 쉬운 일이 아니다. 강한 힘을 가진 사람은 자신이 하고 싶은 일이라면 못할 것이 없다. 그것이 설령 말로 다할 수 없는 악덕일지라도 힘을 가진 자는 능히 해낼 수가 있다.

권력이라는 단어를 쫓아다니는 이미지는 수없이 많다. 탄압, 비리, 유착, 탐욕, 전횡, 약탈, 독재, 뇌물 등등 악덕으로 손꼽힐 수 있는 모든 것들이 그 뒤를 줄지어 따른다. 그 모든 것들이 곧 '비린내 나는 무리'가 될 것이며 그 지독한 냄새는 옛날부터 오늘에 이르기까지 지워지지 않는다. 에픽테토스는 『어록』에 이런 말을 적었다.

"욕망이란 우리가 바라는 것이 손에 들어오는 걸 목적으로 한다. 혐오란 우리가 싫어하는 것에 빠지지 않으려는 것이다. 욕망에 넘어가는 자는 불행하지만 그보다 더 불행한 것은 자기가 참을 수 없는 것에 빠지는 자임을 깨닫는 것이다."

힘 있는 자리에 앉는 사람일수록 '그 몸가짐이 엄정하고 명백해야'할 것은 두말할 나위가 없다. 그럴수록 '비린내 나는 무리'와 가까이해서는 안 된다. 그것이 자기 자신을 지키는 일이기도 하지만 사실은 힘이 없는 많은 약자를 지키는 첩경이기 때문이다.

아울러 그처럼 힘 있는 자는 자칫 소인배들의 거센 반발에 부딪칠 위험이 있다. 벌이나 전갈 같은 작은 벌레의 독침이 오히려 무서울 수 있다. 그를 피하기 위해서라도 그 엄청난 힘을 너무 과격하게 사용해선 안 될 것이다.

스스로 자기 혐오에 빠져드는 일이 없도록 하라. 덕은 모든 힘을 정복한다. '비린내 나는 무리' 대신 덕과 함께하라. 덕은 영원하며 오직 덕으로 얻는 것만이 영원한 것이다.

179

포악한 사람은
온정으로 감화시켜라

우 기 사 적 인　　　이 성 심 감 동 지　　우 폭 려 적 인
遇欺詐的人하면 以誠心感動之하며 遇暴戾的人하면

이 화 기 훈 증 지　　　우 경 사 곡 적 인　　　이 명 의 기 절 격 려 지
以和氣薰蒸之하며 遇傾邪私曲的人하면 以名義氣節激礪之하며

천 하　　무 불 입 아 도 야 중 의
天下에 無不入我陶冶中矣리라.

속임수만 쓰는 사람을 만나거든 성심껏 감동시키고 포악한 사람을 만나거든 온정으로 감화시켜라.
또 사악함에 빠져 사리사욕만 꾀하는 사람을 만나거든 대의명분과 절조로 격려하고 인도하라.
그렇게 한다면 나의 다스림 속에 들지 않는 사람이 없을 것이다.

"자기 자신을 존중함과 같이 남을 존중하면, 남이 자기 자신에게 해 주기를 원하는 것을 남에게 해 줄 수 있다면, 그 사람은 사랑을 안다고 할 수 있다. 이 세상에 그 이상의 것은 없다."

공자의 말이다. 사랑은 모든 것을 이루는 것이다. 일체를 달성하는 것이 사랑이다. 사랑 안에서는 모든 것이 융화된다. 수십 갈래 흩어져 있던 그 어떠한 감정도 다만 하나의 것으로 이루어질 수 있는 것이 사랑이다.

헤겔은 사랑이란 모순을 낳는 동시에 그것을 풀어 나가는 것이라고 했다. 모순을 풀어 나감으로써 사랑은 윤리적 합일성일 수 있다는 것이다. 즉 사랑의 제1의 계기는 내가 독립한 인격이고자 하지 않는 것이고, 또 그렇다고 하더라도 그때에는 자기 스스로를 결점이 많은 불완전한 것으로

느낀다는 것이다.

제2의 계기는 내가 한 사람의 다른 인격 속에서 나 자신을 획득한다는 것이다. 내가 다른 사람 속에서 보람을 얻으며 또 다른 사람도 내 속에서 그렇게 되는 것이다. 따라서 사랑은 최대의 모순이며 오성은 이 수수께끼를 풀어낼 수 없다고 했다.

속임수를 쓰는 사람에게는 감동으로, 폭력을 쓰는 사람에게는 온정으로, 그리고 사리사욕만 좇는 사람에게는 대의명분으로 인도할 수 있다는 말도 바로 그러한 최대의 모순일 수 있는 사랑의 매개 없이는 어려운 일인 것이다. 성서는 사랑에 대하여 이렇게 가르친다.

"사랑은 오래 참고, 사랑은 온유하며, 투기하는 자가 되지 아니하며, 사랑은 자랑하지 아니하며, 교만하지 아니하며, 무례히 행치 아니하며, 자기의 이익을 구치 아니하며, 성내지 아니하며, 악한 것을 생각지 아니하며, 불의를 기하지 아니하며, 진리와 함께 기뻐하고 모든 것을 참으며, 모든 것을 믿으며, 모든 것을 바라며, 모든 것을 견디느니라."

사랑한다는 것은 함께한다는 것이다. 두 사람이 서로서로 상대를 들여다보는 것이 아니라 함께 같은 방향을 바라본다는 것이다. 그렇게 사랑은 서로가 서로를 함께한다는 것이다.

180
결백한 마음의 향기는
백대토록 드리운다

일 념 자 상　　　가 이 온 양 양 간 화 기
一念慈祥은 可以醞釀兩間和氣요

촌 심 결 백　　　가 이 소 수 백 대 청 분
寸心潔白은 可以昭垂百代淸芬이니라.

한 마음의 자비는 천지간의 화기를 빚을 것이며 한 마음의 결백은 향기로운 이름을 백대토록 밝게 드리울 것이다.

동취銅臭란 말이 있다. 지금은 항상 돈 이야기를 입에 올리는 사람을 일컬어 '동취가 난다'고 할 만큼 변질되어 버렸지만 원래는 그런 뜻이 아니다. 후한의 영제 때 정치가 너무나 문란하여 관직을 돈으로 사고파는 꼬락서니를 빗대어서 한 말이다.

그 당시 최열이라는 사람이 있었는데 5백만 금으로 사도司徒라는 직책을 샀다. 지금의 장관급과 맞먹는 관직이다. 어느 날 최열이 아들 균均을 불러, 자신에 대한 세상의 평을 물어보았다. 아들이 대답했다.

"아버님께서 사도의 직위에 오르고 나서는 세상 사람들이 모두 실망하고 있습니다."

최열이 다시 그 이유를 묻자 아들은 기다렸다는 듯 서슴없이 대답했다.

"아버님에게 동취가 있는 것을 싫어하기 때문입니다."

뇌물만큼 사람의 마음을 더럽히는 것도 따로 없다. 뇌물이란 어디까지나 밝은 빛 아래에서는 그 모습을 드러내지 못하고 어둠 속에서만 거래되기 때문이다. 참으로 결백한 마음 앞에서는 그 검은 모습을 드러낼 수 없는 것이 또한 뇌물이다. 맑고 밝은 마음 앞에서는 뇌물 같은 것은 스스로 그 자취를 감춰 버리기 때문이다. 공자가 공명고公明賈에게 물었다.

"공숙문자는 말하지 아니하고 웃지 아니하고 뇌물을 받지도 않는다고 하는데 그 말이 진실인가?"

공명고가 대답했다.

"와전이오. 그는 말할 때에 말하므로 사람이 듣기를 싫어하지 아니하며, 즐거울 때 웃으므로 사람이 그의 웃음을 싫없게 여기지 아니하며, 의리에 합당하면 받으니 다른 사람이 그의 취함을 부당하다 아니하오."

의리란 사람으로서 지켜야 할 바른 길을 의미한다. 그런 의리에 합당한 것이라면 무엇이든 못 받을 것이 없다. 결백이란 그야말로 말할 때에 말하고 즐거울 때에 웃으며 말하지 않을 때에 침묵하는 것, 그것이 결백이다. 참으로 결백한 마음의 향기는 백대百代토록 그 이름과 그 이웃과 그 세상에 드리워질 것은 너무나 당연하다.

181

평범한 덕행만이 화평을 지킨다

음모괴습 이행기능 구시섭세적화태
陰謀怪習과 異行奇能은 俱是涉世的禍胎니

지일개용덕용행 변가이완혼돈이소화평
只一個庸德庸行이 便可以完混沌而召和平이니라.

비밀한 계략과 괴상한 버릇, 그리고 이상한 행동과 기괴한 재주는 모두가 다 세상을 살아가는 데 있어
불행의 씨앗이 된다. 다만 하나의 평범한 덕행만이 본성을 온전히하여 화평을 부르게 된다.

마키아벨리는 음모를 누설하는 인간은 다른 어떤 위험한 일에 써 본 후에 비로소 신용한다 해도, 전폭적인 신뢰를 할 수 없다고 했다. 본래적으로 감춰 둔 음모는 상상할 수 없을 정도로 위험하기 때문이라는 것이다. 마찬가지로 괴상한 버릇과 이상한 행동으로 사람을 놀라게 하거나 사회 질서를 흩트리는 사람 역시 본래적으로 신뢰할 수 없는 사람이다.

어떤 음모라든가, 혹은 또 괴벽스런 행동이나 기괴한 재주로는 일체의 덕행과 함께할 수 없다. 그것은 그 근원적인 생명 자체가 본질적으로 다르기 때문이다. 내가 무엇을 할 것인가는 내가 결정하고 추진해야 되는 것이지 다른 누군가가 이끌고 나갈 문제가 아니다. 칸트가 말했다.

"사람은 옳은 일을 행하여 자기 자신을 높게 발전시켜야 한다. 신은 우리에게 충분한 선을 준 것이 아니다. 다만 우리가 올바르게 살 수 있는 가능성을 보증했을 뿐이다. 그 목적을 달성하는 것이 인생이다."

182

참고 견디지 않으면
세상을 살 수 없다

語에 云하되 登山耐側路하며 踏雪耐危橋라
一耐字가 極有意味로다 如傾險之人情과 坎坷之世道에
若不得一耐字撑持過去하면 幾何不墮入榛莽坑塹哉리요.

옛말에 이르기를 '산을 오를 때에는 비탈길을 견뎌야 하고 눈길을 걸을 때에는 위태로운 다리를 견뎌야 한다'고 했다.
이 견딜 내(耐) 자는 참으로 깊은 뜻이 있다. 험악한 인정과 곤란한 세상길도 이 견딜 내 한 자로 지탱하여
지나지 않으면 가시덤불이나 구렁텅이에 빠지지 않을 수 없다.

'반근착절盤根錯節'이란 말이 있다. 비틀어져서 꾸불꾸불한 뿌리와 헝클어진 마디란 뜻이다. 비틀어져서 꾸불꾸불한 뿌리와 헝클어진 마디에 부딪쳐 보지 않고서는 날카로운 칼도 그 진가를 알 수 없다는 뜻으로 쓰였다. 사람도 마찬가지다. 반근착절 같은 곤란한 일을 겪어 보아야 그 사람의 진면목을 알 수 있다. 만약 이 세상에 사람마다 겪어야 할 고통이 없다면 세상은 온통 죽음으로만 가라앉아 버릴지도 모른다. 예를 들어 아픈 자리에 고통을 주지 않는다면 사람들은 어디가 어떻게 아픈지 모를 것이며, 그것을 안다 해도 고치려고 애쓰지 않을 것이다.

성서의 말씀은 '환난은 인내를, 인내는 단련을, 단련은 소망을' 이루는 것이라고 가르쳐 준다. 그래서 무슨 일이든지 참을 수 있는 사람이라면

무슨 일이든지 해낼 수 있는 용기와 지혜를 갖추게 된다.

그대의 정신이 육체가 바라는 바를 이겨 나가야 한다. 많이 참아 낼수록 좋다. 자꾸 견딜수록 좋다. 천재는 인내심이 보통 이상인 사람에 불과한 것임을 깨달으라.

183

스스로 밝게 하여
근본을 잃지 말라

誇逞功業하며 炫耀文章은 皆是靠外物做人이니

不知心體瑩然하여 本來不失하면 卽無寸功隻字라도

亦自有堂堂正正做人處니라.

공로를 뽐내거나 배운 지식을 자랑하는 것은 그들이 외물에 의하여 이루어진 사람이기 때문이다.
마음 바탕을 스스로 밝게 하여 근본을 잃지 않으면 비록 공로가 없고 배운 것이 없더라도
스스로 당당한 사람이 될 수 있다는 것을 모르고 있다.

어느 날 오스카 와일드에게 훌륭한 문학 작품 백 권만 뽑아 달라는 청탁이 들어왔다. 그는 스스럼없이 다음과 같은 회신을 발송했다.

"나는 백 권이나 되는 책을 열거할 수 없습니다. 고작 아흔 권밖에 책을 쓰지 않았기 때문입니다."

오스카 와일드의 이러한 태도는 자부심인가, 자만심인가, 아니면 자존심인가? 그것도 아니라면 아주 평범하고 속물적인 자랑에 불과한가?

에라스무스는 『우신예찬』에서, 사람이란 값어치가 없으면 없는 만큼 자만이 강하고 뻔뻔스러우며, 차츰 오만해지고 차츰 뻐긴다고 했다. 자만심이야말로 모든 지혜의 막다른 길이 아닐 수 없다.

마음 바탕을 스스로 밝게 하여 근본을 잃지 않은 사람에게서는 뻔뻔스

러움과 오만을 찾아볼 수 없다. 그러한 뻔뻔스러움과 오만을 일찌감치 그의 몸과 마음으로 깔고 앉아 있기 때문이다.

밖으로부터 보고 듣고 하여 그대를 이루지 말라. 그대 내면에서부터 그대를 밝게 하여, 그 빛으로 바깥을 비추이며 그대 자신을 이루어 나가라.

184

마음을 어둡게 하지 말라

불매기심　　부진인정　　불갈물력
不昧己心하며 **不盡人情**하며 **不竭物力**이니

삼자　가이위천지입심　위생민입명　위자손조복
三者는 **可以爲天地立心**하고 **爲生民立命**하며 **爲子孫造福**이니라.

내 마음을 어둡게 하지 말고 인정에 가혹하지 말며 사물의 능력을 한꺼번에 다 사용하지 말라.
이 세 가지는 천지를 위하여 마음을 세우고 백성을 위하여 목숨을 세우며 자손을 위하여 복을 만드는 길이다.

　톨스토이는 마음이 괴로울 때에는 신을 제외하고 아무에게도 그것을 말하거나 하소연해서는 안 된다고 했다. 침묵을 지키면서 참아 내지 않으면 고뇌는 다른 사람에게 옮아가서 그 사람마저 괴롭힌다는 것이다.

　마음이 어둡다는 것은 고뇌하는 한 영혼의 현상이다. 외계의 사물로 인하여 스스로의 마음을 어둡게 만드는 것은 어리석은 일이다. 마음이 어두운 사람일수록 또 어떤 일에서나, 또 어떠한 경우에도 극히 인정에 가혹하다. 그뿐이 아니다. 사물이 지닌 모든 능력을 한꺼번에 소진해 버리는 일에도 주저하지 않는다. 그런 경우를 빗대어 카네기는 이런 말을 했다.

　"무엇이든 미워하고 타인을 학대하며 혐오하는 사람들은 단지 자기 자신의 불만과 깊은 자기혐오를 표현하는 데 지나지 않는다."

　불만으로 가득 찬 모자와 자기혐오라는 두껍고 어두운 외투를 벗어던져라. 알몸인 채로 자신을 드러내라. 밝고 환한 빛은 바로 그대 것이다.

185

마음 바탕이 마련되면
못할 일이 없다

_{망 리   요 투 한   수 선 향 한 시 토 개 파 병}
忙裡에 要偸閒하면 須先向閒時討個欛柄하며

_{시 중   요 취 정   수 선 종 정 처   입 개 주 재}
市中에 要取靜하면 須先從靜處에 立個主宰하나니

_{불 연   미 유 불 인 경 이 천   수 사 이 미 자}
不然이면 未有不因境而遷하며 隨事而靡者리라.

바쁜 중에 한가로움을 얻고 싶으면 모름지기 먼저 한가한 때에 그 마음 바탕을 마련하라.
시끄러운 중에 고요함을 얻고 싶으면 모름지기 먼저 고요한 때에 마음의 주인을 세우라.
그렇지 않으면 마음은 환경에 따라 변하고 사물에 따라 흔들리지 않을 수 없다.

아우구스티누스가 말했다.

"과거, 현재, 미래로 나누는 것은 타당치 못하다. 더욱 정확하게 말한다면 과거의 현재, 현재의 현재, 미래의 현재라는 세 가지 시간이 있다고 보아야 한다. 그 이유는 우리 정신에는 이 세 가지가 존재하며, 다른 어떤 곳에서도 나는 그것을 보지 못하기 때문이다. 과거의 현재는 기억이며, 현재의 현재는 직관이며, 미래의 현재는 예기다."

바쁜 중에는 바쁜 대로, 또 한가한 중에는 한가한 대로 시간은 언제나 지나간다. 시간은 그 누구도 붙잡아 맬 수 없으며 앞으로 차 버리거나 뒤로 물리쳐 버릴 어떠한 방법도 없다. 시간은 항상 제 나름대로 가고 있기 때문이다.

바쁜 중에 한가로움을, 그리고 시끄러운 중에 고요함을 얻고 싶은 것은 과거의 현재와 현재의 현재, 그리고 미래의 현재를 한곳에 불러 모으자는 잠재된 인간 의식이다. 그리하여 기억할 수 있는 모든 것과 직관할 수 있는 모든 것, 다시 예기할 수 있는 모든 것을 혼합하여 지금 살아 있음을 새롭게 조명해 보자는 의도다. 그것은 아주 한가한 휴식 속에서 자기의 영혼을 개선하려는 시간일 수 있다. 그것은 곧 스스로에게 무엇인가 유익한 일을 하기 위한 시간이 될 수 있기 때문이다.

『세계 문화사 대계』를 쓴 영국의 작가이며 사상가인 허버트 조지 웰스는 독학으로 노력한 입지전적 인물이다. 그는 언제나 시간에 쫓기며 살았다. 마침내 그가 숨을 거두려고 할 때 많은 친구들이 그의 곁으로 몰려들었다. 그러자 그는 언제나 그랬던 것처럼 손을 내저으며 말했다.

"나를 방해하지 말아요. 지금 죽느라고 얼마나 바쁜지 모른다고."

그는 언제나 바쁜 시간 중에 그 나름대로의 한가로움을 지녔으며 그토록 시끄러운 중에 고요함을 지니고 있었다. 그것은 그의 확고부동한 마음의 바탕이 그를 지탱해 주었기 때문이다.

시간을 서툴게 쓰지 말라. 짧은 인생은 시간을 낭비함으로써 더욱 더 짧아질 수밖에 없다.

186

젊은 때 노쇠할 때의
쓰라림을 생각하라

處富貴之地에는 要知貧賤的痛癢하며
當少壯之時에는 須念衰老的辛酸이니라.

부귀한 처지에 있을 때에는 마땅히 빈천함의 고통을 알아야 하고,
젊고 왕성한 때에 다다라서는 모름지기 노쇠한 때의 쓰라림을 생각해야 한다.

"아! 피곤한 심장이 고통을 멈추기까지는 그 어떠한 것도 너무 늦지는
않다. 카토가 희랍어를 배우고, 소포클레스가 훌륭한 비극 『오이디푸스』
를 썼으며, 시모니데스가 그의 경쟁자들로부터 시상을 쟁취한 것은 모두
가 여든이 넘어서의 일이다."

이렇게 외친 롱펠로는 백발이 되어서도 정열적인 시를 썼다. 그러자 어
떤 청년이 그에게 물었다.

"선생님은 노인이신데도 어쩌면 그렇게 시를 잘 쓰십니까?"

롱펠로가 대답했다.

"저 나무처럼 양분을 잘 섭취하면 푸르게 자라 열매를 맺는다네."

롱펠로야말로 젊고 왕성했던 때에 모름지기 노쇠했을 때의 쓰라림을
먼저 생각한 사람이다. 그는 그가 접하는 모든 사물을 아껴서 썼을 뿐만

아니라, 나중에 나이 들어 접할 수 있게끔 그 모든 사물에 넉넉한 자양분을 주며 가꾸어 왔던 것인지도 모른다.

소포클레스는 노인을 일컬어 두 번째 아이라고 말했고 셰익스피어는 노인이란 아이를 둘 합친 것과 같다고 했다. 그만큼 나이 들어 노쇠해지면 철없는 아이와 다를 바 없다는 얘기일 것이다.

부자였을 때 가난을 생각할 줄 안다면 참으로 현명할 수 있는 것처럼, 청년이었을 때 노년을 생각하기란 그리 쉬운 일은 아니다. 몰트케의 다음 말을 명심하여 기억하라.

"나는 언제나 청년의 실패를 흥미를 가지고 보고 있다. 청년의 실패야말로 성공의 척도이다. 그는 그 실패를 어떻게 생각했는가? 어떻게 처리했는가? 낙담했는가? 물러섰는가? 혹은 다시 용기를 내어 전진했는가? 그것으로써 그의 생애는 결정된다."

인생은 몇 차례의 죽음과 몇 차례의 부활이 있는 다만 한 가지의 연속선이라고 한다. 그런가 하면 노년은 늘 죽음의 그림자 밑에서 산다고 한다. 그것은 데모클레스의 칼처럼 언제든지 내려칠 수 있기 때문이다.

'젊었을 때에 수천 개의 돛대를 세워 출범한 그 항구에' 늙어 빠져 구원보트의 도움을 받아 남몰래 돌아오지 않도록 하라. 그의 삶을 그대 자신이 최선의 것으로 조율하라.

187
현명함과 어리석음을 함께 포용하라

持身에는 不可太皎潔이니 一切汚辱垢穢를 要茹納得하여
與人에는 不可太分明이니 一切善惡賢愚를 要包容得이니라.

몸가짐을 지나치게 맑고 깨끗하게 하지 말라. 때묻고 더러운 것을 모두 용납할 수 있어야 한다.
사람을 사귐에 있어 지나치게 분명하지 말라. 선악과 현명함과 어리석음을 함께 포용할 수 있어야 한다.

문학가이자 출판업자, 정치인이었던 베냐민 프랭클린은 노령에 이르
러 이렇게 말했다.

"만약 누가 나에게 전 생애를 처음부터 끝까지 다시 한 번 재연하라고
한다면 나는 기꺼이 응할 수 있다. 다만 한 가지 허락받고 싶은 것은 도서
가 재판될 때 초판본의 오자를 교정할 수 있는 자유를 가지듯, 생애에도
그런 교정의 자유를 가질 수만 있다면……."

삶이란 살아갈수록 때묻게 되고, 또 그만큼 지저분해진다. 그래서 인생
이란 대리석과 진흙으로 이루어져 있다는 말이 결코 틀린 말은 아닌 성싶
다. 니체가 말했다.

"인생 그 자체는 기둥과 계단이며, 자기 자신을 건축하여 올라가려고
한다. 아득히 먼 곳에 눈을 부릅뜨고 이 세상의 것이 아닌 미美를 보려고
한다. 때문에 인생은 높이가 필요하다. 높이가 필요하기 때문에 계단이

필요한 것이며, 계단과 그것을 올라가는 사람들의 상극이 필요한 것이다.
인생은 올라가려고 한다. 올라가면서 자기를 극복하려고 하는 것이다."

　그렇게 올라가기 위해서라면 몸가짐을 지나치게 맑고 깨끗하게 하지
말라. 참으로 그렇게 올라가기 위해서라면 선악과 현명함과 어리석음을
함께 포용하라.

188

너그러우면 불평이 없고
검소하면 모자람이 없다

居官에 有二語하니 曰惟公則生明하고 惟廉則生威하며
居家에 有二語하니 曰惟恕則情平하고 惟儉則用足이니라.

관직에 있는 사람에게 줄 두 마디 말이 있다. '오직 공정하면 밝은 지혜가 생기고 오직 청렴하면 위엄이 생긴다.'
집에 있는 사람에게 줄 두 마디 말이 있다. 오직 너그러우면 불평이 없으며 오직 검소하면 모자람이 없다.

어느 날 중학교를 갓 졸업한 아들이 오래 전부터 신고 싶어하던 구두를
사 오자 조만식 선생은 가위로 구두를 싹둑싹둑 자르면서 꾸짖었다.

"공부를 위해서라면 아까울 것이 없으나 신분에 맞지 않는 사치는 용서
할 수 없다."

위엄은 향기와 같아야 하고 관용은 촛불과 같아야 한다. 관용한다는 것
은 면제해 주는 것이 아니기 때문이다. 괴테는 이런 말로써 충고한다.

"사람은 너무 자유롭게 행동하려다가 결국은 많은 부자유를 발견하게
된다. 자유를 원할수록 많은 제한이 앞을 가로막는다. 반대로 사람은 부
자유한 것이라 생각하고, 스스로 욕망과 행동을 절제한다면, 오히려 많은
자유를 발견하게 된다. 그 때문에 자유스런 사람은 먼저 자기의 방자한
욕심을 절제하는 것이다."

189

소인과 더불어 원수 맺지 말라

休與小人仇讐하라 小人은 自由對頭하며 休向君子諂媚하라
君子는 原無私惠니라.

소인과 더불어 원수 맺지 말라. 소인에게는 따로 상대가 있다. 군자에게 아첨하지 말라.
군자는 원래 사사로운 은혜는 베풀지 않는다.

소인이란 간사하고 속이 좁은 사람 또는 무식하고 천한 사람을 일컫는다. 작은 일에서부터 큰일에 이르기까지 모든 일에서 소인과 함께해서는 안 된다. 그들이야말로 진드기나 거미, 혹은 전갈 같은 독충들이기 때문이다.

무식은 모든 악의 어머니란 말이 있다. 무식하기 때문에 간사하고 속은 극히 비좁을 수밖에 없다. 간사하고 속이 비좁기 때문에 쉽사리 원수도 맺게 될 것이다. 그래서 셰익스피어는 무식은 신의 저주이며, 지식은 하늘에 이르는 날개라고까지 했다.

소인배는 언제나 거리에 넘친다. 그들은 마치 굶주린 송충이처럼 나뭇가지 곳곳에 흉한 모습을 감추며 기어 다닌다. 그들을 경계하라. 그들이 가까이 다가오더라도 닿을 듯 스치며 지나가라. 소경 나라에서는 소경이 왕이라는 것을 부디 명심하라.

190
욕정이 날뛰는 병은 고칠 수 있다

종 욕 지 병　가 의　　이 집 리 지 병　난 의
縱欲之病은 可醫나 而執理之病은 難醫하며

사 물 지 장　가 제　　이 의 리 지 장　난 제
事物之障은 可除나 而義理之障은 難除니라.

욕정이 날뛰는 병은 고칠 수 있지만 이론에 집착하는 병은 고치기 어렵다.
사물의 장해는 없앨 수 있지만 의리에 얽매인 장해는 없애기 어렵다.

간디의 자서전을 읽으면 성적인 충동과 욕구에 관한 기록이 상당히 많다. 그는 31세에 성교를 완전히 의지로 끊었다. 그는 이것을 극기를 향한 첫걸음으로 생각했다. 그것은 곧 비폭력주의에 대한 예비 조치였다.

남자의 두뇌는 여자의 아름다움보다 더욱 많은 간통의 죄를 범할 수 있다는 말을 한다. 그러나 다시 뒤집어 생각해보면 남자의 두뇌는 여자의 아름다움보다 더욱 많은 간통의 죄를 피할 수 있다는 말도 된다.

'식자우환'이란 말이 있다. 이론에 집착하는 병은 고치기 어렵다는 말이다. 지식인의 아집은 때때로 비정상적인 논리를 전개하여 사람들로 하여금 크게 당황케 한다. 양심이 없는 지식은 인간의 혼을 멸망케 한다는 라블레의 말은 그래서 극히 경구적이다. 오스카 와일드가 말했다.

"안다는 것은 치명적인 것이다. 불확실성이라야 사람을 매혹할 수 있다. 안개는 모든 것을 아름답게 보이게 한다."

191

소인에게서 칭찬받는 일이 없도록 하라

영 위 소 인 소 기 훼　　무 위 소 인 소 미 열
寧爲小人所忌毁언정 毋爲小人所媚悅하며

영 위 군 자 소 책 수　　무 위 군 자 소 포 용
爲君子所責修언정 毋爲君子所包容하라.

차라리 소인으로부터 미움과 욕설을 받을지언정 소인으로부터 아첨과 칭찬받는 일이 없도록 하라.
차라리 군자로부터 꾸짖음과 깨우침을 받을지언정 군자로부터 포용받는 일이 없도록 하라.

'연옹지치吮癰舐痔'라는 말이 있다. 종기의 고름을 빨고, 치질 앓는 자리를 핥는다는 뜻으로, 남에게 지나치게 아첨하는 것을 일컫는다. 또 '교언영색巧言令色'이란 말도 남의 환심을 사기 위하여 아첨하는 교묘한 말과 보기 좋게 꾸미는 얼굴빛을 지칭하는 말이다.

어떤 모임에서 한 남자가 시인 켈러를 만나기가 바쁘게 그를 추켜세우기에 여념이 없었다.

"유명한『녹색의 하인리히』작가를 만나게 되어 다시없는 영광으로 생각합니다. 선생님께서는 확실히 그 작품을 심장의 피로 쓰셨겠지요?"

켈러가 대답했다.

"아뇨, 나는 다만 그것을 잉크로 썼을 뿐입니다."

아첨의 함정에 말려들지 말라. 소인으로부터는 차라리 미움을 받는 게 낫다. 미움이야말로 아첨꾼을 몰아내는 유일한 처방이다.

192
자기 자신을 갈고닦기에 냉엄하라

_{마 려   당 여 백 련 지 금   급 취 자   비 수 양}
磨礪는 當如百煉之金이니 急就者는 非邃養이며

_{시 위 자   의 사 천 균 지 노   경 발 자   무 굉 공}
施爲者는 宜似千鈞之弩이니 輕發者는 無宏功이니라.

수양은 마땅히 쇠를 백번 단련하듯 하라. 손쉽게 이룬 것은 깊은 수양이 아니다.
실행은 마땅히 무거운 쇠뇌와 같이 하라. 가볍게 쏘는 자는 큰 공을 이룰 수 없다.

"자기 마음을 스승으로 삼으라. 자기를 잘 닦아 스승으로 삼으면, 능히 얻기 어려운 스승을 얻게 된다."

『법구경』의 가르침이다. 수양이란 몸과 마음을 닦아 지식과 인격을 높인다는 말이다. 빨갛게 단 쇠는 가볍다. 그래서 자기를 수양하는 데 있어 무쇠를 백번이나 단련하듯 하라고 했다.

자기 수양에 철저했고 모든 실행을 참으로 무거운 쇠뇌와 같이 한 사람으로 페스탈로치를 들 수 있다. 교육자의 상징이기도 한 그의 묘비는 그의 탄생 100주년을 맞이한 1846년 1월 12일에 세워졌다. 그의 비명에 적힌 글에서 우리는 그의 실행을 새삼스럽게 확인할 수 있다.

"1746년 1월 12일 취리히에서 태어나 1827년 2월 17일 부르크에서 숨진 하인리히 페스탈로치 여기에 잠들다. 노이호프에서는 가난한 자의 구조자, 리인하르트와 게르트루트에서는 인민에게 직접 가르친 사람, 슈

탄스에서는 고아의 아버지, 부르크돌프와 뮌헨 부후제에서는 초등학교의 창시자, 이벨돈에서는 인류의 교육자, 인민! 그리스도교! 시민! 모든 것을 남을 위해서 바치고, 자기를 위해서는 아무것도 남기지 않은 그 이름에 은혜 있기를! 1846년 감사하여 마지않는 아로가우주州."

참다운 수양이란 얼마나 자기를 버릴 수 있느냐에 있다. 어느 정도의 결심으로 자기 자신을 멸시할 수 있으며, 또 버려진 자기에 대하여 추호의 미련도 갖지 않을 수 있어야 한다. 작은 자아를 버리는 일이 그토록 어렵다. '미꾸라지 천년에 용된다'는 속담은 차라리 정겨운 한마디다. 무슨 일이나 오랜 시일을 두고 힘써 닦는다면 반드시 훌륭하게 될 수 있다는 것을 비유한 말이다.

자기 자신을 갈고닦기에 냉엄하라. 그대의 것이란 아무것도 없다. 오직 냉엄한 그대 정신만이 그대의 소유이다.

193
도의 안으로 숨어든
해독이 더 무섭다

好利者^{호리자}는 逸出於道義之外^{일출어도의지외}하여 其害顯而淺^{기해현이천}이나

好名者^{호명자}는 竄入於道義之中^{찬입어도의지중}하여 其害隱而深^{기해은이심}이니라.

이욕을 좋아하는 자는 도의 밖으로 벗어나기 때문에 그 해독이 나타나지만 지극히 얕고,
명성을 좋아하는 자는 도의 안으로 숨어들기 때문에 그 해독이 보이진 않지만 지극히 깊다.

세네카가 말했다.

"법에 위배되지 않는 행동이라면 무슨 행동이고 상관없다고 생각하는
것은 큰 잘못이다. 법률은 사회 공동체에서 여러 사람들이 지켜야 할 두
드러진 것만 골라 정한 것이며, 이 밖에도 사람들이 지켜야 할 점은 많다.
모두 다 일일이 법으로서 규제하지 않는 것은 각자에게 도의심과 염치가
있기 때문이다."

도의道義란 도덕상의 의리를 말한다. 사람으로서 꼭 지켜야 할 올바른
길을 의미한다. 염치란 조촐하고 깨끗하여 부끄러움을 아는 마음을 일컫
는 말이다. 그래서 사람들은 자기 욕심만 채우는 사람에게는 염치없다든
가, 아니면 또 염치를 알라고 타이르기도 한다.

막무가내로 욕심만 부리는 사람을 탓하는 속담을 모아 보면 재미있는

것들이 많다. 또한 그 속담들은 재미있는 만큼 많은 것을 생각하게 해 주고 깨우치게 해 준다.

'말 위에 말 없는다'라거나 '멧돝 잡으러 갔다가 집돝 잃었다', '먹고도 굶어 죽는다' 등 이루 헤아릴 수 없이 많다. 그중에서도 여러 사람들이 모여들어 자기 이익만 채운다는 뜻으로 '벼락 맞은 소 뜯어먹듯' 한다는 말은 재미를 지나쳐 섬뜩하기까지 하다.

이런 종류의 이익을 탐하는 사람은 모두가 이미 도의라는 커다란 테두리 밖으로 확실하게 드러나 있기 때문에 그 해독은 지극히 얕을 수밖에 없다. 그러나 도의라는 테두리 안으로 숨어들어서 해독을 끼치는 무리들은 오히려 그 독이 깊고 무섭다. 그들은 도의라는 탈을 쓰고 암암리에 불의를 범하기 때문에 많은 사람들은 모르고 지나칠 수 있기 때문이다.

염치를 알라. 염치를 깊이 새기라. 염치를 터득하라. 그럴 수만 있다면 도의 안으로 남모르게 숨어들 이유는 아무것도 없다.

194

인간의 본성을 경계하라

수 인 지 은　　　수 심　　불 복　　원 즉 천 역 보 지
受人之恩하면 雖深이나 不服하고 怨則淺亦報之하며

문 인 지 악　　수 은　　불 의　　선 즉 현 역 의 지
聞人之惡하면 雖隱이나 不疑하고 善則顯亦疑之하나니

차 각 지 극　　박 지 우 야　　의 절 계 지
此刻之極이요 薄之尤也라 宜切戒之니라.

사람의 은혜는 그 받은 것이 깊다 하더라도 갚지 않으며 원망은 지극히 얕아도 갚는다.
사람의 악행을 듣고서는 비록 확실하지 않더라도 의심하지 않지만 선행은 확실하더라도 이를 의심한다.
극심한 각박이며 극심한 경박이 아닐 수 없다. 마땅히 경계하라.

은혜는 갚지 않으면서 원수는 끝내 갚고야 마는 잔악성, 모든 악행은 믿으면서 선행이라면 그것이 확실하다 하더라도 의심하는 교활성은 인간 아니면 있을 수 없을 것이다. 누군가 마신魔神에게 물었다.

"인간에게 가장 착하고 가장 뛰어난 점은 무엇입니까?"

"가엾게도 눈 깜짝할 순간을 사는 그대들 변덕과 우수의 자손들이여! 듣지 않은 것만 못할 이야기를 왜 나로 하여금 말하라 하는가? 그대들에게 가장 선한 일은 찾아도 소용없는 일이지만, 태어나지 않는 것, 존재하지 않는 것, 다시 말하면 무無의 상태가 되는 것이다. 그러나 두 번째로 해야 할 또 다른 선한 일이 있다. 빨리 죽어 버리는 것이 그것이야!"

195

혀는 마음속에 두라

讒夫毁士는 如寸雲蔽日하여 不久自明하며
媚子阿人은 似隙風侵肌하여 不覺其損이니라.

남을 참소하고 헐뜯는 사람은 마치 조각구름이 햇볕을 가리는 것과 같아
머지않아 스스로 밝아진다. 아양 떨고 아첨하는 사람은 마치 문틈으로 부는 바람이
살결에 스며드는 것과 같아 그 해로움을 미처 깨닫지 못한다.

카토가 말했다.

"나는 남의 혀를 지배할 수는 없지만 나를 깨끗이함으로써 그들의 혀가
나를 해치지 못하게 할 수는 있다."

말이란 한 사람의 입을 통하여 나오지만, 그 말을 듣는 귀는 수천 수만
이 될 수 있다. 인도의 격언 중에 '어리석은 자는 자기 마음을 혓바닥 위에
두고, 현명한 자는 자기의 혀를 마음속에 둔다'고 했다. 그토록 가벼운 혓
바닥 위에 마음을 둔다면 이미 스스로를 내버린 것과 다름없다.

그대의 혀를 그대의 마음속에 두라. 그대의 마음이 움직이지 않거든 단
한마디의 말도 내뱉지 마라. 그대가 내뱉은 한마디 말이 지구를 한 바퀴
돌아 다시 그대 심장에 와서 꽂히게 될지 누가 아는가?

196
지나치게 고고하면 고독하다

_{산 지 고 준 처　　무 목　　　이 계 곡 회 환　　　즉 초 목 총 생}
山之高峻處엔 無木이로되 而谿谷廻環이면 則草木叢生하며

_{수 지 단 급 처　　무 어　　　이 연 담 정 축　　　즉 어 별　　취 집}
水之湍急處엔 無魚로되 而淵潭停蓄이면 則,魚鼈이 聚集하나니

_{차 고 절 지 행　　편 급 지 충　　군 자 중 유 계 언}
此高絶之行과 褊急之衷을 君子重有戒焉이니라.

산이 높고 험준한 곳에는 나무가 없지만 골짜기로 감도는 곳에는 초목이 무성하다.
물살이 세 고급한 곳에는 물고기가 없지만 연못이 깊이 고이면 물고기와 자라가 모여든다.
이처럼 지나치게 고상한 행동과 비좁고 급격한 마음은 군자로서 깊이 경계할 일이다.

혼자서만 유달리 고상하기를 원하는 사람을 보고 우리는 고고한 척한다고 말한다. 그들은 어우러진 무리 중에서 보다 뛰어나고 보다 두드러지고 싶어 하며, 다른 사람들과는 다르기를 원한다. 그들은 결과적으로 보통 사람들과는 다른 무엇이 되는데 우리 속담처럼 '개밥에 도토리'나 '날 샌 올빼미 신세' 아니면 '끈 떨어진 뒤웅박' 꼴이 되고 만다. 그와 비슷한 것으로 과격한 성격의 사람을 들 수 있다. 모든 일에서 과격 일변도로만 흐르는 사람과 누가 함께하겠는가?

산이 높고 험준한 곳에는 나무가 없고 물살이 세고 급한 곳에는 고기가 없다. 사람도 마찬가지다. 그대 곁으로 많은 사람이 모여들도록 하라. 지나치게 고고하면 고독할 수밖에 없다.

197

세속 안에 있으면서 세속을 떠나라

處世(처세)에는 不宜與俗同(불의여속동)이요 亦不宜與俗異(역불의여속이)하며

作事(작사)에는 不宜令人厭(불의영인염)이며 亦不宜令人喜(역불의영인희)니라.

세상을 살아가는 데는 반드시 세속과 같이하지 말며 또한 세속과 다르게 하지도 말라.
일을 하는 데 있어서는 반드시 사람이 싫어하게 하지 말며 또한 사람이 기뻐하게 하지도 말라.

임어당은 인생을 일컬어 한 편의 시라고 했다. 생물학적 입장으로 보아서 유년 시대와 성년 시대 그리고 노년 시대로 구분되는 이 삼박자야말로 인생의 아름다운 배치라는 것이다. 그것은 하루 동안에 아침과 낮과 일몰이 있고, 일 년 동안에 사계절이 있는 자연 그대로의 모습이기 때문이다. 그러나 삶이란 얼마나 각박하고 치열한 것인가? 사는 법을 알고 있는 자는 괴로워하는 법을 아는 자이며, 향수하는 법을 아는 자는 피하는 법을 아는 자라는 슈트라우스의 말처럼 삶과 함께하기 위해서는 참으로 치밀하지 않으면 안 된다. 그래서 사람들은 인생을 제각기 다르게 정의했다. 누구는 인생이야말로 가장 불안정한 항해라고 했는가 하면 또 어떤 사람은 인생이야말로 한 판의 윷놀이와 같다고 시큰둥하게 말했다. 또 다른 사람은 인생이란 다만 정신의 생식 작용에 불과한 것이라고 했는가 하면, 누구는 인생은 끊임없이 변하는 불변성을 나타내는 것이라고 했다.

　　모든 사람은 자기에게 맡겨진 삶을 어떠한 경우에도 살아야 하는 의무가 있다. 그러기 위해서는 보다 더 좋은 방법, 보다 더 확실한 삶의 방법을 모색하지 않으면 안 된다.

　　"세속에 살고, 세속의 의견에 좇아서 생활하는 것은 용이하다. 고독의 경지에 있어서 자기의 의견에 따라 생활하는 것도 극히 용이하다. 그러나 군중과 더불어 지내며, 유쾌하게 고독의 독립성을 유지하는 것은 다만 위인만이 해낼 수 있다."

　　에머슨의 한마디를 그대의 삶에 원용하라. 그대도 분명히 한 사람의 위인이 될 수 있다.

198
하루해가 저물어도
노을은 아름답다

일 개 모 이 유 연 하 현 란   세 장 만 이 갱 등 귤 방 형
日旣暮而猶烟霞絢爛하며 **歲將晚而更橙橘芳馨**하나니

고   말 로 만 년   군 자 갱 의 정 신 백 배
故로 末路晚年을 君子更宜精神百倍니라.

하루해가 이미 저물었어도 오히려 노을이 아름답고 한 해가 곧 저물려 해도 오히려 귤 향기가 더욱 꽃답다.
한 생애의 말로인 만년은 군자로서 마땅히 다시 백배로 정신을 가다듬을 때이다.

증기기관의 발명가 제임스 와트가 긴 연구 생활을 은퇴하여 여생을 즐긴 것은 64세부터였다. 사방으로 돌아다니며 여행도 즐기고 유명한 명사들과 교유하면서 유유자적 생활했지만 그는 항상 늙음으로 해서 정신적인 기능이 마비되지 않을까 하는 염려를 떨쳐 버릴 수 없었다. 그래서 그는 자신의 기능을 시험해 보기 위해 독일어 공부를 시작했는데 자신도 놀랄 만큼 기억력은 쇠퇴하지 않았다. 그 후 그는 어느 수도 회사에서 설계 의뢰서를 맡기도 했고, 조각 기계에 흥미가 있어 오랜 횟수를 거쳐 완성하는 등, 80세까지 쉬지 않고 무언가를 이루어 나갔다.

나이를 먹을수록 현명해진다는 말이 있다. 오히려 늙는다는 것은 신의 은혜쯤으로 알고, 그 늙음 속에서 젊음을 잃지 않도록 해야 할 것이다. 그것이 곧 삶의 기술이다.

루소는 나이에 따른 인간의 욕구를 다음과 같이 분류했다. 10대는 케이크에, 20대는 연인에, 30대는 쾌락에, 40대는 야심에, 그리고 50대는 탐욕에 따라 움직인다고 본 것이다. 그렇다면 50세도 지난 노년에서야 비로소 인간은 영지英知에 의해 움직일지도 모를 일이다.

선조 때의 예조판서 이호민은 머리에 백발이 나기만 하면 족집게로 뽑는 버릇이 있었다. 이를 지켜본 한음 이덕형이 물었다.

"공의 지위가 극품極品에 달했거늘 다시 무엇을 바라고자 센머리를 그렇게나 뽑으시오?"

이호민이 대답했다.

"허허, 그런 게 아닙니다. 옛날 한나라 법이 지극히 관대했지만 사람을 죽인 자는 용서 없이 죽이지 않았습니까? 이 허연 백발인가 하는 놈이 너무나 사람을 많이 죽이기 때문에 부득이 이놈을 죽일 수밖에요!"

나이는 사랑과 비슷하다. 무엇으로도 덮어 감출 수가 없다. 또한 덮어 감출 필요도 없다. 차라리 나이를 덮어 감추려 애쓰기보다 그 나이에 맞는 지혜를 갖추기에 힘써라. 그 나이 또래의 지혜를 갖추지 못한다면 그 사람은 어쩔 수 없이 그 나이 또래의 어려움을 가질 수밖에 없다.

해 진 뒤 그늘의 아름다움과 잎 진 뒤 귤의 향기로움을 배워라. 그대의 청춘을 노년이 되어 비로소 경험하라.

199

범은 병든 걸음걸이로
사람을 공격한다

鷹立如睡하며 虎行似病하니 正是他攫人噬人手段處라

故로 君子는 要聰明不露하며 才華不逞이니

纔有肩鴻任鉅的力量이니라.

매는 조는 것같이 서 있고 범은 병든 것처럼 걷지만 바로 그것이 사람을 움켜잡고 무는 수단이다.

사람도 총명함을 드러내지 말고 재주를 뚜렷하게 나타내지 말아야 한다.

이것이야말로 큰일을 두 어깨에 멜 수 있는 역량이 된다.

'변폭邊幅을 수식하다'라는 옛말이 있다. 변폭이란 원래 옷감의 가장자리를 올이 풀리지 않게 짠 부분을 말한다. 그러나 여기서는 하찮은 천의 끄트머리를 꾸며 댄다는 뜻으로 쓸데없는 허식을 일삼아 겉을 번지르하게 꾸미는 일을 빗대어 말한 것이다.

중국의 신나라 말년, 동란에 휩싸인 천하는 가까스로 세 부류 세력으로 나뉘었다. 스스로 황제임을 자칭하는 촉의 공손술公孫述과 농서에서 일어난 괴굉, 그리고 낙양의 유수劉秀가 그것이다. 괴굉은 공손술이나 유수 어느 한쪽과 연합을 꾀하기 위해, 공손술과 일찍부터 아는 사이였던 마원馬援을 먼저 공손술에게 보냈다.

그러나 기꺼이 영접하여 맞아들일 줄 알았던 공손술은 그를 바로 만나

주지 않았다. 화려하게 꾸며 놓은 방으로 마원을 안내해 놓고 한참을 기다리게 한 후에, 어마어마한 군사를 거느리고 수레에 탄 채 출어했다. 그런 다음 천천히 입을 열었다.

"나를 섬기기 위해 찾아왔다면 그대에게 대장군의 지위를 주겠네."

그 말을 들은 마원은 벌떡 자리에서 일어났다. 그는 제지하려는 사람들을 물리치며 내뱉듯이 말했다.

"지금은 아직 천하의 자웅이 정해지지 않았다. 이럴 때는 식사 중이라면 입 안의 것을 뱉어 버리고서라도 선비를 맞아들여야 하거늘 어찌 천하의 선비를 품을 수 있겠는가?"

공손술은 오히려 감춰야 할 것을 드러냈고 숨겨야 할 것을 미련스럽게도 자랑삼아 과장했다. 그렇게 함으로써 상대가 쉽사리 그 위엄에 눌려 굽혀들 줄 알았던 것이다.

조는 것같이 서 있는 매의 내면에 숨겨진 눈과 발톱을 상상해 보라. 매와 호랑이의 위장술은 세상을 살아가는 모든 사람에게도 필요한 것이다. 풀벌레나 파충류들의 보호색처럼 그것은 사람에게는 하나의 처세술일 수도 있다.

200

허심탄회하고 원만한 사람이 되라

建功立業者는 多虛圓之士하며 償事失機者는 必執拗之人이니라.

공을 세우고 사업을 이룬 사람은 대개 허심탄회하고 원만한 사람이지만,
일을 실패하고 기회를 놓친 사람은 집착이 많고 고집이 센 사람이다.

프랭클린이 말한 성공의 요술 주머니 이야기는 사실 별것 아니다. 허름한 대폿집에서 소주잔을 비우며 나눌 수도 있는 이야기다.

"성공을 하려거든 남을 밀어젖히지 말고, 또 자기 힘을 측량해서 무리하지 말며, 자기가 뜻한 일에는 한눈을 팔지 말고 묵묵히 해 나가야 한다. 평범하지만 이것이 곧 성공이 튀어나오는 요술 주머니다."

쉽고 간단한 이야기를 쉽고 간단하게 할 수 있는 사람이면 그는 마음을 비워 놓았기 때문에 그렇게 말할 수 있고, 그토록 허심탄회하기 때문에 사업을 성공시킬 수 있다. 엉뚱한 집착이나 고집이 발을 들이밀 자리가 없다. 순리대로 일에 뜻을 두고 그 뜻을 좇았기 때문이다. 카네기가 말했다.

"성공에는 아무런 트릭도 없다. 나는 다만 어떠한 때이고 나에게 주어진 일에 전력을 기울였을 뿐이다. 그저 보통 사람보다 약간 더 양심적으로 노력했을 뿐이다."

201
가정에서 술잔치가 잦아선 안 된다

飮_음宴_연之_지樂_락이 多_다하면 不_불是_시個_개好_호人_인家_가요

聲_성華_화之_지習_습이 勝_승하면 不_불是_시個_개好_호士_사子_자요

名_명位_위之_지念_념이 重_중하면 不_불是_시個_개好_호臣_신士_사니라.

술잔치의 즐거움이 잦은 집은 훌륭한 가정이 아니고 명성을 좋아하고 화려한 것을 즐기는 사람은
훌륭한 선비가 아니며, 높은 지위에 생각이 많으면 훌륭한 신하가 아니다.

가정의 수호신은 헤라 여신이다. 제우스의 아내이기도 한 헤라는 가정
생활의 수호신으로 결혼과 출산 그리고 여러 가지 집안일을 두루 보살폈
다. 남편인 제우스를 비판하고 그에게 반항할 수 있었던 것도 헤라가 가
정의 수호신이었기 때문이다. 그레이디란 사람은 가정과 술을 연계시켜
다음과 같이 정의했다.

"술은 평화와 질서의 적이며, 부인의 공포며, 귀여운 어린아이 얼굴에
드리우는 구름이다. 언제나 무덤을 파는 자이며, 어머니의 머리를 세게
하는 자이며, 슬픔으로 무덤에 가게 하는 자이다. 아내의 사랑을 실망케
하며 어린이들에게서 웃음을 빼앗는다. 가정을 슬픔으로 가득 차게 만드
는 것, 그것이 술이다."

가정에서 들려오는 질탕한 술잔치의 노랫소리는 아무리 좋게 들으려

애써도 좋게 들리지 않는다. 그것은 이미 가정이란 한계의 선을 넘어서 버린 탈선에 불과하다. 술잔치의 즐거움이 잦은 집이 훌륭한 가정이 될 수 없는 것은, 명성을 좋아하고 화려한 것을 즐기는 사람이거나, 높은 지위에만 생각이 쏠려 있는 사람들이 즐겨 벌이는 잔치판이기 때문이다.

202
무엇이든 지나치면 화를 부른다

검 미덕야 과즉위간린 위비색 반상아도
儉은 美德也나 過則爲慳吝하고 爲鄙嗇하여 反傷雅道하며

양 의행야 과즉위족공 위곡근 다출기심
讓은 懿行也나 過則爲足恭하며 爲曲謹이니 多出機心이니라.

검약은 아름다운 미덕이지만 지나치면 모질고 더러운 인색이 되어 오히려 정도를 손상시킨다.
겸양은 아름다운 행실이지만 지나치게 공손하고 삼가면 비굴이 되어 본마음을 의심하게 된다.

힐터가 말했다.

"지나치게 겸손한 사람을 진정으로 받아들여서는 안 된다. 특히 자기 자신을 비꼬는 듯한 태도를 그대로 믿어서는 안 된다. 그 배후에는 대개 허영심과 명예심의 강렬한 계략이 숨어 있다."

겸손이란 남을 높이고 자기를 낮추는 것을 말한다. 대개의 사람들은 남을 높이기에 인색하며 또한 자기를 낮추는 것에도 극히 인색하기 마련이다. 그것은 흔히들 자존심과 연계되어 자기 자신을 어디에 존치시켜야 할지를 미처 결정 내리지 못했을 때 일어나는 순간적이며 충동적인 발로이기도 하다. 셰익스피어의 희곡『줄리어스 시저』에 이런 말이 보인다.

"겸손은 쓰디쓴 야심이 그 발판으로 사용하는 사다리다."

높은 데에 오르려는 인간은 우선 사다리에 눈을 돌린다. 그러나 한번 오른 다음에는 등을 돌리고 올라온 사다리에 경멸의 눈길을 준다.

속세의 괴로움을 떨치고 바른 이치를 깨달은 모든 성자들의 맨처음 가르침은 한결같이 겸손이다. 석가모니도 예수도 맹자도 공자도 마찬가지로 겸손이었다. 그러나 사람들은 겸손해지기 위해 노력하는 기색이 별로 없다. 겸손한 사람은 그 어떤 경우에도 그 어떤 사람에게서도 호감을 살 수 있다는 사실을 확실하게 알고 있으면서도 겸손해지려고 하지 않는다. 그러다가 자칫 겸손이 지나치면 커다란 오해의 구렁텅이에 빠져들고 만다. 겸손이 지나치면 비굴이 될 수도 있지만 또한 겸손이 지나치면 오만이 될 수도 있다.

무엇이든 지나쳐서 좋을 것은 없다. 사랑도 우정도 충성도 지나치면 화를 부른다. 벼는 익으면 익을수록 고개를 숙인다지만 지나치게 숙여 버리면 흙 속에 묻혀 썩고 만다.

203

처음 맞는 어려움을 꺼리지 말라

무 우 불 의   무 희 쾌 심   무 시 구 안   무 탄 초 난
毋憂拂意하며 **毋喜快心**하며 **毋恃久安**하며 **毋憚初難**하라.

뜻대로 되지 않는 일을 근심하지 말고 마음에 흡족하다 하여 기뻐하지 말라.
오랫동안 무사하기를 믿지 말고 처음 맞는 어려움을 꺼리지 말라.

우리 속담으로 '산 닭 주고 죽은 닭 바꾸기도 어렵다'는 말이 있다. 자기 편에서 먼저 구하려고 나서면, 변변치 못한 것을 구하는 데 귀한 것을 가지고도 오히려 어렵다는 뜻으로, 먼저 구하려고 할 때에 당하게 되는 고통을 일컫는 말이다.

사람들은 제각기 자기에게 필요한 것을 먼저 구하려 애쓴다. 세상을 살아가는 일 자체가 그렇다. 의식주 문제가 그렇고, 출세가 그렇고, 배움이 그렇고, 명예가 그렇다. 모든 일에 괴로움 없는 일이란 없다. 사람이란 어쩌면 괴로움과 함께 태어난 것인지도 모른다. 루소는 『에밀』에서 이런 말을 남겼다.

"인간의 운명이란 항상 괴로워하는 데 있다. 자기를 지켜 나가려는 생각이 바로 고통과 만나게 되기 때문이다. 어린 시절에 육체의 재난밖에 모르는 사람은 행복하다. 그것은 마음의 괴로움에 비한다면 그다지 참혹한 것이 아니며, 그만큼 또 고통스럽지도 않고 그 때문에 자살까지 하는

일은 극히 드물다. 사람들은 몸이 아파서 자살하는 일은 별로 없다. 절망을 일으키는 것은 정신의 고통에서 오는 것이다. 우리들은 어린이의 경우를 동정하지만 정말로 동정하지 않으면 안 되는 것은 우리 어른들이다. 우리들의 가장 큰 재난은 우리들 자신 속에서 나온 것이다."

따지고 들면 모든 것이 다 그렇다. 뜻대로 되지 않는 일을 근심하는 것도 그렇고, 마음에 흡족하다 하여 무턱대고 기뻐하는 것도 그렇고, 자신은 무사하리라 믿는 어리석음 또한 그렇다. 처음 맞게 되는 어려움을 꺼리지 않듯 모든 일에 거리낌 없이 부딪쳐라. 괴로움은 살아 있다는 증거다. 그 살아 있음을 입증하기 위해서라도 부딪치고 나가라.

명심해 둘 것은 괴로움이란 괴로워하는 사람에게만 있는 것이다. 그 괴로움을 즐거움으로 바꾸어 놓을 수 있는 것도 괴로움을 즐거움으로 바꿀 줄 아는 사람에게만 있다는 사실이다.

204

마음에 맞는 것이
곧 즐거움은 아니다

세 인　이 심 긍 처 위 락　　　각 피 낙 심 인 재 고 처
世人은 以心肯處爲樂하니 却被樂心引在苦處하며

달 사　이 심 불 처 위 락　　　종 위 고 심 환 득 낙 래
達士는 以心拂處爲樂하니 終爲苦心換得樂來하느니라.

세상 사람은 마음에 맞는 것으로만 즐거움을 삼기 때문에 오히려 그 즐거운 마음에 이끌려 괴로운 곳에 있게 된다.
통달한 선비는 마음에 맞지 않는 것으로 즐거움을 삼기 때문에 마침내 그 괴로운 마음이 즐거움으로 바뀌어 온다.

공자가 말했다.

"유익한 즐거움이 세 가지 있고 해로운 즐거움이 세 가지 있다. 예악禮樂을 조절하는 것을 좋아하며, 남의 선행을 말하는 것을 좋아하며, 어진 벗이 많은 것을 좋아하면 유익하다. 교만한 것을 향락함을 즐기며 안일을 즐기며 놀이를 즐기면 해롭다."

세상 사람의 마음에 맞는 것이라면 그것은 곧 욕정이 만족할 수 있는 것이다. 거기에서 찾아낸 즐거움은 이윽고 마음을 괴롭히며 나락의 구렁텅이로 몰아넣고 만다. 그러나 어떤가? 통달한 선비는 마음에 맞지 않는 것으로 즐거움을 삼는다. 그것은 곧 욕정이 만족할 수 없는 것들이다. 남의 선행을 말하거나 어진 벗들과 교유함으로써 마침내는 괴로웠던 마음도 즐거움으로 되돌아서게 되는 것이다.

어떤 경우에서도 즐거움이 크면 클수록 그 일에 앞서 괴로움 또한 그만큼 크다. 남의 불행을 보면서 크게 기뻐하는 사람이 있는가 하면 남의 행복을 보면서 마냥 불쾌해하는 사람도 있다. 인간의 감정은 대개가 지독한 이기심에 그 뿌리를 두고 있다. 즐거운 것과 즐겁지 않은 것들은 개개인의 감정에서부터 출발하기 때문에 제어하기가 참으로 힘들다. 키르케고르는 다음과 같은 말로 독자에게 충고했다.

"가령 부를 쌓아서 영광되고 행복하더라도, 그대 자신과 같이 그것을 마음으로부터 기뻐해 주는 사람이 없다면, 그곳에 어떻게 큰 즐거움이 있겠는가? 또 역경에 처했을 때에도, 그대보다 더욱 무거운 짐으로 생각해 주는 사람이 없다면 참고 견디기가 어렵지 않겠는가?"

그렇다. 완전한 즐거움에는 함께하는 사람이 있다. 또한 완전한 괴로움도 함께해 주는 사람이 있기 마련이다. 괴로운 마음이 즐거운 마음으로 바뀌어 오는 그 완전한 즐거움에 또한 그대의 안과 밖이 함께하는 것은 너무나 당연하다.

205
사람을 보고 느끼는 데 냉철하라

_{냉 안 관 인}　　_{냉 이 청 어}　　_{냉 정 당 감}　　_{냉 심 사 리}
冷眼觀人하며 冷耳聽語하며 冷情當感하며 冷心思理하라.

냉철한 눈으로 사람을 보고 냉철한 귀로 말을 들으며 냉철한 정으로 느낌을 대하고 냉철한 마음으로 도리를 생각하라.

"인생이란 숫제 연극인걸요!"

"인생은 모두가 연극일까? 좀 더 진실한 인생도 있지 않을까?"

"그저 진실해 보이는 거죠. 누구에게나 진실하게 보일 만큼 진실한 체하기란 용이한 일이 아닐 거예요. 연기란 결국 끝까지 가야 되니까요."

"……."

"위선도 일종의 타락이 아닐까요? 선생님은 미술가이면서도 왜 공식적 사고방식을 못 버리세요? 인간이 습성화된 위선의 가면을 벗지 못하는 한, 그 생활 자체가 도저히 멜로드라마 이상일 수는 없는 거예요."

손창섭의 소설 『설중행雪中行』에 나오는 한 대목이다. 숫제 연극처럼 보이는 인생을 살아가기 위해 사람들은 저마다 내심內心이 다른 것으로 연기를 해야 한다. 진실한 체하기 위하여, 진실하지 못한 일체를 감추고, 그 얼굴에 또 다른 표정을 지어야 한다는 말이다.

그래서 사람들은 인생을 제 나름대로 정의하며 판단하기를 주저하지 않았다. 자기가 살아온 방식이 마치 인생의 한 정형이거나 한 것처럼 떠

벌리지만 그 행위도 결국 하나의 연기에 불과할 뿐이다. 그래서 사람을 볼 때 냉철한 눈으로 봐야만 그 사람의 진실 여부를 가려낼 수가 있다. 지금 연극의 한 장면을 연출하기 위한 것인지 아닌지를 구별해야 하기 때문이다. 말 한 마디라도 냉철한 귀로 듣지 않으면 그것이 연극 속에 필요한 대사의 한 토막인지 아닌지를 가려낼 수 있을 것이다. 참으로 얼마나 살벌한 인생인가.

헤밍웨이는 인생을 투우에 비유했는가 하면, 모라비아는 인생을 돌이킬 수 없는 실수의 희극이라고 단정했다. 클로델은 인생이라는 이 흥미진진한 희극은 한없이 현명하고 선량한 작가가 썼을 것이라고 비아냥댔다. 그것은 이 희극의 주인공은 바로 우리 자신이기 때문이라는 것이다. 우리는 희극의 주인공이지만 사건이 어떻게 전개될지 그 파란 곡절을 전혀 짐작할 수 없다. 공자가 말했다.

"사람을 관찰함에 있어 먼저 그 행동을 보며, 다음은 행동의 동기를 보며, 다음은 행동의 목적을 살피면 그 사람됨을 알 수 있다. 어찌 속일 수 있으랴."

206

어진 사람에게
기쁨이 오면 오래간다

^{인 인} ^{심 지 관 서} ^{변 복 후 이 경 장} ^{사 사 성 개 관 서 기 상}
仁人은 心地寬舒하니 便福厚而慶長하고 事事成個寬舒氣象하며

^{비 부} ^{염 두 박 촉} ^{변 록 박 이 택 단} ^{사 사 득 개 박 촉 규 모}
鄙夫는 念頭迫促하니 便祿薄而澤短하며 事事得個迫促規模니라.

어진 사람은 마음이 너그러워 복이 두텁고 기쁜 일이 오래 지속되며 일마다 너그럽게 기상을 이룬다.
빈천한 사람은 마음이 편협하고 생각이 비좁아 복이 박하고 자손에게 미치는 은택도 짧고
일마다 좁고 옹색한 규모를 이룬다.

어진 사람을 인자仁者라 한다. 어진 사람이 지닌 마음이야말로 넓고 크고 끝 간 데 없다. 공자는 '널리 배워서 뜻을 독실히하며 간절히 묻고 가까운 것부터 생각하면 인仁이 저절로 그 가운데에 있다'고 했고, 한퇴지韓退之는 널리 사랑하는 것을 인이라고 했다.

어진 마음의 주성분은 역시 사랑임에 틀림없다. 사랑은 모든 것에 앞서기 때문이며 모든 것의 끝맺음이기 때문이다. 사람이 이루어 나가는 일들에 사랑이라는 성분이 빠질 수 없다. 미움의 감정도 사랑 없이는 만들어지지 않는다. 아주 작은 일에서 사랑은 그 열매 맺기를 즐겨 한다.

영국의 낭만파 시인 바이런이 이탈리아를 여행하던 중 베니스에서 전셋집을 얻어 들었다. 집주인은 전세금을 받아 생활을 꾸려 나갈 정도로 형편이 넉넉한 편이 못 되었다. 바이런은 어쩌다 그 집주인의 부인을 사

랑하게 되었는데 하루는 그녀에게 아름다운 보석 목걸이를 선물했다. 그녀는 뛸 듯이 좋아하며 기뻐했다.

그런 며칠 후 집주인이 바이런을 찾아왔다. 다름이 아니라 보석 하나를 사 달라고 간청하는 것이었다. 그 보석을 받아든 바이런은 내심 깜짝 놀랄 수밖에 없었다. 그것은 바이런이 집주인의 부인에게 선물했던 바로 그 보석 목걸이였기 때문이다. 바이런은 값을 깎지도 않고 그 목걸이를 사서 그녀에게 다시 선물로 주었다.

바이런의 행위는 동정이었을까? 아니면 남의 부인을 사랑한 데 대한 죄의식의 발로였을까? 그것도 아니라면 다만 사랑이라는 순수한 애정의 표현이었을까?

참다운 사랑이란 자기희생에서 비롯된다. 자기희생에서 발견하는 행복은 그만큼 더 순수할 수밖에 없다. 어진 사람에게 기쁨이 오면 오래간다. 그 기쁨에는 티끌만한 때도 묻지 않았기 때문이다. 그 기쁨은 다시 새로운 행복을 창조할 엄청난 힘을 얻는다. 공자가 말했다.

"인仁은 먼 데 있지 않다. 내가 인을 원하면 인은 곧 나를 따른다."

207

악행을 듣더라도
금방 미워하지 말라

文 惡   不 可 就 惡   恐 爲 讒 夫 洩 怒 로
聞惡이라도 不可就惡니 恐爲讒夫洩怒요

文 善   不 可 急 親   恐 引 奸 人 進 身
聞善이라도 不可急親이니 恐引奸人進身이니라.

악행을 듣더라도 금방 미워하지 말라. 고자질하는 자의 분풀이가 두렵다.
선행을 듣더라도 금방 사귀지 말라. 간사한 사람의 출세를 이끌어 줄까 두렵다.

"만약 우리들이 움직이는 배 위에서, 그 배 위에 있는 물건을 보고 있으면 배가 움직이고 있는 것을 느끼지 못할 것이다. 그러나 멀리 있는 나무나 언덕을 보고 있으면, 배가 움직이고 있음을 금방 알 수 있다. 인생에 있어서도, 모든 사람이 걷고 있는 길을 걸을 때에는 그것이 눈에 띄지 않으나 그중 한 사람이 신을 이해하고 신의 길을 걷고 있으면, 다른 사람들이 얼마나 사악한 생활을 하고 있는가를 곧 알게 된다."

극심한 병을 앓으면서도 사명감이기보다는 오로지 신의 은총에 상응하기 위해 고통을 더해가면서까지 원고를 썼다는 파스칼의 말이다.

선악은 움직이는 배를 타고 있거나 배의 저쪽 언덕에 서 있는 나무와의 상관관계와도 비슷하다. 남의 악행을 고자질하는 사람의 그 비열한 악행을 먼저 볼 줄 아는 눈이 필요하다. 사람의 귀란 얼마나 간사한 것인가? 그

것은 항상 떠들거나 속삭이며 고자질하는 혀의 가장 가까운 곳에 위치해 있다. 그래서인지 귀는 듣고 믿기를 좋아한다. 반대로 눈은 보고 확인하기를 좋아한다. 성서의 말씀처럼 눈은 몸의 등불이며 마음의 등불이기 때문인지도 모른다. 누군가는 눈을 일컬어 리얼리스트라고 했다.

참으로 진실한 선의 눈이 위장한 악의 눈을 바라본다면 어떤 결과가 나타날까? 그 대답이야말로 맹자의 다음 말로 대신할 수 있다.

"사람을 알아보는 데는 눈동자보다 좋은 것이 없다. 눈동자는 그 악을 덮지 못한다. 마음이 바르면 눈동자가 밝고, 마음이 바르지 못하면 눈동자가 어둡다."

남의 악행을 듣더라도 그 말을 결코 금방 믿지 말라. 그리고 그 사람을 미워하지 말라. 그대에게 그 말을 전한 사람은 지금 그대와 한 배를 타고 있지만 그 상대자는 배의 저편 언덕 위에 서 있다. 그 언덕 위에 오를 때까지 결코 그 언덕 위의 사람을 미워해선 안 된다. 그것이 그대의 눈과 마음의 역할이다.

208

가득 차면 더하는 것을 꺼린다

居盈滿者는 如水之將溢未溢하니 切忌再加一滴하며
거영만자   여수지장일미일   절기재가일적

處危急者는 如木之將折未折하니 切忌再加一溺이니라.
처위급자   여목지장절미절   절기재가일닉

가득 찬 곳에 있는 사람은 마치 물이 넘칠 듯 말 듯함과 같아서 한 방울의 물도 더하는 것을 꺼린다.
위급한 곳에 있는 사람은 마치 나무가 꺾일 듯 말 듯함과 같아서 조금이라도 더 건드리는 것을 꺼려한다.

영국의 철학자이며 역사가였던 데이비드 흄은 만년에 이르러 경제적으로 여유가 생기자 글을 쓸 수 없게 된 이유를 이렇게 밝혔다.

"첫째로 나는 너무 늙었고, 둘째로 나는 너무나 살이 쪘어. 셋째로 나는 너무 게을러졌고, 넷째로 나는 너무나 돈이 많단 말이야!"

흄이야말로 너무나 가득 차 버린 것이다. 부귀와 명성이 한데 어우러져서 포만의 상태에까지 와 버린 것이다. 가득 찬 곳에 한 방울의 물도 담고 싶지 않은 것이다. 에피쿠로스가 말했다.

"많은 사람들은 부를 획득하자마자 여러 가지 악으로부터 도망하지 않고, 보다 더 큰 여러 가지 악으로 전향한다."

포만한 삶 자체가 악덕이다. 게으름은 더욱 냄새나는 악덕이다. 마침내는 악덕의 무리가 떼 지어 그 사람을 잡아먹을 것이다. 참으로 가득 찬다는 것은 메마르기 직전의 상황일 뿐이다.

209
평화로우면 축복은 저절로 모여든다

_{성 조 심 조 자} _{일 사 무 성} _{심 화 기 평 자} _{백 복 자 집}
性燥心粗者는 一事無成하고 心和氣平者는 百福自集이니라.

성질이 조급하고 마음이 거친 사람은 한 가지 일도 이룰 수가 없다.
마음이 평화롭고 기상이 유순한 사람은 백 가지 축복이 저절로 모여든다.

성공한 사람을 보면 그들은 마음을 아꼈다. 마음을 거칠게 하지 않고 조급하게 다루지 않았다. 묵묵히 자기 자신을 다듬어 나가면서 일에 몰두했을 뿐이다. 그때마다 축복은 저절로 모여들었다. 체스터필드가 말했다.

"불평과 거짓말은 자기 자신을 약화시키는 수단이다. 강한 사람은 푸념하지 않는다. 불평과 속임수로 구멍난 제 집 앞을 메우려 애쓰지 말고 스스로의 진실한 힘으로써 그 자리를 메워 나가야 한다."

모든 불만과 불평은 결핍보다 욕망에서 생기는 경우가 많다. 평화로운 마음속에 욕망의 새는 결코 날아들지 못한다. 불만으로 스스로를 학대하지만 않는다면 인생은 얼마든지 아름다울 수 있다.

만족하라, 자기 자신에게 최대한 만족하라. 그 만족감에 뿌리를 두고 계속해서 뻗어 가라.

210
친구를 사귈 때는 넘치지 않게 하라

용 인　　불 의 각　　　각 즉 사 효 자 거
用人은 不宜刻이니 刻則思效者去하며

교 우　　불 의 남　　　남 즉 공 유 자 래
交友는 不宜濫이니 濫則貢諛者來니라.

사람을 쓸 때는 각박하게 하지 말라. 각박하면 애써 일하려던 사람마저 떠나 버린다.
친구를 사귈 때는 넘치지 않게 하라. 넘치면 아첨하는 사람이 다가온다.

　　자공이 우정에 관하여 묻자, 공자가 대답했다.

　　"충고하여 벗을 선도하고, 듣지 않으면 곧 중지하여 스스로 욕됨이 없게 하라."

　　인생에서 우정이 없다면 그것은 이 세상에 태양이 없는 것과 같다고 키케로는 말했다. 우정이야말로 신이 인간에게 안겨준 가장 아름답고 즐거운 일이기 때문이다.

　　리처드 미드는 조지 2세의 주치의였다. 그런데 미드와 아주 가까운 친구가 정치범으로 체포된 일이 있었다. 그 친구는 몇 달 동안이나 불법으로 감옥 생활을 해야 했다.

　　때마침 수상 월폴이 병석에 누워 미드를 찾았다. 그러나 미드는 친구가 석방될 때까지 수상을 치료할 수 없다고 거절했다. 수상의 병이 더욱 악화되었지만 그는 끝내 치료할 것을 거부했다. 결국 친구가 석방되어 집에

돌아왔다는 사실을 확인한 후에야 미드는 수상의 치료에 나섰고 끝내는
생명을 구해 주었다.

　참으로 깊고 측량할 수 없는 것이 우정이다. 우정이란 상냥하면서도 엄
격하고 아름다우면서도 거룩한 향기가 샘솟는 자리다. 친한 친구일수록
충고하라. 듣지 않으면 곧 중지하여 스스로 욕됨이 없게 하라.

211

겸손한 덕은 질투의 문을 닫는다

^{절 의 지 인}　　^{제 이 화 충}　　　　^{재 불 계 분 쟁 지 로}
節義之人은 濟以和衷이라야 纔不啓忿爭之路하며

^{공 명 지 사}　　^{승 이 겸 덕}　　　　^{방 불 개 질 투 지 문}
功名之士는 承以謙德이라야 方不開嫉妬之門이니라.

절의가 높은 사람은 온화한 마음을 길러야 분쟁의 길을 열지 않을 것이며
공명이 높은 사람은 겸손한 덕을 길러야 질투의 문을 열지 않게 된다.

　전쟁이 끝나자 카토는 모든 장병들에게 1파운드의 은을 나누어 주었다. 몇몇 사람이 금을 갖는 것보다 많은 사람이 골고루 은을 갖는 것이 보다 좋은 일이라고 생각했기 때문이다. 그 자신은 먹고 마실 것을 제외하고는 어떤 전리품에도 손을 대지 않았다. 카토는 자신의 행위를 의아하게 생각하는 사람들에게 말했다.

　"나는 덕을 가장 많이 쌓은 사람과 덕을 겨루고 싶지, 재물이 가장 많은 사람과 재물을 겨루거나, 욕심이 가장 많은 사람과 욕심을 겨루고 싶은 생각은 추호도 없다."

　모든 일에서 결국은 덕이 승리하기 마련이다. 덕은 시련을 향유할 뿐만 아니라 힘을 정복한다. 모든 경의敬意를 지배하는 것도 역시 덕이다. 덕행이야말로 영혼의 아름다움이다.

212

꽃향기 무르익은 곳에서는 눈을 들어 바라보라

_{풍 사 우 급 처} _{요 립 득 각 정} _{화 농 유 염 처} _{요 저 득 안 고}
風斜雨急處는 要立得脚定하며 花濃柳艷處는 要著得眼高하며

_{노 위 경 험 처} _{요 회 득 두 조}
路危徑險處는 要回得頭무니라.

바람이 비껴 불고 빗발이 급한 곳에서는 다리를 굳게 세워 걸으라. 꽃향기 무르익고 버들 고운 곳에서는
눈을 들어 멀리 바라보라. 위태롭고 험한 길에서는 빨리 머리를 돌려 돌아서라.

험준한 세상길을 걸어가려면 언제나 우뚝한 산처럼 묵중해야 한다. 세상을 살아간다는 것 자체가 혼돈이기 때문이다. 가벼운 발길로 세상길의 구석구석을 돌아다니다간 어느새 흙먼지에 싸여 그 본래 모습마저 알 수 없게 된다. 그러나 우리가 살고 있는 이 세상을 침침한 눈이 아닌 밝은 눈으로 내다보면 지금까지 발견할 수 없었던 새로운 행복을 찾아낼 수 있다. 그것은 그토록 멀리 있는 것이 아니다. 그대로부터 가장 가까운 거리에 있다. 어쩌면 이미 그대 내부에서 일찍부터 그대의 부름을 기다리고 있었는지도 모른다. 팔만대장경의 가르침을 보자.

"불타여! 길을 가는 나그네가 목적지에 이르고 안 이르고에 상관없이 저는 다만 길을 가르쳐 주면 되지 않습니까?"

"목건련이여, 나도 마찬가지다. 분명히 열반은 있고 열반으로 가는 길

도 있고 또 그 길을 교섭하는 나도 있건만 사람들 가운데는 바로 열반에 이르는 이도 있고 못 이르는 이도 있다. 그것은 나로서도 어떻게 할 도리가 없다. 나는 다만 길을 가르칠 뿐이다."

세상길을 걷다 보면 참으로 가지각색의 길을 만나게 된다. '바람이 비껴 불고 빗발이 급한' 길이 있는가 하면 '꽃향기 무르익고 버들 고운 곳'도 있다. 위태롭고 험한 길은 도처에 널려 있다. 어느 길을 들어설 것이며 어느 길을 피할 것인가는 온전히 그대 자신에게 달려 있다.

가장 위험한 유혹의 계곡이 있고, 위험하기 짝이 없는 죽음의 계곡도 있다. 다리를 굳게 세워 힘차게 걸어야 할 곳은 힘차게 걸어 나가면 될 것이고 유혹의 계곡을 지날 때면 짐짓 눈을 들어 멀리 바라보는 것이 하나의 방법이다. 그러나 아무리 보아도 크게 위태로울 수밖에 없는 길은 재빨리 돌아서라. 안전하고 튼튼한 새 길이 그대를 기다리고 있다.

213

삶의 절도는 곧 삶의 향기가 된다

士大夫居官이면 不可竿牘無節이니 要使人難見하여 以杜倖端하며
居鄕에는 不可崖岸太高니 要使人易見하여 以敦舊好니라.

공직에 있을 때는 편지 한 장이라도 절도가 있어야 한다.
그래야 요행을 바라고 모여드는 무리에게 틈을 주지 않는다. 은퇴하여 시골에 눌러 살 때는
지나치게 높이 굴어서는 안 된다. 사람들이 만나기 쉽게 하여야 옛정을 두텁게 할 수 있다.

사람들은 삶의 한복판에서 피나는 노력으로 인생을 살아간다. 끊임없는 욕구와 그 욕구에 이어지는 또 다른 욕망으로 자신을 점철하려 애쓴다. 그럴 때마다 감정과 이성의 충돌이 도처에서 일어난다. 마치 도박에 돈을 걸듯 요행수를 바라며 접근하는 사람이 있다. 그런 사람에게 쉽사리 그대의 속을 보여 줬다고 하자. 그들은 그것을 기회로 삼는다. 작은 틈을 보여 주어 일말의 기회를 제공한 셈이다. 그래서 절도가 필요하다.

삶 속에 그대 나름대로의 절도만 유지한다면 인생의 도박꾼은 접근하지 않는다. 그것은 현직에서 은퇴하여 은둔의 삶을 영위한다 해도 마찬가지다. 그 나름대로의 절도가 필요하기 때문이다.

삶의 절도는 곧 삶의 향기가 된다. 향기는 날이 갈수록 그 농도를 더해 가며 퍼져 나간다. 또한 자신을 살찌우는 것은 물론 이웃들도 살찌게 한다. 그대의 것이지만 우리들 것이 된다. 얼마나 아름다운 삶의 향기인가.

214

대인을 두려워하면
방종하지 않는다

_{대 인} _{불 가 불 외} _{외 대 인} _{즉 무 방 일 지 심}
大人은 不可不畏니 畏大人하면 則無放逸之心하고

_{소 민} _{역 불 가 불 외} _{외 소 민} _{즉 무 호 횡 지 명}
小民도 亦不可不畏니 畏小民하면 則無豪橫之名이니라.

대인을 두려워하라. 대인을 두려워하면 방종한 마음이 없어진다. 보통 사람도 또한 두려워하라.
보통 사람을 두려워하면 횡포하다는 말을 듣지 않는다.

"군자가 두려워하는 세 가지가 있다. 천명을 두려워하며 대인을 두려워하며 성인의 말씀을 두려워한다. 소인은 천명을 두려워하지 않고 대인을 존경하지 않으며 성인의 말씀을 가벼이 여긴다."

공자의 말이다. 두려움은 사랑만큼이나 강한 감정이다. 두려움 속에는 위엄에 대한 인식과 존경에 대한 질서, 사랑에 대한 복종이 내재되어 있다. 그것은 마치 바람에 쏠리는 풀잎과도 같은 자연 현상이다. 그런가 하면 또 다른 두려움은 비천함보다도 강하다. 그 두려움 속에는 무지로 인한 무례와, 방종으로 인한 나태와, 천박함에 따르는 횡포가 숨어 있기 때문이다.

인생도 마찬가지다. 대인을 두려워하면 방종에서 멀어지고 보통 사람을 두려워하면 횡포에서 벗어날 수 있다. 조용한 기쁨은 거기서 비롯된다.

215

마음이 게을러지면
나보다 앞선 사람을 생각하라

_{사 초 불 역}　　　_{변 사 불 여 아 적 인}　　　_{즉 원 우 자 소}
事稍拂逆이어든 便思不如我的人하면 則怨尤自消하며

_{심 초 태 황}　　　_{변 사 승 사 아 적 인}　　　_{즉 정 신 자 분}
心稍怠荒이어든 便思勝似我的人하면 則精神自奮하느니라.

일이 뜻대로 되지 않을 때는 나보다 못한 사람을 생각하라. 원망하고 탓하는 마음이 저절로 없어진다.
마음이 게을러지거든 나보다 나은 사람을 생각하라. 정신이 저절로 분발하게 된다.

마틴 루터가 말했다.

"마인츠의 대주교인 알베르트는 늘 말하기를, 인간의 마음이란 맷돌과 같다고 했다. 여러분이 맷돌 위에 곡식을 부으면 맷돌이 회전하여 곡식을 부수고 빻아서 가루가 되게 하지만, 곡식이 없으면 맷돌이 돌 때에 자신을 부수어 더 얇아지고 작아지는 것과 마찬가지다. 인간의 마음은 무엇인가를 행하기를 원하는데 만일 할 일이 없다면 악마가 와서 유혹과 우울과 슬픔을 그 가운데 쏟아 댄다. 마음은 슬픔으로 쇠진해지고 닳아 버려 결국 괴로움으로 죽고 만다."

게으름은 산 사람의 무덤이라고 했다. 모든 움직임이 정지되고 사고마저도 일체 정지된 상태라면 그것은 완전한 무無일 수 있다. 일단은 살아 움직여야 한다. 살아 있음으로 해서 사람일 수 있는 것이다. 게으른 사람이란 발을 적시기가 싫어 먹고 싶은 고깃덩이를 바라보고만 있는 고양이와도 다를 바가 없다. 게으름으로 마음이 몽땅 닳아 버리기 전에 이웃을 살피라. 앞서 간 사람의 늠름한 발자국을 보면서 그 게으름을 쫓아내 버리라.

발명왕이라고 불리는 에디슨도 철을 분리하는 광산 사업에서 실패한 적이 있다. 미네소타 주에서 철이 대량으로 산출되어 철 값이 폭락했기 때문이다. 5년 동안의 노력과 재산이 수포로 돌아간 후 에디슨은 오히려 용기백배하여 실패했던 경험을 바탕으로 인조 시멘트 사업에 손을 대어 성공했다. 그는 광산 사업에 실패한 직후 황량한 공장을 찾아가서 다음과 같이 회고했다.

"여기서 일했던 5년이 내 일생에서 가장 즐거운 시절이었다. 다른 것을 생각할 여유가 없었고 여기서 많은 것을 배울 수 있었다. 그것은 언젠가 다른 누구의 이익이 되어 나타날 것이다."

성공은 실패와 실패를 딛고 일어서는 힘이다. 사람들은 그들의 실패에서 많은 것을 배우고 또 새로운 힘을 축적하기 때문이다. 실패야말로 가장 고귀한 생명력이다.

216

옳은 독서란
저자 속으로 들어가는 것이다

善讀書者는 要讀到手舞足蹈處라야 方不落筌蹄하며

善觀物者는 要觀到心融神洽時라야 方不泥迹象하느니라.

독서를 잘하는 사람은 책을 읽어 손발이 저절로 춤추는 경지에 다다라야 한다.
그것은 고기잡이 때 소쿠리를 잊고 토끼 사냥 때 덫을 잊는 것과 같다. 사물을 잘 관찰하는 사람은
마음과 정신이 무르익어 사물과 하나가 되는 경지에 이르러야 한다. 그래야 비로소 외형에 구애되지 않는다.

독서란 그 책을 쓴 사람과의 대화다. 한 권의 책을 읽을 때는 그 책을 쓴 사람의 정신 속으로 깊이 들어가야 한다. '책을 읽어 손발이 저절로 춤추는 경지에' 다다른다는 것은 바로 그 책 속으로 깊이 들어감을 의미한다.

철학자 니체가 라이프치히 대학에서 언어학을 연구할 때였다. 우연히 들어간 어느 서점에서 그는 한 권의 책을 펴 들고 시간을 잊은 듯이 그 책 속으로 빠져들었다. 훗날 그는 그때의 감격을 다음과 같이 얘기했다.

"정체를 알 수 없는 어떤 혼령이 그 책을 가지고 돌아가라고 속삭이는 것 같았다. 나는 그 책을 사서 마치 도망치듯 그 서점을 뛰쳐나왔다. 집에 도착하기가 바쁘게 가지고 온 그 책을 열어 보았고 그 힘차고 숭고한 천재의 마력에 복종할 수밖에 없었다. 그것은 두 번 다시 찾아낼 수 없는 보물이었다."

그는 14일 동안 침식을 잊고 책만 읽었다. 그리고 그 책을 스승으로 삼아 자기의 철학을 발전시켰다. 그 책이 바로 쇼펜하우어의 『의지와 표상으로서의 세계』다.

자연을 알고 인생을 알기 위해서는 자연과 인간을 접촉하는 것도 중요한 일이지만 그보다 빠른 지름길은 책과의 만남이다. 책 속에는 그만큼 오랜 인류의 사색과 체험이 적나라하게 펼쳐져 있기 때문이다. 누구 못지 않게 책을 사랑했던 처칠은 책을 가까이하는 방법으로 다음과 같이 얘기했다.

"설령 당신이 갖고 있는 서적의 전부를 읽지 못한다 하더라도 어쨌든 손을 들고…… 다시 말해서 쓰다듬고 들여다보다가 아무 데고 닥치는 대로 펴서 눈에 뜨인 최초의 문장부터 읽어 보라. 스스로의 손으로 그 책을 책장에 꽂아 두고 설사 책에 무엇이 쓰여 있는지 이해하지 못하더라도 적어도 그 책이 어디에 꽂혀 있는가를 계획을 세워서 정리해 보라. 책을 당신의 친구로 삼으라. 어떻든 당신의 친지가 되도록 노력하라."

지혜의 샘은 책 사이로 흐른다고 했다. 그것을 놓치지 말라. 책은 이 순간에도 기적을 행한다는, 즉 사람을 깨우친다는 사실을 명심하라.

217
가난한 사람을 업신여기지 말라

^{천 현 일 인} 天賢一人하여 ^{이 회 중 인 지 우} 以誨衆人之愚어늘 ^{이 세 반 령 소 장} 而世反逞所長하여 ^{이 형 인 지 단} 以形人之短하며

^{천 부 일 인} 天富一人하여 ^{이 제 중 인 지 곤} 以濟衆人之困이어늘 ^{이 세 반 협 소 유} 而世反挾所有하여

^{이 능 인 지 빈} 而凌人之貧하나니 ^{진 천 지 육 민 재} 眞天之戮民哉로다.

하늘은 한 사람을 현명하게 하여 많은 사람의 어리석음을 가르치게 했으나 세상은 오히려 제 장점만을 휘둘러 남의 단점만을 드러내려 한다. 하늘은 한 사람을 부유하게 하여 많은 사람의 가난을 건지려 했으나 세상은 오히려 제 가진 것만 믿고 가난한 사람을 업신여기려 든다. 참으로 천벌을 받을 일이다.

가난은 지혜 없는 자를 지혜롭게 하기 위한 시련의 길인지도 모른다. 가난은 힘없는 자로 하여금 힘 있게 하기 위한 고난의 길인지도 모른다. 다시 가난은 쓸모 있는 자로 하여금 보다 위대한 길을 걷게 하려는 시금석과 같은 것인지도 모른다.

노자가 위나라에서 어려움을 당했을 때 3일 간 밥을 끓이지 못하고 10년 동안 옷을 해 입지 못했다. 이불을 덮고 있으면서도 늠름하게 앉아 상송商頌의 노래를 불렀다. 그 소리는 천지에 가득하여 금석성金石聲과 같았다고 한다. 세네카의 말처럼, 가난은 너무 적게 가진 것을 두고 하는 말이 아니라 더 많은 것을 바라는 것을 두고 하는 말인지도 모른다.

어려서부터 동물을 사랑했던 피카소는 몹시 가난했던 시절에도 고양이를 기르고 있었다. 그런데 얼마나 가난했던지 고양이도 저희들이 먹을 식량을 스스로 마련하지 않으면 안 될 정도였다. 언젠가는 고양이가 어디서인지 길게 이어진 소시지를 끌고 왔는데, 굶주림에 견디다 못한 피카소도 함께 그것을 나눠 먹었다는 것이다. 가난하면 훔치고 궁하면 거짓말을 한다는 속담도 그래서 생겨난 것인지도 모를 일이다.

사람들은 가난을 이해하려 들지 않는다. 가난이 결코 미덕일 수는 없지만 악덕일 수는 더더욱 없는 일이다. 『플루타르코스 영웅전』에 이런 말이 보인다.

"가난하다 하여 불명예로 여길 것이 아니다. 문제는 가난의 원인이다. 가난이 나태나 제멋대로의 고집, 어리석음의 결과가 아닌가를 잘 생각해 보라. 그때야말로 진실로 그것을 수치로 여겨도 괜찮을 것이다."

그러나 가난은 사람을 분발케 한다. 가난은 모든 예능과 장사의 어머니란 말도 있지 않은가. 가난을 이해하려 들지 않는 사람들을 탓하지 말고 그 몰이해의 한가운데로 치고 들어가라. 거기 그대의 길이 있다.

218

어리석음이란 때묻지 않은 것뿐이다

지인　하사하려　　우인불식부지　가여논학
至人은 何思何廬리요 愚人不識不知라 可與論學하며

역가여건공　　유중재적인　다일번사려지식
亦可與建功이로되 唯中才的人은 多一番思慮知識하니

변다일번역탁시의　　사사　난여하수
便多一番億度猜疑하여 事事에 難與下手니라.

지인이야 무엇을 생각하고 무엇을 근심하랴. 어리석은 사람은 아는 것도 없지만 생각마저 없어
더불어 학문을 논할 수도 있고 공업도 이룰 수 있다. 그러나 그 중간에 드는 사람은
나름대로 지식과 생각이 많고 억측과 시기도 많아 일마다 더불어 하기란 참으로 어렵다.

『순자』대로 편에 '미자불문로迷者不問路'란 말이 있다. 길을 잃고 헤매는
사람이 길을 묻지 않는다는 말로 어리석은 사람을 비유한 것이다. 또『포
박자』를 보면 '이지측해以指測海'란 말도 있다. 손가락으로 바다의 깊이를
잰다는 뜻이니 양量을 모르는 어리석음을 이른 말일 것이다. 『법구경』은
또 이런 가르침을 준다.

"어리석은 사람이 스스로 어리석다고 생각하면 벌써 어진 것이다. 어리
석은 사람이 어질다고 생각하면 그야말로 어리석음, 바로 그것이다."

순진하고 때묻지 않은 사람에게서 흔히 볼 수 있는 행동의 한 단면이
다. 사람이란 순진하면 할수록 부끄러움도 많다. 그만큼 부끄러움이 많은
사람은 양심 또한 맑을 수밖에 없다. 그렇게 부끄러움을 타는 사람이라면
길을 잃고 헤매면서도 길을 묻지 않을 수도 있다. 그것은 결코 어리석음

이 아니다.

우리 속담에 '빨아 다린 체 말고 진솔로 있거라'는 말이 있다. 그것은 언제나 본래 모습을 유지하여 순수성을 지키라는 뜻이다. 빨아서 다린 옷이야 얼마나 깨끗하랴만, 차라리 너절하더라도 진솔로 있는 것만 못하다는 말이다. 괴테가 말했다.

"인생은, 어리석은 자에게 어렵게 보일 때 현명한 자에게는 쉽게 보이고, 어리석은 자에게 쉽게 보일 때 현명한 자에게는 어렵게 보인다."

쉽고 어려움의 차이다. 쉽게 보이는 것과 어렵게 보이는 것의 환경의 차이일 뿐이다. '우리들은 누구나 모자 밑에 어리석음을 넣고 다니지만 어떤 사람은 남보다 그것을 잘 감출 줄 안다'는 스웨덴의 격언이 잘 대변해 준다. 어리석음이란 다만 때묻지 않은 것일 뿐이다.

219

감정에 실리지 말고 침착하라

불 가 승 회 이 경 락　　불 가 인 취 이 생 진
不可乘喜而輕諾하며 不可因醉而生嗔하며

불 가 승 쾌 이 다 사　　불 가 인 권 이 선 종
不可乘快而多事하며 不可因倦而鮮終이니라.

기쁨에 들떠 가볍게 승낙하지 말며 술 취한 기분으로 함부로 성내지 말라.
즐거운 마음에 들떠 일을 많이 하지 말고 피곤하다 하여 끝맺음을 소홀히 말라.

철학자 칸트가 어느 날 나무 그늘 밑을 산책하고 있을 때였다. 어떤 미친 백정이 칼을 들고 달려오더니 느닷없이 칸트에게 덤벼들었다. 이때 칸트는 도망가기는커녕 그의 칼날을 슬쩍 비켜 서며 침착하게 말했다.

"여보게, 오늘이 도살날인가? 내가 알고 있기로는 내일일 텐데……."

자신을 쉽사리 감정에 실어 버린다면 두고두고 후회할 일을 만든다. 희로애락 어느 하나에라도 쉽사리 자기를 싣지 말라. 그 감정의 진폭에 쓸려 전혀 예상치 못했던 방향으로 이끌려 가게 된다.

기쁨에 들떠 기쁨에 빠지는 자는 자기도 모르는 사이에 슬픔에도 빠진다. 사랑에 들떠 사랑에 빠지는 자는 자기 자신도 모르는 사이에 질투에 빠진다. 얼마나 안타까운 일인가.

감정은 되도록 내면 깊숙이 가라앉히고 마치 수놓듯 현실을 판단하라. 그것이 이성異性이며 절제며 자아의 발견이다.

220

입은 곧 마음의 문이고
뜻은 곧 마음의 발이다

_{구 내 심 지 문} _{수 구 불 밀} _{설 진 진 기}
口乃心之門이니 守口不密하면 洩盡眞機하며

_{의 내 심 지 족} _{방 의 불 엄} _{주 진 사 혜}
意乃心之足이니 防意不嚴하면 走盡邪蹊니라.

입은 곧 마음의 문이다. 입 지키기를 엄밀히 못하면 마음의 참기틀이 모두 누설된다.
뜻은 곧 마음의 발이다. 뜻 막기를 엄격히 못하면 마음은 비뚠 길로 달아나 버린다.

뜻은 곧 마음의 발이다. 뜻이 행하고자 하면 마음은 따라서 움직인다. 사람의 뜻은 태양을 마주한다. 마음은 그 사람의 뜻 뒤에 그림자로 서 있다. 사람은 뜻과 마음을 다룰 줄 알아야 남도 다룰 수 있다. 자신의 묘비명을 손수 써 놓고 죽은 사람이 있다.

"필립 테오프라스토스 고이 잠들다. 이 사람도 외상에서부터 나병, 통풍, 수종 등 많은 불치병들을 낫게 했으며, 가난한 사람들에게 많은 재물을 베풀었다. 1541년 9월 24일에 입적하여 영원한 안식에 들다."

사람을 아름답게 인도하는 힘은 그가 품은 뜻에 달려 있다. 잇몸이 약하면 이가 흔들리듯 뜻이 약하면 사람의 생활도 흔들릴 수밖에 없다.

입은 마음의 문이다. 입 지키기를 엄밀히 하라. 침묵이야말로 입의 자물쇠다. 필요할 때가 아니면 결코 그 자물쇠를 풀지 말라.

221

자기 자신에게 엄격하라

책 인 자　원 무 과 어 유 과 지 중　　즉 정 평
責人者는 原無過於有過之中하면 則情平하며

책 기 자　구 유 과 어 무 과 지 내　　즉 덕 진
責己者는 求有過於無過之內하면 則德進하느니라.

남을 꾸짖을 때는 허물 있는 중에서 허물 없음을 찾아내라. 그러면 감정이 평온해진다.
자기를 꾸짖을 때는 허물 없는 중에서 허물 있음을 찾아내라. 그러면 덕이 자라난다.

스스로 모르는 것을 자각하는 사람은 참으로 지혜로운 사람이다. 사람들은 자기 자신을 참으로 꾸짖어야 할 때, 그리고 자신을 꾸짖을 수 있는 기회가 모쪼록 찾아왔을 때도 오히려 그 일로 하여 타인을 꾸짖으며 자기 자신을 위로하려 애쓴다.

타고르는 자기의 존재에 대해 끊임없이 놀라는 것이 인생이라고 했다. 자기를 모르는 것은 그만큼 세상을 바라보는 눈이 모자란다는 뜻이다. 자기를 알 때 비로소 세상을 알 수 있고, 그 세상 속에서 그 세상을 이겨 나갈 수 있는 것이다. 세르반테스가 말했다.

"훌륭한 사람을 보면 그의 덕을 자신도 가지고 있는가 생각하고, 나쁜 사람을 보면 그의 죄가 자기에게도 있지는 않은가 돌아보라."

그대 자신을 향한 매질에 과감하라. 자신과의 싸움에 도전했을 때만이 그대의 가치를 만날 수 있다. 그것은 무엇보다도 확실한 그대 몫이다.

222

소리 드문 곳에
마음의 본모습이 있다

風恬浪静中에 見人生之眞境하며
味淡聲希處에 識心體之本然하느니라.

바람 자고 물결 고요한 가운데 인생의 참 경계를 보고,
맛이 담담하고 소리 드문 곳에서 마음자리의 본연을 안다.

자신을 되돌아보는 시간을 만들지 못하면 자기가 살고 있는 이 세상을 바로 볼 수 없게 된다. 소크라테스는 음미하지 않는 인생은 살 보람이 없다고 했다. 인생을 스스로 음미해 보며 거기에 보탤 것을 보태고 뺄 것은 뿌리째 뽑아 버려야 할 것이다.

고요한 시간을 가져 보라. 세상의 온갖 바람이 잠들고 물결 고요한 가운데 서 있어 보라. 그대야말로 무엇 때문에 살고 있는지 왜 살고 있는지 그 마음자리를 찾아볼 수 있다. 아메리카 인디언을 지휘했던 추장이 이런 말을 남겼다.

"얼마 있지 않아 당신들로부터 떠나갈 것이다. 어디로 갈 것인지는 알려 줄 수 없다. 삶이 무엇이냐고? 불길에 뛰어드는 한 마리 불나비다. 그것은 겨울날 들소가 내뿜는 한숨에 지나지 않는다. 그것은 풀밭을 지나가는

작은 그늘처럼 해가 지면 따라서 사라지는 하찮은 것이다."

　그대는 어디쯤 서 있는가? 무엇을 바라보며 무엇을 생각하고 있는가? 지금까지 그대는 삶과 함께 있었다고 말할 수 있는가? 아니면 그대는 그대를 맴도는 삶이라는 지게 위에 실려 있었다고 생각하는가? 그대 마음에게 스스로 물어보라. 참으로 그대는 어디쯤 서 있는가?

223

어린이는 어른의 씨앗이다

_{자 제 자} _{대 인 지 배 태} _{수 재 자} _{사 부 지 배 태}
子弟者는 大人之胚胎요 秀才者는 士夫之胚胎니

_{차 시} _{약 화 력 부 도} _{도 주 불 순}
此時에 若火力不到하여 陶鑄不純하면

_{타 일} _{섭 세 입 조} _{종 난 성 개 영 기}
他日에 涉世立朝하여 終難成個令器니라.

어린이는 어른의 씨앗이요 수재는 훌륭한 사람의 씨앗이다. 이때 만약 화력이 모자라고
단련이 서툴면 후일 세상에 나아가 일을 맡을 때 훌륭한 그릇을 이루기 어렵다.

워즈워스는 어린이를 '어른의 아버지'라고 했다. 오스카 와일드는 '어린이의 몸은 신의 몸과 같다'고 했고 스펜서는 '어린이야말로 부모의 행위를 비치는 거울'고 했다. 또 세계의 속담이나 격언을 보라. 어린이는 천국으로 가는 다리라거나 가난한 사람의 보화, 또는 집안에 아이들이 없으면 지구에 태양이 없는 것과 같다고까지 했다. 어린이는 곧 인류의 미래이며 영속을 뜻하는 존재임에 틀림없기 때문이다.

그런가 하면 플라톤은 '어린이는 모든 동물 중에서 가장 다루기 힘들다'고 했다. 어린아이는 모든 동물 중에서 가장 교활하고 민첩하고 교만하다는 것이다.

그렇다. 단련되어 있지 않은 어린아이야말로 위험투성이다. 그 위험은 어린아이의 상태에서만이 아니고 어른이 되었어도 마찬가지다. 마치 잘

구워지지 않은 질그릇이 쉽게 깨지는 것과도 같은 이치다. 플로베르가 말했다.

"물오리는 날 때부터 헤엄을 치듯이 어린이들은 태어나면서부터 선한 천성을 가지고 있다. 어린이들이 하는 일에 일일이 간섭하는 것은 물오리의 헤엄을 금하는 것과 다름없다. 어린아이들을 가르치려면 그 천성을 옆에서 도와주는 것이 중요하다."

어린이를 가르친다는 것은 쉬운 일이 아니다. 온종일 학교 교육에서부터 피아노 과외, 영어 과외, 태권도 과외, 컴퓨터 과외로 끌고 다니는 것은 교육이 아니다. 그것은 엄청난 혹사에 불과하다. 어린이가 천성으로 지닌 모든 정서를 도외시하면 그것은 그 어린이의 방향을 잡을 수 없게 하는 행위이며 범죄다. 어린이는 어른으로부터 가장 아름답게 보호받을 수 있는 권리를 안고 태어났다. 또한 어린이는 생명을 비롯한 모든 것에서 자유로울 수 있는 권리를 이미 부여받았음을 명심하라.

224

군자는 외로운 사람을
마음 아파한다

君子군 자는 處患難而不憂처 환 난 이 불 우하고 當宴遊而惕慮당 연 유 이 척 려하며

遇權豪而不懼우 권 호 이 불 구하고 對惸獨而驚心대 경 독 이 경 심이니라.

군자는 환난을 당해도 근심하지 않고 즐거운 때를 당하여 근심하며,
권세 있는 사람을 만나 두려워하지 않고 외로운 사람을 만나 마음 아파한다.

왕이 소를 끌고 당하堂下를 지나가는 사람을 보고 물었다.

"소는 어디로 가는 것인가?"

소 주인이 대답했다.

"새로 만들어진 종에 소의 피를 바르러 갑니다."

"그 소를 놓아주어라. 나는 그 소가 부들부들 떨면서 죄도 없이 사지死地
에 나가는 정상을 차마 볼 수 없다."

"그러면 새 종에 피를 바르는 의식은 중지해야 되겠습니까?"

"어떻게 중지할 수야 있겠느냐? 양으로 바꾸면 되지 않겠느냐?"

소 주인이 다시 물었다.

"만약 죄도 없이 사지에 나가는 것을 측은히 여기셨다면 소와 양에 어
찌 구별이 있겠습니까?"

왕이 웃으면서 대답했다.

"그것 참 무슨 마음에서였던가? 나는 제물이 아까워서 소를 양과 바꾸도록 한 것이 아니다. 그러나 백성들이 나를 보고 인색하다고 하는 것도 무리는 아니구나."

소 주인이 말했다.

"백성들의 평판에 신경 쓰실 것 없습니다. 그 마음이야말로 인仁에 도달하는 방편이 될 것입니다. 군자가 금수를 대함에 있어서는 그 산 모습을 보고는 그 죽어 가는 꼴을 차마 보지 못하고, 그 비명을 듣고는 그 고기를 차마 먹지 못하는 것입니다. 그런 까닭으로 군자는 푸줏간을 멀리하는 것입니다."

『맹자』에 나오는 이야기다. 군자는 외롭고 불쌍한 사람을 보고 마음 아파한다. 환난을 당해도 근심하지 않고 오히려 즐거운 때를 당하여 그 일을 근심하며, 권세 있는 사람일수록 오히려 의연해한다. 짐승의 죽어 가는 꼴을 차마 못 보는 터에 어찌 사람의 어려움과 외로움을 보고 지나칠 수 있으랴. 공자가 말했다.

"군자는 생각하는 것이 아홉 가지 있다. 보는 것은 밝아야 함을 생각하며, 듣는 것은 총명해야 함을 생각하며, 안색은 온화로워야 함을 생각하며, 용모는 공손해야 함을 생각하며, 말에는 신의가 있어야 함을 생각하며, 일을 행함에 있어서 정성스러워야 함을 생각하며, 의심나면 물어야 함을 생각하며, 분하면 환난이 있을까 생각하며, 이득을 보면 옳은가를 생각한다."

225

너무 고와 빨리 지느니
담백하여 오래가라

_{도 리 수 염} _{하 여 송 창 백 취 지 견 정}
挑李雖艶이나 何如松蒼柏翠之堅貞하며

_{이 행 수 감} _{하 여 등 황 귤 록 지 형 례}
梨杏雖甘이 何如橙黃橘綠之馨例이리요

_{신 호} _{농 요 불 급 담 구} _{조 수 불 여 만 성 야}
信乎라 濃夭不及淡久하며 早秀不如晩成也로다.

복숭아꽃 오얏꽃이 비록 곱지만 어찌 저 푸른 송백의 굳고 곧음만 하랴.

배와 살구가 비록 달지만 노란 유자와 푸른 귤의 맑은 향기만 하랴.

너무 고와 빨리 지느니보다 담백하여 오래가는 것이 좋고 일찍 빼어남보다 늦게야 이루는 것이 한결 나음이여!

"대기大器는 만성하고, 대음大音은 소리가 없고, 대상大象은 모양이 없다."

노자의 말이다. 소리 없음에서 큰소리를 알고, 모양 없음에서 큰 물상을 볼 수 있음은 역시 큰 그릇이 아니고서는 있을 수 없는 일이다. 복숭아꽃 오얏꽃처럼 일찍 그 자태를 자랑하지 않고 배나 살구처럼 일찍 그 단맛을 보여 주지 않다가 늦게서야 커다란 그릇을 내밀며 나 보란 듯이 나타나는 사람을 가끔 만나게 된다. 그런 일은 모든 사람들이 한결같이 맞게 되는 큰 기쁨이다.

삼국시대 위나라의 최염崔琰은 품격 있는 무장이었지만 그의 사촌동생인 최림崔林은 외모가 좋지 않았던 탓인지 도무지 형편이 펴질 날이 없었다. 그는 늘 이웃들로부터 바보 취급을 당했지만 최염만은 달랐다.

"큰 종이나 큰 정鼎은 쉽사리 주조되는 것이 아니다. 큰 재능도 마찬가지다. 이루어질 때까지는 아무래도 시일이 걸린다. 최림도 대기만성에 드는 인물이다. 더 두고 보면 필시 대단한 인물이 될 것이다."

뒷날 최림은 천자를 보좌하는 대임을 맞는 큰 인물이 되었다. 일찍 피었다가 일찍 저버리는 꽃은 비록 곱기는 하지만 늘 푸른 소나무의 곧고 곧은 절의를 당해낼 수가 없다. 디즈레일리가 말했다.

"성공의 비결은 오래 걸릴지라도 일정하고 변하지 않는 목표에 있다. 사람들이 성공할 수 없는 것은 처음부터 끝까지 외곬으로 나아가지 않았기 때문이지 성공의 길이 험악해서가 아니다. 한마음 한뜻은 쇠를 뚫고 만물을 굴복시킨다."

초조해하지 말라. 차근차근히 자기 자신을 밀고 나가라. 늦게 피는 꽃이 오히려 그 향기를 더한다는 옛말을 더욱 잊지 말라.

세상을 건너는
지혜의 징검다리

후집

사람이란 무슨 일이든 하나를 덜면 곧 하나를 초월한다. 사
귐을 덜면 분란을 피하고, 말을 덜면 허물이 적어진다. 사람
들이 날로 덜기를 원하지 않고 오직 더하기를 원하는 것은
스스로의 삶을 속박하는 것에 지나지 않는다.

001

_{담 산 림 지 락 자   미 필 진 득 산 림 지 취}
談山林之樂者는 美必眞得 山林之趣요

_{염 명 리 지 담 자   미 필 진 망 명 리 지 정}
厭名利之談者는 未必盡忘名利之情이니라

자연에 묻혀서 삶을 즐겁다 말라.

그것은 아직도 자연의 진솔함을 깨닫지 못했기 때문이다.

명예와 이욕利慾에 관한 말을 싫다 하지 말라.

그것은 아직도 명예와 이욕에 미련이 있기 때문이다.

002

_{조 수   일 사 야   상 지 생 살 지 병}
釣水는 逸事也나 尚持生殺之柄하며

_{혁 기   청 희 야   차 동 전 쟁 지 심}
奕棋는 清戲也나 且動戰爭之心하나니

_{가 견 희 사 불 여 성 사 지 위 적}
可見喜事不如 省事之爲適하며

_{다 능   불 약 무 능 지 전 진}
多能이 不若無能之全眞이로다.

낚시질은 즐거운 일이지만 오히려 살리고 죽이는 마음이 있고

바둑은 맑은 놀음이지만 승패를 다투는 마음이 있다.

일을 즐겨 하는 것은 일을 덜어 내는 것만 못하고,

재능이 많은 것은 무능함 속의 천진함을 따르지 못한다.

003

^{앵 화 무 이 산 농 곡 염}   ^{총 시 건 곤 지 환 경}
鶯花茂而山濃谷艶은 總是乾坤之幻境이요

^{수 목 락 이 석 수 애 고}   ^{재 견 천 지 지 진 오}
水木落而石廋崖枯는 纔見天地之眞吾니라.

꾀꼬리 우짖고 꽃들 만발해 산과 계곡이 아름답다 해도

그것은 모두 천지에 드러난 한때의 환경幻境일 뿐.

물 마르고 나뭇잎 떨어져 바위며 돌과 벼랑이 앙상하게 드러나면

그것이 곧 천지의 참모습인 것을.

004

^{세 월}   ^{본 장}   ^{이 망 자 자 촉}
歲月은 本長이로되 而忙者自促하고

^{천 지}   ^본   ^{이 바 자 자 애}
天地는 本관이므로 而鄙者自隘하며

^{풍 화 설 월}   ^{본 한 이 로}   ^{이 노 양 자 자 용}
風花雪月은 本閒泥路되 而勞懷者自冗이니라.

세월은 원래 길고 오래지만 마음 바쁜 사람이 스스로 짧다 한다.

천지는 원래 끝없이 넓지만 마음 비좁은 사람이 스스로 좁다 한다.

바람과 꽃, 눈과 달은 원래 한가롭지만 일에 바쁜 사람이 스스로 번거롭다 한다.

005

_{득 취 부 재 다} _{분 지 권 석 간} _{연 하 구 족}
得趣不在多라 盆地拳石間에 煙霞具足하며

_{회 경 부 재 원} _{봉 창 죽 옥 하} _{풍 월 자 사}
會景不在遠이라 蓬窓竹屋下에 風月自賒니라.

정취情趣란 많은 것에서 얻어지는 게 아니다.

좁은 못과 작은 돌멩이 하나에도 연기와 안개가 깃든다.

좋은 경치는 먼 곳에서 느껴지는 게 아니다.

오막살이 초가집에도 맑은 바람과 밝은 달빛이 스민다.

006

_{청 정 야 지 종 성} _{환 성 몽 중 지 몽}
聽靜夜之鍾聲 하여는 喚醒夢中之夢하며

_{관 징 담 지 월 영} _{규 견 신 와 지 신}
觀澄潭之月影 하여는 窺見身外之身이니라.

고요한 밤을 가르는 종소리에서 꿈속의 꿈을 불러 깨우고,

맑은 연못에 드리운 달 그림자에서 몸 밖의 몸을 훔쳐본다.

007

조어충성　총시전심지결
鳥語蟲聲이 總是傳心之訣이요

화영초색　무비현도지문
花英草色이 無非見道之文이니

학자요천기청철　　흉차영롱　　촉물개유회심처
學者要天機淸徹하여 胸次玲瓏이면 觸物皆有會心處니라.

우짖는 새소리나 벌레 소리는 모두가 다 이심전심의 비결이다.

아름다운 꽃잎도 풀빛도 모두가 다 오도悟道의 문장이다.

배우는 이 있어 마음을 밝게 하고 가슴속을 영롱하게 하면

듣고 보는 것마다 마음에 와 닿아 깨달음이 있다.

008

인해독자서　　불해독무자서
人解讀字書 하고 不解讀無字書 하며

지탄유현금　　부지탄무현금
知彈有絃琴 하고 不知彈無絃琴하여

이적용　　불이신용　　하이득금서지취
以跡用하고 不以神用 하니 何以得琴書之趣리요.

사람들은 한결같이 글자가 있는 책은 읽으면서 글자가 없는 책은 읽지 못한다.

줄 있는 거문고는 탈 줄 알면서도 줄 없는 거문고는 탈 줄을 모른다.

형체 있는 것만 사용할 줄 알고 그 정신을 사용할 줄 모른다면

거문고와 책의 참맛을 무엇으로 얻을 것인가.

009

실 무 물 욕
心無物欲이면　即是秋空霽海요
즉 시 추 공 제 해

좌 유 금 서
坐有琴書면　便成石室丹丘니라.
변 성 석 실 단 구

마음에 물욕物慾이 없으면 이는 곧 가을 하늘의 잔잔한 바다이며

자리에 거문고와 책이 있으면 이는 곧 신선의 집이다.

010

빈 붕 운 집　　극 음 임 리　낙 의　　아 이
賓朋雲集하여　劇飮淋漓는　樂矣나 俄而요

누 진 촉 잔　　향 소 명 냉　　불 각 반 성 구 열
漏盡燭殘하며　香銷茗冷하면　不覺反成嘔咽하며

영 인 삭 연 무 미　천 하 사 솔 유 차　　인 내 하 불 조 회 두 야
令人索然無味라　天下事率類此어늘　人奈何不早回頭也요.

손님과 벗들이 구름처럼 모여 질탕하게 마시고 노는 것은

즐거운 일이지만 잠시 후 시간이 다하여 촛불은 가물거리고

향로의 연기마저 사라지며 차茶까지 식고 나면,

그간의 즐거움은 오히려 비탄으로 바뀌고 사람으로 하여금 적막하게 한다.

세상 일이 모두 그와 같은데도

사람들은 왜 빨리 생각을 돌이키지 않는가?

011

會得個中趣면 五湖之煙月이 盡入寸裡하며
<small>회 득 개 중 취　　오 호 지 연 월　　진 입 촌 리</small>

破得眼前機면 千古之英雄이 盡歸掌握이니라.
<small>파 득 안 전 기　　천 고 지 영 웅　　진 귀 장 악</small>

사물事物속에 깃들어 있는 참된 취미를 깨달으면

오호五湖의 풍경도 마음속에 들어차고,

눈앞에 있는 자연의 기틀을 깨달으면

천고의 영웅들도 하나같이 손아귀에 들어온다.

012

山河大地도 已屬微塵이어늘 而況塵中之塵이며
<small>산 하 대 지　　이 속 미 진　　이 황 진 중 지 진</small>

血肉身驅도 且歸泡影이어늘 而況影外之影이리요
<small>혈 육 신 구　　차 귀 포 영　　이 황 영 외 지 영</small>

非上上智면 無了了心이니라.
<small>비 상 상 지　　무 요 료 심</small>

산하의 대지도 이미 하나의 작은 티끌에 속하는데

하물며 티끌 속의 티끌에 있어서랴.

사람의 몸뚱이도 물거품과 그림자에 지나지 않는데

하물며 그림자 밖의 그림자에 있어서랴.

아주 밝은 지혜가 아니고서는 밝은 마음이란 있을 수 없다.

013

석 화 광 중　쟁 장 경 단　기 하 광 음
石火光中에 爭長競短하니 幾何光陰이며

와 우 각 상　교 자 논 웅　허 대 세 계
蝸牛角上에 較雌論雄하니 許大世界아.

석화石火같이 빠른 빛 속에서

길고 짧음을 다툰들 그 세월이 얼마나 길 것인가.

달팽이 뿔 위에서 자웅을 겨룬들 그 세계란 얼마나 클 것인가.

014

한 등 무 염　폐 구 무 온　총 시 파 롱 광 경
寒燈無焰하며 敝裘無溫은 總是播弄光景이요

신 여 고 목　심 사 사 회　불 면 타 재 완 공
身如槁木하며 心似死灰는 不免墮在完空 이니라.

가물거리는 등잔에 불꽃이 없고 해어진 갖옷에 온기가 없으니

이보다 삭막한 풍경이 없다.

몸은 마른 나무 같고 마음이 식은 재와 같다면

어찌 완공頑空에 떨어지지 않을 수 있으랴.

015

인 긍 당 하 휴　변 당 하 료
人肯當下休면 便當下了하라

약 요 심 개 헐 처　즉 혼 가 수 완　　사 역 불 소
若要尋個歇處면 則婚嫁雖完이라도 事亦不少니라.

승 도 수 호　심 역 불 료　전 인 운　여 금 휴 거 변 휴 거
僧道雖好나 心亦不了라 前人云하되 如今休去便休去하라

약 멱 료 시　무 료 시　견 지 탁 의
若覓了時면 無了時라 見之卓矣니라.

생각나는 바로 그때 모든 번뇌를 쉬면 그 자리에서 깨달을 수 있다.

따로 쉴 곳을 찾는다면 아들딸 모두 혼인시켜도 또 남을 일이 있다.

스님과 도사가 좋다고 하지만 그 생각으로는 마음을 깨달을 수 없다. 옛사람이 말했다.

"당장 쉬면 쉴 수 있지만, 만약 끝날 때를 찾는다면 끝날 때가 없으리라."

참으로 뛰어난 생각이 아닐 수 없다.

016

조 랭 시 열　연 후 지 열 처 지 분 주 무 익
從冷視熱에 然後知熱處之奔走無益하며

종 용 입 한　연 후 각 한 중 지 자 미 최 장
從冗入閒에 然後覺閒中之滋味最長이니라.

냉정해진 다음 열광했던 것을 생각하면 정열에 이끌려 분주했던 것이

무익함을 알게 된다. 번거로움으로부터 한가로움으로 들어가 보면

한가로움의 즐거움이 가장 유장한 것임을 깨닫게 된다.

017

유 부 운 부 귀 지 풍   이 불 필 암 서 혈 처
有浮雲富貴之風이라도 而不必巖棲穴處하며

무 고 황 천 석 지 벽   이 상 자 취 주 탐 시
無膏肓泉石之癖이라도 而常自醉酒耽詩니라.

부귀를 뜬구름으로 여기는 기풍이 있다 하더라도

반드시 심산유곡에 살 필요는 없다.

자연을 좋아하는 버릇은 없다 하더라도

스스로 술을 즐기며 시詩를 탐하게 된다.

018

경 축   청 인   이 불 렴 진 취
競逐은 聽人하여 而不嫌盡醉하여

염 담   적 기   이 불 과 독 성
恬淡은 適己하여 而不誇獨醒이라.

차 석 씨 소 위 불 위 법 전   불 위 공 전   신 심 양 자 재 자
此釋氏所謂不爲法纏하며 不爲空纏이니 身心兩自在者니라.

명리의 다툼은 남들에게 맡겨, 모든 사람이 명리에 취해 있더라도

미워하지 말라. 고요하고 담백한 삶은 내가 즐기더라도

세상이 다 취한 가운데 나 혼자 깨어 있음을 자랑하지 말라.

이는 부처가 이르는 것처럼 법에도 매이지 않고, 공에도 매이지 않아

몸과 마음이 둘다 자유로움을 일컫는다.

019

延促은 由於一念하며 寬窄은 係之寸心이라
故로 機閒者는 一日도 遙於千古하고
意廣者는 斗室寬若兩間이니라.

길고 짧은 것은 한 생각에 달려 있고 넓고 좁은 것은 한마음에 달려 있다.

마음이 한가로운 사람은 하루가 천고보다 아득하고

뜻이 넓은 사람은 비좁은 방도 하늘과 땅 사이만큼 넓다.

020

損之又損하고 栽花種竹하여
儘交還烏有先生하며 忘無可忘하고
焚香煮茗하여 總不問白衣童子리라.

욕심을 덜어내고 꽃을 가꾸며 대나무 심어

이 몸 이대로가 무위로 돌아가리.

시비를 모두 잊고 향 사르고 차를 달여

세상일 눈 밖으로 무아경에 들리라.

021

_{도 래 안 전 사} _{지 족 자 선 경}
都來眼前事는 知足者仙境이요

_{부 지 족 자 범 경} _{총 출 세 상 인} _{선 용 자} _{생 기}
不知足者凡境이며 總出世上因은 善用者는 生機요

_{불 선 용 자} _{살 기}
不善用者는 殺機니라.

눈앞에 있는 모든 일에 만족하면 선경이지만

만족할 줄 모르면 범경에 괴로워한다.

세상에 나타나는 모든 인연은 잘 쓰는 사람에겐

생기가 되고 잘못 쓰는 사람에겐 살기가 된다.

022

_{추 염 부 세 지 화} _{심 참 역 심 속}
趨炎附勢之禍는 甚慘亦甚速하며

_{서 념 수 일 지 미} _{최 담 역 최 장}
棲恬守逸之味는 最淡亦最長이니라.

권력에 아첨하고 세력을 좇는 재앙은 참담하며 빠르게 다가온다.

고요함에 살고 편안함을 지키는 맛은 가장 맑고 가장 오래간다.

023

松澗邊에 携杖獨行하면 立處에 雲生破衲하며

竹窓下에 枕書高臥하면 覺時에 月侵寒氈이니라.

소나무 그루 우거진 시냇가를 지팡이 짚고 홀로 가노라면

서는 곳마다 구름은 해진 옷자락에서 일어나느니.

대숲 우거진 창가에서 책을 베개 삼아 누웠다 깨어 보면

달빛은 낡은 담요에 스며 있느니.

024

色慾이 火熾라도 而一念及病時면 便興似寒灰하며

名利飴甘이라도 而一想到死地면 便味如嚼蠟하나니

故로 人常憂死盧病이면 亦可消幻業而長道心이니라.

욕정이 불길처럼 타오른다 해도

문득 병든 때를 생각하면 그 기쁨은 식은 재로 바뀐다.

명예와 이욕이 엿같이 달다 하더라도

문득 죽음을 생각하게 되면 그 맛은 납을 씹는 것과 같다.

무릇 사람이 항상 죽음을 걱정하고 병을 생각한다면

마침내 헛된 일을 버리고 참마음을 기르게 된다.

025

爭先^{쟁선}的^적徑路^{경로}는 窄^착이니

退後^{퇴후}一步^{일보}하면 自寬平^{자관평}一步^{일보}하며 濃艶^{농염}的滋味^{적자미}는 短^단하나니

淸淡^{청담}一分^{일분}하면 自悠長^{자유장}一分^{일분}이니라.

앞을 다투는 길은 좁다.

한 걸음만 뒤로 물러서면 저절로 한 걸음이 넓어진다.

곱고 진한 맛은 짧다. 조금만 맑고 담백하게 하면 저절로 유장해진다.

026

忙處^{망처}에 不亂性^{불란성}인댄 須閑處^{수한처}매 心神^{심신}을 養得淸^{양득청}하며

死時^{사시}에 不動心^{부동심}이면 須生時^{수생시}에 事物^{사물}을 看得破^{간득파}하라.

바쁠 때 자기의 성정을 어지럽히지 않으려면

모름지기 한가한 때에 심신을 맑게 길러야 한다.

죽을 때 마음이 흔들리지 않으려면 모름지기 살아 있을 때에

사물의 참모습을 꿰뚫어 알아야 한다.

027

隱逸林中에는 無榮辱이요
道義路上에는 無炎凉이니라.

세속을 떠난 숲 속에는 영화도 오욕도 없고
도의의 길 위에는 인정의 변화가 없다.

028

熱不必除나 而除此熱惱하면
身常在淸凉臺上하며 窮不可遣이나
而遣此窮愁하면 心常居安樂窩中하리라.

뜨거움은 없앨 수 없지만 뜨겁다고 괴로워하는

그 마음을 없앤다면 몸은 항상 서늘한 누대 위에 있을 수 있다.

가난은 없앨 수 없을지라도 가난을 근심하는 그 생각을 쫓으면

마음은 항상 안락한 집에 살 수 있다.

029

^{진 보 처} ^{변 사 퇴 보} ^{서 면 촉 번 지 화}
進步處에 便思退步하면 庶免觸藩之禍요

^{착 수 시} ^{선 도 방 수} ^{재 탈 기 호 지 위}
著手時에 先圖放手하면 纔脫騎虎之危하리라.

앞으로 나아갈 때 문득 물러섬을 생각하면

울타리에 걸리는 재앙을 면할 수 있고

손을 댈 때에 손 놓을 것을 도모하면

호랑이를 타는 위태로움을 벗을 수 있다.

030

^{탐 득 자} ^{분 금} ^{한 부 득 옥} ^{봉 금} ^{원 불 수 후}
貪得者는 分金에 恨不得玉하고 封公에 怨不受侯하나니

^{권 호} ^{자 감 걸 개} ^{지 족 자} ^{여 갱} ^{지 어 고 량}
權豪가 自甘乞丐하며 知足者는 藜羹도 旨於膏粱하고

^{포 포} ^{난 어 고 학} ^{편 빈} ^{불 양 왕 공}
布袍도 煖於狐貉하나니 編民도 不讓王公하느니라.

탐욕이 많은 사람은 금金을 주면 옥玉 갖기를 원하고

공公의 자리에 봉하면 제후가 되지 못하는 것을 불평한다.

이는 권세와 부귀의 자리에 있으면서도 스스로 거지 행세를 하는 것과 다르지 않다.

그러나 만족할 줄 아는 사람은 명아주국도 고기나 쌀밥보다 달게 여기고

베옷도 털옷보다 따뜻하게 여긴다.

이는 서민이면서도 왕공王公에게 그 자리를 사양하는 법이 없다.

031

^{긍 명} ^{불 약 도 명 취} ^{연 사} ^{하 여 성 사 한}
矜名은 不若逃名趣라 練事가 何如省事閒이리요.

이름을 자랑하는 것은 그 이름에 숨는 것보다도 못하다.

일에 능숙한 것은 그 일을 줄이는 한가로움보다도 못하다.

032

^{기 적 자} ^{관 백 운 유 석 이 통 현}
嗜寂者는 觀白雲幽石而通玄하며

^{추 영 자} ^{견 청 가 묘 무 이 망 권}
趨榮者는 見淸歌妙舞而忘倦하나니

^{유 자 득 지 사} ^{무 훤 적} ^{무 영 고} ^{무 왕 비 자 적 지 천}
唯自得之士라야 無喧寂하며 無榮枯하며 無往非自適之天이니라.

고요함을 즐기는 사람은 흰 구름과 그윽한 바위에서 도道를 깨닫고,

영화로움과 이욕을 좇는 사람은 맑은 노래와 기묘한 춤에서 피곤을 풀지만,

스스로 깨달은 선비는 시끄러움과 고요함을 가리지 않으며

또 영화로움과 쇠퇴함이 없어 가는 곳마다 유유자적하는 천지가 아닐 수 없다.

033

고운출수 거류 일무소계
孤雲出岫에 去留가 一無所係하며

낭경현공 정조량불상간
朗鏡懸空에 靜躁兩不相干하느니라.

외로운 구름이 산골짜기에서 일어 흘러가고 머무는 길에 조금도 거리낌이 없다.

밝은 달은 하늘에 걸려 고요함도 시끄러움도 개의치 않는다.

034

유장지취 부득어농엄 이득어철숙음수
悠長之趣는 不得於醲釅하고 而得於啜菽飮水하며

추창지회 불생어고적 이생어품죽조사
惆悵之懷는 不生於枯寂하고 而生於品竹調絲하나니

고지농처 미상단 담중취독진야
固知濃處에 味常短하고 淡中趣獨眞也로다.

유장悠長한 맛은 부귀함에서 얻는 게 아니라

콩 씹고 물 마시는 데서 얻을 수 있다.

그리운 정취는 고독과 적막에서 생기는 것이 아니라

통소를 만지며 거문고를 뜯는 데서 얻을 수 있다.

참으로 짙은 맛은 항상 짧으며

담백함 속의 취미만이 따로이 참될 뿐이다.

035

禪宗에 曰饑來喫飯하고 倦來眠이라

詩旨에 曰眼前景致口頭語라 하니

蓋極高는 寓於極平하고 至難出於至易하여

有意者는 反遠하고 無心者는 自近也니라.

선종禪宗에서는 '배고프면 밥 먹고 피곤하면 잠잔다'고 했고,

시지詩旨에서는 '눈앞의 경치요 구두口頭의 말이라'고 했다.

대개 아주 높은 것은 아주 낮은 것에 깃들고,

지극히 어려운 것은 지극히 쉬운 것에서 나온다는 뜻이다.

뜻이 있으면 오히려 멀고 마음에 없으면 저절로 가깝다.

036

水流而境無聲하나니 得處喧見寂之趣요

山高而雲不碍하나니 悟出有入無之機하느니라.

물은 흘러도 소리가 없다.

시끄러운 곳에서 고요함을 느끼는 맛을 얻으라.

산이 높아도 구름은 거리끼지 않는다.

유有에서 나와 무無로 들어가는 기틀을 깨달으라.

037

_{산 림 시 승 지} _{일 영 련} _{변 성 시 조}
山林是勝地나 一營戀하면 便成市朝하며

_{서 화 시 아 사} _{일 탐 치} _{변 성 상 고}
書畫是雅事나 一貪癡하면 便成商賈하나니

_{개 심 무 염 착} _{욕 계 시 선 도}
蓋心無染著하면 欲界是仙都요

_{심 유 계 련} _{낙 경 성 고 해 의}
心有係戀이면 樂境成苦海矣니라.

산과 숲은 참으로 아름답지만 사람의 손길이 집착하면 시장이 되고 만다.

글씨와 그림은 참으로 운치롭지만 욕심에 빠져들면 장사꾼이 되고 만다.

대개 마음이 물들지 않으면 속세도 선경仙境이 되고

마음에 붙잡히게 되면 선경도 고해苦海가 된다.

038

_{시 당 원 잡} _{즉 평 일 소 기 억 자} _{개 만 연 망 거}
時當喧雜하면 則平日所記憶者도 皆漫然忘去하고

_{경 재 청 녕} _{즉 숙 석 소 유 망 자} _{우 황 이 현 전}
境在淸寧하면 則夙昔所遺忘者도 又恍爾現前하나니

_{가 견 정 조 초 분} _{혼 명 돈 이 야}
可見靜躁稍分이라도 昏明頓異也니라.

시끄럽고 복잡한 때를 당하면 평소에 기억했던 것도 멍한 채 잊어버리고,

맑고 고요한 자리에 있으면 지난날 잊었던 것도 뚜렷이 되살아난다.

이것으로 고요함과 시끄러움이 조금만 나뉘어져도

그 마음의 어둡고 맑음이 크게 다른 것을 알 수 있다.

039

盧花被下에 臥雪眠雲하면 保全得一窩夜氣하며
竹葉杯中에 吟風弄月하면 躱離了萬丈紅塵하느니라.

갈대꽃 이불 덮고 오막집에 살면서

눈밭에 누워 구름에 잠잘지라도 밤기운은 능히 막을 수 있다.

술잔을 마주하여 바람을 노래하고 달빛을 희롱하면

이 세상의 온갖 더러움을 모두 떨쳐 낼 수 있다.

040

袞冕行中에 著一藜杖的山人하면 便增一段高風하며
漁樵路上에 著一袞衣的朝士하면 轉添許多俗氣하나니
固知濃不勝淡하며 俗不如雅也로다.

높은 벼슬아치의 무리 가운데 명아주 지팡이를 짚은 한 산인山人이

섞이면 한층 더 고상한 풍취를 엿볼 수 있고,

고기잡이와 나무꾼이 다니는 길에 관복을 입은 벼슬아치가 있다면

오히려 그 속된 기운만 더할 뿐이다.

참으로 짙은 것은 담백한 것만 못하고 속된 것은 고상한 것보다 나을 수 없다.

041

^{출 세 지 도} ^{즉 재 섭 재 중} ^{불 필 절 인 이 도 세}
出世之道는 卽在涉世中이니 不必絶人以逃世하며

^{요 심 지 공} ^{즉 재 진 심 내} ^{불 필 절 욕 이 회 심}
了心之功은 卽在盡心內니 不必絶欲以灰心이니라.

세속世俗을 벗어나는 길은 곧 세상을 건너는 길 속에 있다.

반드시 사람과 인연을 끊고 세상에서 숨어 버릴 일은 아니다.

마음을 깨달을 수 있는 길은 마음을 다하는 속에 있다.

반드시 욕심을 끊어 버리고 마음을 식은 재처럼 해야 하는 아니다.

042

^{차 신} ^{상 방 재 한 처} ^{영 욕 득 실} ^{수 능 수 견 아}
此身을 常放在閒處하면 榮辱得失에 誰能差遣我하매

^{차 심} ^{상 안 재 정 중} ^{시 지 이 해} ^{수 능 만 매 아}
此心을 常安在靜中하면 是非利害에 誰能瞞昧我리요.

이 몸을 언제나 한가로움 속에 머물게 한다면

영욕과 득실 어느 것도 나를 어긋나게 할 수 없다.

이 마음을 언제나 고요함 속에 편히 있게 한다면

시비와 이해, 어느 것도 나를 어둡게 할 수 없다.

043

竹籬下에 忽聞犬吠鷄鳴하면 恍似雲中世界요

芸窓中에 雅聽蟬吟鴉噪하면 方知靜裡乾坤이니라.

대나무 울타리 밑에 홀연히 개 짖고 닭 우는 소리를 들으면

황홀한 구름 속 세계에 머무는 것 같다.

서창書窓 안에서 지저귀는 매미 소리와 까마귀 우짖는 소리를 들으면

마침내 고요 속의 천지를 알 수 있다.

044

我不希榮이어니 何憂乎利祿之香餌하며

我不競進이어니 何畏乎仕官之危機리요.

내 영화榮華를 바라지 않거늘

어찌 이익과 봉록俸祿의 달콤한 미끼를 근심할 것인가.

내 승진을 다투지 않거늘 어찌 벼슬살이의 위기를 두려워할 것인가.

045

상 양 어 산 림 천 석 지 간　　이 진 심 점 식
徜洋於山林泉石之間하면 而塵心漸息하며

이 유 어 시 서 도 화 지 내　　이 속 기 잠 소
夷猶於詩書圖畵之內하면 而俗氣潛消하나니

고 　군 자 　수 불 완 물 상 지 　역 상 차 경 조 심
故로 君子는 雖不玩物喪志나 亦常借境調心하느니라.

숲과 샘과 바위가 있는 산속을 거닐면 때묻은 마음은 저절로 스러지고

시서詩書와 그림에 드리우면 속된 기운은 저절로 사라진다.

군자는 비록 진기한 것을 즐기며 그 속에 빠져, 본마음을 잃는 일은 없지만

항상 아름다운 경지를 빌어 그 마음을 고르게 해야 한다.

046

춘 일 　기 상 　번 화 　영 인 심 신 태 탕
春日은 氣象이 繁華하여 令人心神胎蕩이나

불 약 추 일 　운 백 풍 청 　난 방 계 복
不若秋日의 雲白風淸하고 蘭芳桂馥하며

수 천 일 색 　상 하 공 명 　사 인 신 골 구 청 야
水天一色으로 上下空明하여 使人神骨俱淸也니라.

봄날은 경색景色이 화창하여 사람으로 하여금 심신을 무르익게 하지만

가을날의 흰 구름과 가벼운 바람을 당할 수가 없다.

난초는 꽃답고 계수桂樹는 향기롭지만

물과 하늘이 한 빛이어서 천지가 맑고 밝아

사람의 마음뿐만 아니라 뼛속까지 맑게 하는 가을만 하랴.

047

一字不識이라도 而有詩意者는 得詩家眞趣요
一偈不參이라도 而有禪味者는 悟禪敎玄機니라.

글자 한 자를 모르더라도 시정詩情을 지닌 사람은

시인의 참맛을 훌륭하게 얻는다.

게偈 한 귀를 듣지 못했더라도

선禪의 맛을 지닌 사람은 선교禪敎의 현묘한 기틀을 깨달을 수 있다.

048

機動的은 弓影도 疑爲蛇蝎하고 寢石도 視爲伏虎하나니
此中渾是殺氣요 念息的은 石虎도 可作海鷗하고
蛙聲도 可當鼓吹하나니 觸處에 俱見眞機니라.

마음이 혼란하면 활 그림자도 뱀으로 보이고

누운 바위도 엎드린 호랑이로 보인다.

이것은 곧 모든 것을 죽이는 기운이다.

마음이 고요하면 석호石虎도 갈매기로 만들 수 있고

개구리 소리도 아름다운 음악으로 들린다.

이것은 보고 듣는 모두가 참기틀이 된다.

049

身如不繫之舟라 一任流行坎止하며
心似既灰之木이 何妨刀割香塗리요.

몸은 매이지 않는 배와 같다. 가고 멈추는 것은 흐름에 맡겨 두라.

마음은 이미 재가 된 나무와 같다.

칼로 쪼개거나 향을 바른들 무슨 상관 있으랴.

050

人情은 聽鶯啼則喜하고 聞蛙鳴則厭하며
見花則思培之하고 遇草則欲去之하나니
但是 以形氣用事라 若以性天視之하면
何者非自鳴基天機며 非自暢其生意也리요.

사람의 정이란 꾀꼬리 소리를 들으면 즐거워하고 개구리 소리를 들으면 싫어한다.

꽃을 보면 가꾸고 싶고 풀을 보면 뽑아 버리려 한다.

이것은 형체로 일을 판단하기 때문이다.

만약 마음의 본바탕으로 본다면

무엇 하나 스스로 하늘의 기틀을 울리는 것이 아니며

스스로 그 삶의 뜻을 펴지 않는 것이 없다.

051

髮落齒疎^{발락치소}는 任幻形之彫謝^{임환형지조사}하고

鳥吟花咲^{조음화소}는 識自性之眞如^{식자성지진여}니라.

머리칼 빠지고 이빨 성기어지는 허무한 형체의 시들고 변함이여.

새는 노래하고 꽃은 웃음 띠우는 변함없는 자연의 본성이여.

052

欲其中者^{욕기중자}는 波沸寒潭^{파비한담}하여

山林^{산림}도 不見其寂^{불견기적}하며 虛其中者^{허기중자}는 涼生酷署^{양생혹서}하나니

朝市^{조시}도 不知其喧^{부지기원}하느니라.

마음에 욕심이 일면 차가운 연못에 물결이 끓는 듯하여

자연에 묻혀 살아도 그 고요함을 보지 못한다.

마음이 비어 있는 사람은 무더위 속에서도

서늘한 기운이 생겨 시장 한복판에 살아도 시끄러움을 모른다.

053

多^다藏^장者^자는 厚^후亡^망하나니

故^고로 知^지富^부不^불如^여貧^빈之^지無^무盧^려요

高^고步^보者^자는 疾^질顚^전하나니

故^고로 知^지貴^귀不^불如^여賤^천之^지常^상安^안이니라.

많이 지닌 사람은 많이 잃는다.

그러므로 부富는 가난함의 근심 없음만도 못하다.

높이 걷는 사람은 빨리 넘어진다.

그러므로 귀한 사람은 천한 사람의 항상 편안함보다 못하다.

054

讀^독易^역曉^효窓^창하고 丹^단砂^사를 研^연松^송間^간之^지露^로하며 談^담經^경午^오案^안하고

寶^보磬^경은 宣^선竹^죽下^하之^지風^풍이니라.

새벽 창가에서 『주역周易』을 읽으며 숲 속의 이슬로 주묵朱墨을 간다.

한낮의 책상 앞에서 불경佛經을 듣노라면

대숲에서 불어오는 바람이 경성을 실어 보낸다.

055

^{화 거 분 내} ^{종 핍 생 기} ^{조 입 롱 중} ^{편 감 천 취}
花居盆內하면 終乏生機하며 鳥入籠中하면 便減天趣하나니

^{불 약 산 간 화 조} ^{착 집 성 문}
不若山間花鳥가 錯集成文하며

^{고 상 자 약} ^{자 시 유 유 회 심}
翶翔自若하여 自是悠然會心이니라.

꽃이 화분 속에 있으면 생기가 없고 새가 새장 속에 들면 자연의 풍취가 없다.

산속의 꽃과 새는 갖가지로 어우러져 아름다운 무늬를 만들고

마음껏 날아다니는 데서 유연한 묘미를 깨닫게 된다.

056

^{세 인} ^{지 연 인 득 아 자 태 진}
世人이 只緣認得我字太眞이라

^고 ^{다 종 종 기 호 종 종 번 뇌}
故로 多種種嗜好種種煩惱하느니라

^{전 인 운} ^{불 복 지 유 아} ^{안 지 물 위 귀}
前人云하되 不復知有我면 安知物爲貴요

^{우 운} ^{지 신 불 시 아} ^{번 뇌 갱 하 침} ^{진 파 적 지 언 야}
又云하되 知身不是我면 煩惱更何侵고 하니 眞破的之言也로다.

세상 사람들은 '나' 자신만 지나치게 참된 것으로 알기 때문에

갖가지 기호嗜好와 번뇌에 싸인다. 옛사람이 말했다.

"나 있음도 알지 못하면서 어떻게 물건의 귀함을 알겠는가" 다시 말했다.

"이 몸이 내가 아닌 줄 안다면 번뇌가 어떻게 다시 침범할 수 있겠는가?"

참으로 옳은 말이다.

057

^{자 로 시 소} ^{가 이 소 분 치 각 축 지 심}
自老視少하면 可以消奔馳角逐之心이요

^{자 쇠 시 영} ^{가 이 절 분 화 미 려 지 념}
自瘁視榮하면 可以絶紛華靡麗之念이니라.

늙어서 젊음을 보면 바쁘게 달리고 서로가 다투는 마음이 사라진다.

쇠락해져서 영화롭던 때를 생각하면 사치와 화려한 생각을 지울 수 있다.

058

^{인 정 세 태} ^{숙 홀 만 단} ^{불 의 인 득 태 진}
人情世態는 倏忽萬端이니 不宜認得太眞이니라

^{요 부 운} ^{석 일 소 운 아} ^{이 금 각 시 이}
堯夫云하되 昔日所云我가 而今却是伊라

^{부 지 금 일 아} ^{우 속 후 래 수}
不知今日我가 又屬後來誰요

^인 ^{상 작 시 관} ^{편 가 해 각 흉 중 견 의}
人이 常作是觀하면 便可解却胸中罥矣리라.

인정과 세태世態는 갖가지 모양으로 갑자기 변하므로

지나치게 참된 것으로 알지 말라. 요부堯夫가 말했다.

"지난날 내 것이던 것이 오늘은 저 사람 것이 되었으니 알 수 없구나.

오늘의 내 것이 또 뒷날엔 누구의 것이 될 것인가?"

사람이 항상 이렇게만 생각을 가진다면 가슴속 무거운 짐을 풀 수 있다.

059

熱^열鬧^뇨中^중에 著^저一^일冷^랭眼^안하면 便^편省^성許^허多^다苦^고心^심思^사하며

冷^냉落^락處^처에 存^존一^일熱^열心^심하면 便^편得^득許^허多^다眞^진趣^취味^미니라.

아무리 바쁜 때라도 한번쯤 냉정한 눈으로 살피면

문득 잡다한 노심초사를 덜어 낼 수 있다.

아무리 어려운 때라도 한번쯤 뜨거운 마음을 마련하면

문득 넉넉한 참취미를 얻어 낼 수 있다.

060

有^유一^일樂^락境^경界^계하면 就^취有^유一^일不^불樂^락的^적相^상對^대待^대하며

有^유一^일好^호光^광景^경하면 就^취有^유一^일不^불好^호的^적相^상乘^승除^제하나니

只^지是^시尋^심常^상家^가飯^반과 素^소位^위風^풍光^광이라야 纔^재是^시個^개安^안樂^락的^적窩^와巢^소니라.

한편에 즐거운 경지가 있으면 다른 한편에는

고통의 경지가 있어 서로 상대를 이룬다.

하나의 좋은 광경이 있으면 또 하나의 나쁜 광경이 있어 서로 비교를 이룬다.

늘 먹는 밥과 평범한 생활만이 참으로 안락한 경지다.

061

염 룡 고 창　　간 청 산 록 수　　탄 토 운 연　　식 건 곤 지 자 재
簾櫳高敞하여 看靑山綠水의 呑吐雲煙하면 識乾坤之自在하며

죽 수 부 소　　임 유 연 명 구　　송 영 시 서　　지 물 아 지 량 망
竹樹扶疎에 任乳燕鳴鳩의 送迎時序하면 知物我之兩忘이니라.

발을 높이 걷고 난간에 기대어, 푸른 산이 구름을 토하고

푸른 물이 안개를 머금고 있음을 보면

천지는 본래부터 자재自在하고 있음을 알 수 있다.

온갖 나무와 대수풀 우거진 곳에 제비들 새끼 치고 비둘기들 울어대며

세월을 맞고 보냄을 보면 사물과 나를 함께 잊을수 있다.

062

지 성 지 필 패　　즉 구 성 지 심　　불 필 태 견
知成之必敗면 則求成之心이 不必太堅이며

지 생 지 필 사　　즉 보 생 지 도　　불 필 과 로
知生之必死면 則保生之道에 不必過勞니라.

이루어 놓은 것은 반드시 무너질 수 있다는 것을 안다면

이루기 위하여 지나치게 마음을 굳히지 않을 것이다.

삶이란 반드시 죽는 것임을 안다면

삶을 보전하기 위해 지나치게 애태우지 않을 것이다.

063

古德이 云竹影掃階나 塵不動하고

月輪穿沼나 水無痕이라 吾儒도 云水流任急境常靜이요

花落雖頻意自閑하니 人이 常持此意하면 以應事接物하면

身心이 何等自在리요.

옛 고승高僧이 말했다.

"대나무 그림자가 섬돌 위를 쓸어도 티끌은 움직이지 않고
달빛이 못물을 뚫어도 물 위에는 흔적이 없다."또 옛 선비가 말했다.
"흐르는 물은 아무리 빨라도 주위는 고요하고 꽃은 자주 지지만
마음은 스스로 한가롭다." 사람들이 항상 이 뜻으로 사물에 접한다면
몸과 마음이 얼마나 자유로울 것인가.

064

林間松韻과 石上泉聲을 靜裡聽來면 識天地自然鳴佩하며

草際煙光과 水心雲影을 閒中觀去면 見乾坤最上文章이니라.

숲 사이 솔바람 소리와 돌 위의 샘물 소리도 고요히 듣다 보면
모두가 천지자연의 음악인 것을. 풀섶의 안개빛과 물속의 구름 그림자도
한가롭게 들여다보면 천지의 으뜸가는 문장인 것을.

065

眼看西晉之荊榛이어도 猶矜白刃하며
身屬北邙之狐兔로되 尚惜黃金이라
語에 云猛獸는 易伏이나 人心은 難降하며
谿壑은 易滿이나 人心은 難滿이라 하니 信哉라.

눈으로 서진西晉의 가시밭을 보면서도
오히려 칼날의 푸른 서슬을 뽐내고, 몸은 북망北邙의 여우와 토끼 몫이건만
오히려 황금에 눈이 어둡다. 옛사람이 일렀다.
"사나운 짐승은 길들이기 쉬워도 사람의 마음은 행복받기 어렵고,
깊은 골짜기는 채우기 쉬워도 사람 마음은 채우기가 어렵다."
참으로 옳은 말이다.

066

心地上에 無風濤면 隨在에 皆青山綠樹요
性天中에 有化育이면 觸處에 見魚躍鳶飛하리라.

마음 위에 바람과 물결이 없으면 이르는 곳마다 푸른 산과 푸른 물이다.
본성本性 속에 화육化育하는 기운이 있으면
이르는 곳마다 물고기 뛰고 솔개가 난다.

067

^{아 관 대 대 지 사} ^{일 단 도 경 기 소 립} ^{표 표 연 일 야}
峨冠大帶之士라도 一旦睹輕蓑小笠으로 飄飄然逸也하면

^{미 필 부 동 기 자 차} ^{장 연 광 석 지 호}
未必不動其咨嗟하며 長筵廣席之豪라도

^{일 단 우 소 렴 쟁 궤} ^{유 유 언 정 야} ^{미 필 부 증 기 권 련}
一旦遇疎簾淨几로 悠悠焉靜也하면 未必不增其綣戀하나니

^인 ^{내 하 구 이 화 우} ^{유 이 풍 마} ^{이 불 사 자 적 기 성 재}
人이 奈何驅以火牛하며 誘以風馬하여 而不思自適其性哉아.

높은 관冠 쓰고 큰 띠 두른 선비라도 한번쯤 가벼운 도롱이에 작은 삿갓 쓰고
표연히 안일함을 보게 되면 탄식하지 않을 수 없으리라.
넓고 큰 자리에 앉은 부자라도 한번쯤 성긴 발簾을 드리우고 깨끗한 책상 앞에서
유연히 고요함을 만나게 되면 그리움의 마음을 더하지 않을 수 없으리라.
사람들은 어찌하여 화우火牛로 쫓고 풍마風馬로써 꾀일 줄만 알고
스스로 그 본성에 맞게 자적自適할 줄을 모르는가.

068

^{어 득 수 서} ^{이 상 망 호 수} ^{조 래 풍 비} ^{이 부 지 유 풍}
魚得水逝로되 而相忘乎水하며 鳥乘風飛로되 而不知有風하나니

^{식 차} ^{가 이 초 물 루} ^{가 이 낙 천 기}
識此면 可以超物累하며 可以樂天機니라.

물고기는 물을 얻어 헤엄을 치지만 물을 잊어버린다.
새는 바람을 타고 날지만 바람이 있음을 모른다. 이것을 알면
사물의 얽매임에서 벗어나게 되고 하늘의 묘한 기틀을 즐길 수 있다.

069

_{호 면 패 체}　　　_{토 주 황 대}　　　_{진 시 당 년 가 무 지 지}
孤眠敗砌하고 兎走荒臺하니 盡是當年歌舞之地요

_{노 랭 황 화}　　　_{연 미 쇠 초}　　　_{실 속 구 시 쟁 전 지 장}
露冷黃花하고 煙迷衰草하니 悉屬舊時爭戰之場이라

_{성 쇠 하 상}　_{강 약}　_{안 재}　_{염 차}　_{금 인 심 회}
盛衰何常이며 强弱이 安在요 念此면 令人心灰로다.

여우는 무너진 축대에서 잠들고 토끼는 황폐한 전각殿閣에서 달린다.

이 모두가 한때 노래하고 춤추던 곳이다.

이슬은 국화에 싸늘하고 연기는 시든 풀에 감돈다.

이 모두가 한때 전쟁하던 곳이다.

성하고 쇠함이 어찌 항상 같으며 강하고 약함이 또 어디 따로 있겠는가.

생각이 여기에 머물면 사람의 마음은 식은 재처럼 변한다.

070

_{총 욕}　_{불 경}　　　_{한 간 정 전 화 개 화 락}　　　_{거 류 무 의}
寵辱에 不驚하나니 閒看庭前花開花落하며 去留無意하니

_{만 수 천 외 운 권 운 서}　　　_{청 공 랑 월}　　　_{하 천 불 가 고 상}
漫隨天外雲卷雲舒라 晴空朗月에 何天不可翺翔이리요

_{이 비 아 독 투 야 촉}　　　_{청 천 록 훼}　　　_{하 물 불 가 음 탁}
而飛蛾獨投夜燭하며 淸泉綠卉에 何物不可飮啄이리오만

_{이 치 효 편 기 부 서}　　　_희　_{세 지 불 위 비 아 치 효 자 기 하 인 재}
而鴟鴞偏嗜腐鼠하나니 噫라 世之不爲飛蛾鴟鴞者幾何人哉아.

영욕榮辱에 놀라지 않기 때문에 한가로이 뜰 앞에 피고 지는 꽃을 볼 수 있다.

가고 머무는 곳에 뜻이 없기 때문에 하늘 밖으로 무심히 떠도는 구름을

바라볼 수 있다. 하늘 맑고 달마저 밝은데 어디로 날을 데가 없어
불나비는 하필 촛불에 몸을 던진다. 맑은 샘과 푸른 풀 마음 놓고
마시고 먹을 수 있는데도 올빼미는 굳이 썩은 쥐를 즐긴다.
아, 이 세상에 불나비와 올빼미 아닌 사람이 몇이나 될 것인가?

071

纔就筏하여 便思舍筏하면 方是無事道人이며
若騎驢하고 又復覓驢하면 終爲不了禪師니라.

뗏목에 올라 곧 뗏목 버릴 것을 생각하면 이는 곧 일 없는 도인道人이다.

만약 나귀를 타고 다시 또 나귀를 찾는다면

이는 곧 깨달음이 없는 선사禪師가 될 것이다.

072

權貴龍驤과 英雄虎戰을 以冷眼視之하면
如蟻聚羶하며 如蠅競血이요
是非蜂起와 得失蝟興을 以冷情當之하면
如冶化金하며 如湯消雪이니라.

권력 있는 사람이 용이 날뛰듯 서로 겨루고 영웅호걸이 호랑이처럼

으르렁거리는 것도 냉철한 눈으로 보면 마치 개미들이

비린내 나는 고깃덩이에 모여드는 것과 같고, 파리 떼가 다투어 피를 빠는 것과 같다.

시비是非가 벌 떼처럼 일고 이해득실이 고슴도치의 바늘처럼 일어서는 것을

냉철한 마음으로 당해 보면 풀무로 쇠를 녹이고

끓는 물로 눈을 녹이는 것과 다를 바 없다.

073

기 쇄 어 물 욕　　　각 오 생 지 가 애
羈鎖於物欲하면 覺吾生之可哀하며

이 유 어 성 진　　　각 오 생 지 가 락
夷猶於性眞하면 覺吾生之可樂하나니

지 기 가 애　　　즉 진 정　　　입 파
知其可哀하면 則塵情이 立破하며

지 기 가 락　　　즉 성 경　　　자 진
知其可樂하면 則聖境이 自臻하느니라.

물욕物慾에 얽매이면 인간의 삶이 애달픈 것임을 깨닫게 되고,

본성에 따라 자적自適하면 인간의 삶이 즐거운 것임을 깨닫게 된다.

그 애달픈 것을 알면 세속의 욕망이 꺼질 것이고

그 즐거운 것을 알면 성인의 경지에 스스로 이를 수 있다.

074

胸中旣無半點物欲하면 己如雪消爐焰氷消日하며

眼前自有一段空明하면 時見月在靑天影在波하느니라.

가슴속에 조금의 물욕物慾도 없다면

눈덩이가 숯불에 녹고 얼음이 햇볕에 녹는 것과 같다.

눈앞에 한 조각의 밝은 마음이 있다면 언제나 달은 푸른 하늘에 있고

그림자는 물결에 있음을 볼 수 있다.

075

詩思는 在霸陵橋上이라 微吟就에 林岫便己浩然하며

野興在鏡湖曲邊이라 獨往時에 山川自相暎發하느니라.

시상詩想은 패릉교霸陵橋 위에 있다.

나직이 읊조리면 숲과 골짜기가 문득 호연浩然해진다.

맑은 흥취는 경호鏡湖의 기슭에 있다.

혼자 거닐면 산과 시냇물이 서로 비춘다.

076

_{복 구 자} _{비 필 고} _{개 선 자} _{사 독 조}
伏久者는 飛必高하며 開先者는 謝獨早하나니

_{지 차} _{가 이 면 층 등 지 우} _{가 이 소 조 급 지 념}
知此면 可以免蹭蹬之憂하며 可以消躁急之念하리라.

오래 엎드린 새는 반드시 높이 날고 먼저 핀 꽃은 또한 먼저 시든다.

이를 알면 발을 잘못 디딜 근심도 없을 것이며

조급한 생각은 사라지고 말 것이다.

077

_{수 목} _{지 귀 근 이 후} _{지 화 악 지 엽 지 도 영}
樹木은 至歸根而後에 知華萼枝葉之徒榮하며

_{인 사} _{지 개 관 이 후} _{지 자 녀 옥 백 지 무 익}
人事는 至蓋棺而後에 知子女玉帛之無益이니라.

나무는 뿌리로 돌아갈 때에 다다라서야

비로소 꽃과 잎새가 허망한 것을 안다.

사람은 죽어서 관 뚜껑을 덮은 뒤에라야

비로소 자손과 재물이 쓸데없는 것임을 알게 된다.

078

眞空이 不空이니 執相도 非眞이요

破相도 亦非眞이라 問世尊은 如何發付요

在世出世에 徇欲이 是苦요

絕欲이 亦是苦라 하니 聽吾儕善自修持니라.

진공眞空은 공空이 아니다.

형상形相에 집착하는 것은 진실이 아니며 형상을 깨뜨리는 것도 진실이 아니다.

묻노니 석가세존께서는 어떻게 말씀하셨는가?

"속세에 있거나 출가出家해 있거나 욕망에 끌리는 것이 괴로움이며

그 욕망을 끊어 버리는 것도 또한 괴로움이라."

우리는 이 뜻을 받아 스스로 닦아야 할 것이다.

079

烈士는 讓千乘하고 貪夫는 爭一文하나니

人品은 星淵也나 而好名이 不殊好利요

天子는 營家國하고 乞人은 號饔飱하나니

位分은 霄壤也나 而焦思가 何異焦聲이리요.

의로운 선비는 천승千乘의 나라를 사양하고 탐욕한 사람들은 한 푼 돈으로 다툰다.

그 인품은 하늘과 땅의 차이지만

명예를 좋아하는 것도 이익을 밝히는 것과 다름이 없다.

천자天子는 나라를 다스리기에 번뇌하고 거지는 음식을 얻기에 부르짖는다.

신분은 하늘과 땅의 차이지만 초조한 생각과 초조한 목소리는 다를 것이 없다.

080

포 암 세 미　　　일 임 복 우 번 운　　　총 용 개 안
飽諳世味하면 一任覆雨翻雲하여 總慵開眼하며

회 진 인 정　　　수 교 호 우 환 마　　　지 시 점 두
會盡人情하면 隨敎呼牛喚馬하여 只是點頭니라.

세상살이를 깊이 알면 손바닥 뒤집듯 덧없는 세태에 모두 맡겨 버리고

눈뜨고 보는 것마저도 귀찮아 한다.

인정人情이 어떤 것인지를 다 알고 나면 나를 소라고 부르거나

말이라고 부르거나 부르는 대로 맡겨 버리고 그저 머리만 끄덕일 뿐이다.

081

금 인 전 구 무 념　　　이 종 불 가 무
今人專求無念이나 而終不可無니

지 시 전 념 불 체　　　후 념 불 영　　　단 장 현 재 적 수 연
只是前念不滯하고 後念不迎하여 但將現在的隨緣하여

타 발 득 거　　　자 연 점 점 입 무
打發得去면 自然漸漸入無니라.

지금 사람들은 오로지 무념無念을 찾지만 끝내 얻지 못한다.

다만 앞의 생각에 머무르지 말고 뒤의 생각을 맞이하지 말며

현재의 인연에 따라 일을 처리해 나가면

자연히 무념의 경지로 들어갈 수 있다.

082

의소우회 변성가경 물출천연 재견진기
意所偶會는 便成佳境하며 物出天然이라야 纔見眞機하나니

약가일분조정포치 취미변감의
若加一分調停布置하면 趣味便減矣니라

백씨운 의수무사적 풍축자연청
白氏云하되 意隨無事適이요 風逐自然淸이라 하니

유미재 기언지야
有味哉라 其言之也여.

우연히 마음에 맞으면 문득 아름다움 경지를 이루고

천연에서 나온 것이라야 비로소 참기틀을 만난다.

만약 조금이라도 고치면 그 맛은 곧 줄어든다. 백낙천白樂天이 말했다.

"마음은 아무 일 없을 때 쾌적하고, 바람은 저절로 불어올 때라야 맑다."

참으로 맛있는 말씀이다.

083

성천　징철　즉기식갈음　무비강제신심
性天이 澄徹하면 卽饑喰渴飮이라도 無非康濟身心이나

심지침미　종담선연게　총시파롱정혼
心地沈迷면 縱談禪演偈라고 總是播弄精魂이니라.

천성이 맑으면 배고플 때 밥 먹고 목마를 때 물 마시는 것

모두가 심신을 편안하게 하지만, 마음이 어두우면

비록 선禪을 말하고 게송偈頌을 풀이하더라도

그 모두가 정신을 희롱하는 헛수고일 뿐이다.

084

인심　유개진경　비사비죽이자념유
人心에 有個眞境하면 非絲非竹而自恬愉하며

불연불명이자청분　수념정경공　여망형석
不煙不茗而自淸芬하나니 須念淨境空하며 盧妄形釋하나니

재득이유연기중
纔得以游衍其中하리라.

사람의 마음에는 하나의 참된 경지가 있어 거문고나 피리가 아니더라도

저절로 고요하고 즐거워지며, 향을 피우거나 차를 달이지 않더라도

스스로 맑은 향이 일어난다. 모름지기 생각을 맑게 하고

마음을 비우며 육체를 잊어야 비로소 그 속에 노닐 수 있다.

085

금자광출 옥종석생 비환 무이구진
金自鑛出하며 玉從石生하나니 非幻이면 無以求眞이요

도득주중 선우화리 수아 불능이곡
道得酒中하며 仙遇花裡는 雖雅나 不能離俗이니라.

금金은 광석鑛石에서 나오고 옥玉은 돌에서 생기는 것처럼

환幻이 아니면 진眞을 구할 수 없다.

도道를 술잔 속에서 얻고 신선神仙을 꽃 속에서 만나는 것은

비록 풍아한 일이긴 하지만 속됨을 벗어난 것은 아니다.

086

천지중만물 인륜중만정 세계중만사 이속안관
天地中萬物과 人倫中萬情과 世界中萬事를 以俗眼觀하면

분분각이 이도안관 종종시상
紛紛各異나 以道眼觀하면 種種是常이니

하번분별 하용취사
何煩分別하며 何用取捨리요.

천지 중의 만물과 인륜人倫 중의 온갖 정情과

세계 중의 만사를 속인의 눈으로 보면 그 각각이 다르지만,

도道를 깨달은 사람의 눈으로 보면 모두가 한결같다.

왜 번거로워하며 무엇을 취하고 버릴 것이 있겠는가.

087

_{신 감} _{포 피 와 중} _{득 천 지 충 화 지 기}
神酣하면 布被窩中에 得天地沖和之氣하며

_{미 족} _{여 갱 반 후} _{식 인 생 담 박 지 진}
味足하면 藜羹飯後에 識人生澹泊之眞이니라.

정신이 넉넉하면 베이불 속에서도 천지의 화평한 기운을 얻고

입맛이 넉넉하면 명아주국과 보리밥을 먹고서도 인생의 담백한 참맛을 안다.

088

_{재 탈} _{지 재 자 심} _{심 료} _{즉 도 사 조 점} _{거 연 정 토}
纏脫이 只在自心하나니 心了면 則屠肆糟廛도 居然淨土요

_{불 연} _{종 일 금 일 학} _{일 화 일 훼} _{기 호 수 청}
不然이면 縱一琴一鶴과 一花一卉로 嗜好雖淸이라도

_{마 장 종 재} _{어 운} _{능 휴} _{진 경} _{위 진 경}
魔障終在니라 語에 云하되 能休에는 塵境이 爲眞境이요

_{미 료} _{승 가 시 속 가} _{신 부}
未了면 僧家是俗家라 하니 信夫라.

세상 일에 얽매이고 벗어나는 것도 오직 자기의 마음에 달려 있다.

깨달은 마음이면 푸줏간과 술집도 그대로 정토淨土가 되지만

그렇지 못하면 설령 거문고와 학을 벗으로 하고 화초를 길러

그 즐기는 것이 참으로 맑다하더라도 마귀의 방해를 벗어날 수가 없다.

옛사람이 말했다. "쉴 줄을 알면 속세도 진경眞境이 되고

깨닫지 못하면 절간도 속세가 된다"고 참으로 진실된 말이다.

089

斗室中이라도 萬廬都捐하면 說甚畫棟飛雲珠簾捲雨하며
三杯後에 一眞을 自得하면 唯知素琴橫月短笛吟風이니라.

좁은 방에서도 모든 근심 다 버리면

'단청 올린 들보에 구름이 날고 구슬발 걷고서 내리는 비를 바라본다'는

말을 새삼 할 필요가 없다. 술 석잔 마신 후에 스스로 참마음을 얻는다면

거문고를 달빛 아래 비껴 타고

피리를 바람으로 읊조리는 것만으로 족할 수가 있다.

090

萬籟寂蓼中에 忽聞一鳥弄聲하면 便喚起許多幽趣요
萬卉摧剝後에 忽見一枝擢秀하면 便觸動無限生機하나니
可見性天이 未常枯槁하며 機神最宜觸發이니라.

만상萬象이 적적한 가운데 문득 한 마리 새소리를 들으면

온갖 그윽한 정취를 불러일으킨다.

모든 초목이 시들어 잎진 뒤에 문득 한 가지의 빼어난 꽃을 보면

무한한 삶의 기운이 샘솟는다.

보라, 마음은 항상 메마르지 않고 정신은 사물에 부딪쳐 나타나는 것을.

091

_{백씨운} _{불여방신심} _{명연임천조}
白氏云하되 不如放身心하여 冥然任天造라 하고

_{조씨운} _{불여수신심} _{응연귀적정}
晁氏云하되 不如收身心하여 凝然歸寂定이라 하니라.

_{방자류위창광} _{수자} _{입어고적}
放者流爲猖狂하며 收者는 入於枯寂하나니

_{유선조신심적} _{파병재수} _{수방자여}
唯善操身心的이라야 把柄在手하여 收放自如니라.

백낙천白樂天이 말했다. "몸과 마음을 다 놓아 버린 다음 눈 감은 채

되는 대로 맡기는 것이 제일이다." 또 조보지晁補之가 말했다.

"마음과 몸을 거두어 움직이지 않고 조용히 적정寂靜으로 돌아가는 것이 제일이다."

놓아 버리면 흐르고 넘쳐 미치광이가 될 것이고 모두 거두면

따분하고 막혀서 생기가 없어진다. 오직 심신을 잘 가누기 위해서는

그 자루를 잡아야 거두고 놓는 것이 자재로울 것이다.

092

_{당설야월천} _{심경} _{변이징철} _{우춘풍화기}
當雪夜月天하면 心境이 便爾澄徹하며 遇春風和氣하면

_{의계} _{역자충융} _{조화인심} _{혼합무간}
意界가 亦自冲融하나니 造化人心이 混合無間이니라.

눈 내린 밤에 달 밝은 하늘을 보면 마음도 문득 그처럼 맑아지고

봄바람의 온화한 기운을 만나면 마음도 또한 부드러워진다.

이처럼 자연과 사람의 마음은 한데 어우러져 조금의 틈도 없다.

093

^{문 이 졸 진}   ^{도 이 졸 성}   ^{일 졸 자}   ^{유 무 한 의 미}   ^{여 조 원 견 폐}
文以拙進하며 道以拙成하나니 一拙字에 有無限意味라 如桃源犬吠요

^{상 간 계 명}   ^{하 등 순 룡}   ^{지 어 한 담 지 월}   ^{고 목 지 아}
桑間鷄鳴이 何等淳龐하고 至於寒潭之月과 枯木之鴉하여는

^{공 교 중}   ^{변 각 유 쇠 삽 기 상 의}
工巧中에 便覺有衰颯氣象矣로다.

글은 꾸미지 않음拙으로써 나아가고 도道는 꾸미지 않음拙으로써 이루어진다.

이 졸拙 자 한 자에 무한한 뜻이 있다.

'복사꽃 핀 마을에서 개가 짖고 뽕나무 밭에서 닭이 운다'고 하면 얼마나 순박한가?

그러나 '찬 연못에 달이 밝고 고목나무에 까마귀 운다'고 하면

기교롭기는 하지만 쓸쓸하고 가벼운 기상을 느끼게 된다.

094

^{이 아 전 물 자}   ^{득 고 불 희}   ^{실 역 불 우}
以我轉物者는 得固不喜하며 失亦不憂하나니

^{대 지 진 속 소 요}   ^{이 물 역 아 자}   ^{역 고 생 증}
大地盡屬逍遙하며 以物役我者는 逆固生憎하며

^{순 역 생 애}   ^{일 모 변 생 전 박}
順亦生愛하나니 一毛便生纏縛하느니라.

자신으로 하여금 사물事物을 움직이게 하는 사람은

얻어도 기뻐하지 않고 잃어도 근심하지 않는다.

넓은 대지가 다 그가 소요하는 곳이기 때문이다.

사물로 하여금 자신을 움직이게 하는 사람은 역경을 짐짓 미워하고

순탄한 길만을 좋아한다. 털끝 만한 일에도 얽매이기 때문이다.

095

^{이 적 즉 사 적} ^{견 사 집 리 자} ^{사 거 영 류 형}
理寂則事寂하나니 遣事執理者는 似去影留形이요

^{심 공 즉 경 공} ^{거 경 존 심 자} ^{여 취 전 각 예}
心空則境空하나니 去境存心者는 如聚羶却蚋니라.

도리道理가 쓸쓸하면 실사實事도 쓸쓸하다.

실사를 버리고 도리에 집착하는 것은

그림자를 버리고 형체만을 남겨 두는 것과 같다.

마음이 비면 경계도 비게 된다.

그렇다고 경계를 버리고 마음만 지니려 하는 것은

마치 비린내 나는 고깃덩이를 모아 놓고 모기를 쫓으려는 것과 같다.

096

^{유 인 청 사} ^{재 재 자 적} ^고 ^{주 이 불 권} ^{위 환}
幽人淸事는 總在自適이라 故로 酒以不勸으로 爲歡하고

^{기 이 부 쟁} ^{위 승} ^{적 이 무 강} ^{위 적}
棋以不爭으로 爲勝하고 笛以無腔으로 爲適하고

^{금 이 무 현} ^{위 고} ^{회 의 불 기 약} ^{위 진 솔}
琴以無絃으로 爲高하고 會以不期約으로 爲眞率하고

^{객 이 불 영 송} ^{위 탄 이}
客以不迎送으로 爲坦夷하고

^{약 일 견 문 니 적} ^{변 락 진 세 고 해 의}
若一牽文泥迹하면 便落塵世苦海矣리라.

은자隱者의 맑은 흥취는 유유자적悠悠自適함에 있다.

그러므로 술은 권하지 않음으로써 기쁨을 삼고,

바둑은 다투지 않음으로써 이기는 것이며,

피리는 구멍이 없음을 좋게 여기고 거문고는 줄이 없음을 고상하게 여기며,

만남은 기약 없음을 참됨으로 삼고

손님은 마중과 배웅이 없으므로 편하다고 한다.

만약 한 번이라도 겉치레에 이끌리고 형식에 얽매인다면

문득 속세의 고해苦海에 떨어지고 만다.

097

^{시사미생지전} ^{유하상모}
試思未生之前에 有何象貌하여

^{우사기사지후} ^{작하경색}
又思旣死之後에 作何景色하면

^{즉만념회랭} ^{일성적연} ^{자가초물외유상선}
則萬念灰冷하고 一性寂然하여 自可超物外遊象先이니라.

이 몸이 태어나기 전에 어떤 모양이었을까를 생각해 보라.

또 이 몸이 죽은 뒤에는 어떤 모습이 될까를 생각해 보라.

모든 생각이 불 꺼진 재처럼 식어 버리고

한 조각 본성本性만이 남은 채 만물 밖으로 나와 절대경에서 거닐고 있음이여.

098

^{우 병 이 후} ^{사 강 지 위 보} ^{처 란 이 후} ^{사 평 지 위 복} ^{비 조 지 야}
遇病而後에 思强之爲寶하며 處亂而後에 思平之爲福은 非蚤智也라

^{행 복 이 선 지 기 위 화 지 본}
倖福而先知其爲禍之本하며

^{탐 생 이 선 지 기 위 사 지 인} ^{기 탁 견 호}
貪生而先知其爲死之因은 其卓見乎로다.

병든 후에라야 건강이 보배인 것을 알고 난세亂世를 당해 본 후에라야

평화의 행복을 안다는 것은 선견지명先見之明이 아니다.

복福을 바라는 것이 재앙의 근본임을 알고 생명을 탐하는 것이

죽음의 원인임을 안다면 그것이야말로 뛰어난 식견이 아닐 수 없다.

099

^{우 인} ^{부 분 조 주} ^{효 연 추 어 호 단}
優人이 傅粉調硃하여 效妍醜於豪端하나

^{아 이} ^{가 잔 장 파} ^{연 추 하 존}
俄而오 歌殘場罷하면 妍醜何存이며

^{혁 자} ^{쟁 선 경 후} ^{교 자 웅 어 착 자}
弈者가 爭先競後하여 較雌雄於著子하나

^{아 이 국 진 자 수} ^{자 웅} ^{안 재}
俄而局盡子收하면 雌雄이 安在오.

배우가 분 바르고 연지 찍어 붓끝으로 아름다움을 나타내지만

이윽고 노래가 끝나고 막이 내리면 아름답고 추함이 어디에 있는가.

바둑 두는 사람이 앞을 다투고 뒤를 겨루어 바둑돌로 승패를 겨루지만,

이윽고 판이 끝나고 바둑돌을 거두면 이기고 지는 것이 어디에 있는가.

100

_{풍 화 지 소 쇄}   _{설 월 지 공 청}   _{유 정 자 위 지 주}
風花之瀟洒와 雪月之空淸은 唯靜者爲之主하며

_{수 목 지 영 고}   _{죽 석 지 소 장}   _{독 한 자 조 기 권}
水木之榮枯와 竹石之消長은 獨閒者操其權이니라.

바람과 꽃이 깨끗하고 눈과 달빛이 맑은 것은

오로지 고용한 사람만이 그 주인이 된다.

물과 나무가 무성하고 마르는 것과, 대나무와 돌이 자라고 사라지는 것은

오로지 한가로운 사람만이 그것을 가질 수 있다.

101

_{전 부 야 수}   _{어 이 황 계 백 주}   _{즉 흔 연 희}
田父野叟는 語以黃鷄白酒하면 則欣然喜하나

_{문 이 정 식}   _{즉 부 지}   _{어 이 온 포 단 갈}
問以鼎食하면 則不知하며 語以縕袍短褐하면

_{즉 유 연 락}   _{문 이 곤 복}   _{즉 불 식}
則油然樂하나 問以袞服하면 則不識하나니

_{기 천 전}   _고   _{기 욕 담}   _{차 시 인 생 제 일 개 경 계}
其天全이 故로 其欲淡이라 此是人生第一個境界니라.

밭 가는 시골 늙은이는 닭고기와 막걸리 이야기를 하면

떨 듯이 기뻐하지만 큰 연회의 고급 요리를 물어 보면 알지 못한다.

무명 두루마기와 베잠방이 이야기를 하면 좋아하지만

훌륭한 곤룡포袞龍袍를 물어 보면 알지 못한다.

이것은 그 천성이 온전하고 욕망이 담백하기 때문이다.

이것이야말로 인생 제일의 경계境界이다.

102

심무기심 하유어관 석씨왈관심자 중증기장
心無其心하면 何有於觀이리요 釋氏曰觀心者는 重增其障이요

물본일물 하대어제 장생왈제물자 자부기동
物本一物이니 何待於齊리요 莊生曰齊物者는 自剖其同이니라.

마음에 망심妄心이 없으면 살필 것조차도 없다.

불교에서 이르는 '마음을 본다'는 말은 오히려 그 장해를 더할 뿐이다.

만물은 원래 한 가지인데 어찌 가지런하기를 바랄 것인가.

장자莊子가 말하는 '만물을 가지런히 한다'는 것은

똑같은 것을 짐짓 갈라놓을 뿐이다.

103

생가정농처 변자불의장왕
笙歌正濃處에 便自拂衣長往하나니

선달인살수현애 경루이잔시 유연야행불휴
羨達人撒手懸崖하며 更漏已殘時에 猶然夜行不休하나니

소속사침신고해
咲俗士沈身苦海니라.

피리 불고 노래하여 바야흐로 흥이 무르익은 곳에서

문득 옷자락을 떨치며 자리를 떠나는 것은,

달인達人이 벼랑에서 손을 놓고 거니는 것처럼 부러운 일이다.

시간이 이미 다 지났는데 오히려 밤길을 서성이는 것은

마치 속된 선비가 몸을 고해苦海에 잠그는 것같이 우스운 일이다.

104

把握未定이면 宜絶跡塵囂하여 使此心으로 不見可欲而不亂하여

以澄吾靜體하며 操持旣堅커든 又當混跡風塵하여

使此心見可欲而亦不亂하여 以養吾圓機니라.

마음이 아직 정해지지 않았으면 마땅히 번잡한 곳에서 발길을 끊어야 한다.

그 마음으로 하여금 욕심나는 것을 보지 못하게 하고

어지럽지 않게 하여 마음의 본바탕을 맑게 해야 한다.

마음을 이미 굳게 잡았으면 마땅히 다시 그 번잡한 곳으로 뛰어들어야 한다.

그 마음으로 하여금 욕심나는 것을 보아도 마음이

어지럽지 않게 하여 스스로의 원기圓機를 길러야 한다.

105

喜寂厭喧者는 往往避人以求靜하나니

不知意在無人하면 便成我相하며 心著於靜하면 便是動根이라

如何到得人我一視하며 動靜兩忘的境界리요.

고요함을 좋아하고 시끄러움을 싫어하는 사람은

흔히 사람을 피함으로써 고요함을 찾는다. 뜻이 사람 없음에 있으면

그것은 곧 자아에 집착하는 것이며, 마음이 고요함에 집착하면

이것이 곧 움직임의 근본임을 모르는 탓이다.

어찌 남과 나를 하나로 볼 수 있으며 움직임과 고요함을 둘 다 잊을 수 있겠는가?

106

山居하면 胸次淸洒하여 觸物皆有佳思하나니

見孤雲野鶴하면 而起超絶之想하며 遇石澗流泉하면

而動澡雪之思하며 撫老檜寒梅하면 而勁節挺立하며

侶沙鷗麋鹿하면 而機心頓忘이라

若一走入塵寰하며 無論物不相關하고

卽此身이 亦屬贅旒矣리라.

산중에 살면 가슴속이 맑고 깨끗하여 부딪치는 사물마다 모두가 아름답다.

외로운 구름, 한가로운 학을 보면서 초절超絶의 생각을 일으키고,

계곡으로 흐르는 물을 만나면서 마음의 때를 씻는다.

늙은 전나무와 차가운 매화나무를 어루만지면서 굳센 기개를 일으키고

모래톱의 갈매기와 깊은 산속 사슴을 벗 삼으면서 번거로운 마음을 잊어버린다.

그러나 만일 한번쯤 세상에 뛰어들게 되면 비록 바깥의

모든 사물과 상관하지 않더라도 이 몸은 어느새 부질없어진다.

107

興逐時來하면 芳草中에 撤履閒行하나니 野鳥忘機時作伴이요
<small>흥 축 시 래　　　방 초 중　　철 리 한 행　　　야 조 망 기 시 작 반</small>

景與心會하면 落花下에 披襟兀坐하나니 白雲無語漫相留로다.
<small>경 여 심 회　　낙 화 하　피 금 올 좌　　　백 운 무 어 만 상 류</small>

흥겨움이 때맞추어 일어나면 맨발로 풀밭을 거닐게 되고

들새도 겁내지 않고 벗이 된다. 경치가 마음에 들면 지는 꽃 아래 옷깃 헤치고

우두커니 앉게 되고 흰 구름도 말없이 천천히 다가와 머문다.

108

人生福境禍區는 皆念想造成이라
<small>인 생 복 경 화 구　　개 념 상 조 성</small>

故로 釋氏云하되 利欲熾然하면 卽時火坑이요
<small>고　석 씨 운　　　이 욕 치 연　　　즉 시 화 갱</small>

貪愛沈溺하면 便爲苦海하며 一念淸淨하면 烈焰成池하고
<small>탐 애 침 닉　　　변 위 고 해　　일 념 청 정　　　열 염 성 지</small>

一念警覺하면 船登彼岸이라 念頭稍異에 境界頓殊라 可不愼哉아.
<small>일 념 경 각　　　선 등 피 안　　염 두 초 이　경 계 돈 수　가 불 신 재</small>

사람의 행복과 불행은 모두가 마음이 만들어 낸다. 석가釋迦가 말했다.

"욕심이 불길처럼 활활 타오르면 그것이 곧 불구덩이며

탐애貪愛에 빠지면 그것이 곧 괴로움의 바다가 된다.

한 생각이 깨끗하면 사나운 불꽃도 연못이 되고 한 마음이 깨달으면

배가 저 언덕으로 오를 수 있다."

생각이 조금만 달라도 경계는 크게 달라진다. 어찌 삼가지 않을 수 있겠는가?

109

繩鉅木斷하며 水滴石穿하나니

學道者는 須加力索하라

水到渠成하며 瓜熟蒂落하나니

得道者는 一任天機니라.

새끼줄도 톱으로 쓰면 나무가 잘라지고 물방울도 오래 떨어지면 돌을 뚫는다.

도道를 배우는 사람은 모름지기 힘써 구하라.

물이 모이면 개천을 이루고 참외가 익으면 꼭지가 떨어진다.

도를 얻으려는 사람은 오로지 하늘에 맡기라.

110

機息時에 便有月到風來하나니

不必苦海人世요 心遠處에 自無車塵馬迹이니 何須痼疾丘山이랴.

마음이 쉬면 문득 달이 떠오르고 바람이 분다.

반드시 인간 세상을 고해苦海로만 생각할 수 없다.

마음이 멀면 수레의 티끌과 말발굽 소리가 스스로 없어진다.

어이 산속 그리움에만 젖어 있으랴.

111

草^초木^목이 纔^재盈^영落^락하면 便^변露^로萌^맹穎^영於^어根^근底^저하며

時^시序^서雖^수凝^응寒^한이나 終^종回^회陽^양氣^기於^어飛^비灰^회하여

肅^숙殺^살之^지中^중에 生^생生^생之^지意^의常^상爲^위之^지主^주하나니

卽^즉是^시可^가以^이見^견天^천地^지之^지心^심이니라.

잎이 떨어지면 싹이 뿌리에서 돋아난다.

계절은 비록 엄동이지만 마침내 날아다니는 재灰로 봄기운이 감돈다.

죽음의 기운 가운데에서도 항상 생성의 뜻이 앞서는 것은,

이것이 바로 천지의 마음이기 때문이다.

112

雨^우餘^여에 觀^관山^산色^색하면 景^경象^상이 便^변覺^각新^신妍^연하며

夜^야靜^정에 聽^청鍾^종聲^성하면 音^음響^향이 尤^우爲^위淸^청越^월이니라.

비 개인 뒤의 산빛을 보면 더욱 곱고 새로우며

고요한 밤에 종소리를 들으면 그 소리는 더욱 맑고 높다.

113

_{등 고} _{사 인 심 광} _{임 류} _{사 인 의 원}
登高하면 使人心曠하고 臨流하면 使人意遠하며

_{독 서 어 우 설 지 야} _{사 인 신 청} _{서 수}
讀書於雨雪之夜하면 使人神淸하고 舒嘯하며

_{어 구 부 지 전} _{사 인 흥 매}
於丘阜之巔하면 使人興邁니라.

높은 곳에 오르면 사람의 마음이 넓어지고

맑은 시냇가에 서면 사람의 뜻이 멀어진다.

눈비 오는 밤에 책을 읽으면 사람의 정신이 맑아지고

언덕에 올라 시구를 읊으면 사람의 흥취가 높아진다.

114

_{심 광} _{즉 만 종} _{여 와 부}
心曠하면 則萬鍾도 如瓦缶요

_{심 애} _{즉 일 발} _{사 거 륜}
心隘하면 則一髮도 似車輪이니라.

마음이 넓으면 만종萬鐘도 질그릇 같고

마음이 좁으면 한 올 머리칼도 수레바퀴와 같다.

115

무 풍 월 화 류　　불 성 조 화　　　무 정 욕 기 호
無風月花柳면 不成造化하며 無情欲嗜好면

불 성 심 체　　　지 이 아 전 물
不成心體라 只以我轉物하고

불 이 물 역 아　　즉 기 욕　　　막 비 천 기
不以物役我면 則嗜慾이 莫非天機요

진 정　　　즉 시 리 경 의
塵情도 卽是理境矣니라.

바람과 달과 꽃과 버들이 없으면 천지의 조화도 이루어지지 못하며,

정욕과 기호嗜湖가 없으면 마음의 본체도 이루어지지 못한다.

다만 나로 하여금 사물을 움직이게 하고 사물로 하여금

나를 움직이게 하지 않는다면, 기호와 정욕도 하늘의 작용 아닌 것이 없고

세상의 마음도 곧 진리의 경계가 된다.

116

취 일 신 료 일 신 자　　방 능 이 만 물　　부 만 물
就一身了一身者는 方能以萬物로 付萬物하며

환 천 하 어 천 하 자　　방 능 출 세 간 어 세 간
還天下於天下者는 方能出世間於世間이니라.

자신의 한 몸에 대하여 한 몸을 다 깨달은 사람은

마침내 만물萬物을 만물에 맡길 수 있다.

천하를 천하天下에 돌릴 줄 아는 사람은

마침내 세상에서 세상을 벗어날 수 있다.

117

인생 태한 즉별념 절생 태망 즉진성 불현
人生이 太閒하면 則別念이 竊生하고 太忙하면 則眞性이 不現하나니

고 사군자 불가불포신심지우 역불가불탐풍월지취
故로 士君子는 不可不抱身心之憂하며 亦不可不耽風月之趣니라.

사람이 지나치게 한가하면 쓸데없는 생각이 몰래 생기고

너무 바쁘면 본성本性이 나타나지 않는다.

그러므로 군자君子는 심신의 근심을 지니지 않을 수 없으며

또한 풍월風月의 취미를 지니지 않을 수 없다.

118

인심 다종동처실진 약일념불생
人心은 多從動處失眞이라 若一念不生하여

징연정좌 운흥이유연공서 우적이랭연구청
澄然靜坐하면 雲興而悠然共逝하며 雨滴而冷然俱淸하며

조제이흔연유회 화락이소연자득
鳥啼而欣然有會하며 花落而瀟然自得하나니

하지비진경이며 하물비진기니라
何地非眞境이며 何物無眞機리요.

사람의 마음은 동요로써 진실을 잃는다.

아무런 생각도 일으키지 않고 맑은 마음으로 고요히 앉아 있으면,

구름이 일면 유연히 함께하고 빗방울이 떨어지면 냉연히 함께 맑아지며

새가 지저귀면 흔연히 즐거워하고 꽃이 지면 환히 스스로 깨달을 수 있다.

어느 곳인들 참스런 경지가 아니고 어느 것인들 참스런 작용이 아닐 수 없다.

119

자 생 이 모 위　　강 적 이 도 규
子生而母危하며 鏹積而盜窺하나니

하 희 비 우 야　　빈 가 이 절 용　　병 가 이 보 신　　하 우 비 희 야
何喜非憂也며 貧可以節用하며 病可以保身하나니 何憂非喜也리요

고　달 인　　당 순 역 일 시 이 흔 척 량 망
故로 達人은 當順逆一視而欣戚兩忘이니라.

자식이 태어날 때면 어머니가 위태롭고 돈이 쌓이면 도둑이 엿본다.

어느 기쁨도 근심 아닌 것이 없다.

가난은 근검절약하게 하고 병病은 몸을 보전한다.

어느 근심도 기쁨 아닌 것이 없다.

그러므로 깨어난 사람은 순탄할 때와 어려울 때를 같이 보고

기쁨과 근심을 모두 잊어버린다.

120

이 근　　사 표 곡 투 향　　과 이 불 류　　즉 시 비 구 사
耳根은 似颺谷投響하여 過而不留면 則是非俱謝하며

심 경　　여 월 지 침 색　　공 이 불 착　　즉 물 아 량 망
心境은 如月池浸色하여 空而不著하면 則物我兩忘이니라.

귀는 세찬 바람이 계곡에 불어닥쳐 메아리를 내는 것과 같아서,

바람이 지난 뒤 메아리가 머물지 않음과 같이하면 시비是非도 함께 사라진다.

마음은 밝은 달이 연못에 비치지만 텅 비어서 어디에도 머물지 않음과 같이하면

사물事物과 나를 모두 잊을 수 있다.

121

世人^{세인}이 爲榮利纏縛^{위영리전박}하여 動曰塵世苦海^{동왈진세고해}라 하니

不知雲白山靑^{부지운백산청}하며 川行石立^{천행석립}하며 花迎鳥笑^{화영조소}하며 谷答樵謳^{곡답초구}로다

世亦不塵^{세역부진}이요 海亦不苦^{해역불고}언만 彼自塵苦其心爾^{피자진고기심이}니라.

세상 사람들은 영리에 얽매여 걸핏하면 진세 고해塵世苦海라 하지만

흰 구름과 푸른 산, 흐르는 냇물과 치솟은 바위, 꽃은 맞이하고

새는 웃으며 골짜기는 화답하고 나무꾼은 노래하는 것을 모른다.

이 세상은 티끌이 아니고 괴로움의 바다도 아닌데 사람들은

스스로 자신의 마음을 티끌과 괴로움의 바다로 만들고 있다.

122

花看半開^{화간반개}하고 酒飮微醉^{주음미취}하면 此中^{차중}에 大有佳趣^{대유가취}라

若至爛漫酕醄^{약지난만모도}면 便成惡境^{변성악경}하나니 履盈滿者^{이영만자}는 宜思之^{의사지}니라.

꽃은 반쯤 핀 것을 보고 술은 조금만 취하게 마시면

그중에 참으로 아름다운 것이 있다.

꽃이 활짝 피고 술이 흠뻑 취하기에 다다르면 문득 추악한 경지를 만나게 된다.

가득 찬 곳에 있는 사람은 마땅히 생각할 일이다.

123

山肴는 不受世間灌漑하며 野禽은 不受世間豢養이로되

其味皆香而且冽하나니 吾人能不爲世法所點染하면

其臭味不逈然別乎아.

산에 나는 나물은 가꾸지 않아도 스스로 자라고

들에 사는 새는 기르지 않아도 스스로 살건만 그 맛은 모두 향기롭고 맑다.

사람도 세상의 법에 물들지 않으면 그 맛은 뛰어나게 다를 것이다.

124

栽花種竹하며 玩鶴觀魚도 亦要有段自得處니

若徒留連光景하여 玩弄物華면 亦吾儒之口耳요

釋氏之頑空而已니 有何佳趣리요.

꽃을 가꾸고 대나무를 심으며 학鶴을 즐기고

물고기를 바라보는 것도 그 가운데서 스스로 깨달음이 있어야 한다.

만일 헛되이 눈앞의 광경에만 빠져 그 아름다움만을 희롱한다면

그것은 유학儒學에서 말하는 '구이지학口耳之學'이며

불교에서 말하는 '완공頑空'일 뿐이다. 무슨 아름다운 풍취가 있겠는가.

125

山林之士^{산림지사}는 淸苦而逸趣自饒^{청고이일취자요}하며

農野之夫^{농야지부}는 鄙略而天眞渾具^{비략이천진혼구}하나니

若一失身市井駔儈^{약일실신시정장회}하면 不若轉死溝壑神骨猶淸^{불약전사구학신골유청}이니라.

산속에 숨어 사는 선비는 청빈하여 그윽한 맛이 저절로 풍기고

들에서 농사짓는 사람은 소박하여 천진한 모습을 그대로 지니고 있다.

만약 몸을 시장의 거간꾼으로 떨어뜨린다면

차라리 산골에 파묻혀 죽는 경우가 있어도 정신과 육체가 맑은 것만 못하다.

126

非分之福^{비분지복}과 無故之獲^{무고지획}은 非造物之釣餌^{비조물지조이}면 卽人世之機阱^{즉인세지기정}이니

此處^{차처}에 著眼不高^{착안불고}하면 鮮不墮彼術中^{선불타피술중}矣^의니라.

분수에 넘치는 복福과 까닭 없이 얻은 이득은

조물주의 낚시 미끼가 아니면 인간 세상의 함정이다.

이것을 제대로 볼 줄 모르면 그 꾀임 속에 빠져들지 않는 사람이 없다.

127

<ruby>人生<rt>인 생</rt></ruby>은 <ruby>原是<rt>원 시</rt></ruby><ruby>一傀儡<rt>일 괴 뢰</rt></ruby>니 <ruby>只要<rt>지 요</rt></ruby><ruby>根蒂在手<rt>근 체 재 수</rt></ruby>라

<ruby>一線不亂<rt>일 선 불 란</rt></ruby>이라야 <ruby>卷舒自由<rt>권 서 자 유</rt></ruby>하여 <ruby>行止在我<rt>행 지 재 아</rt></ruby>니

<ruby>一毫不受他人提掇<rt>일 호 불 수 타 인 제 철</rt></ruby>하면 <ruby>便超出此場中<rt>변 초 출 차 장 중</rt></ruby><ruby>矣<rt>의</rt></ruby>리라.

인생이란 하나의 꼭두각시에 불과하므로 그 근본을 잡고 있어야 한다.

한 가닥 줄도 헝클어짐이 없고, 감고 푸는 것이 자유로워야 하며

움직이고 멈추는 것이 나에게 있어, 털끝만치라도 남의 간섭을 받지 않으면

곧 이 놀이마당에서 벗어날 수 있다.

128

<ruby>一事起<rt>일 사 기</rt></ruby>면 <ruby>則<rt>즉</rt></ruby><ruby>一害生<rt>일 해 생</rt></ruby>하나니 <ruby>故<rt>고</rt></ruby>로 <ruby>天下常以無事爲福<rt>천 하 상 이 무 사 위 복</rt></ruby>이라

<ruby>讀前人詩<rt>독 전 인 시</rt></ruby>에 <ruby>云<rt>운</rt></ruby>하되 <ruby>勸君莫話封侯事<rt>권 군 막 화 봉 후 사</rt></ruby>하라.

<ruby>一將功成萬骨枯<rt>일 장 공 성 만 골 고</rt></ruby>라 하고 <ruby>又云<rt>우 운</rt></ruby>하되

<ruby>天下常令萬事平<rt>천 하 상 령 만 사 평</rt></ruby>하면 <ruby>匣中不惜千年死<rt>갑 중 불 석 천 년 사</rt></ruby>라하니

<ruby>雖有雄心猛氣<rt>수 유 웅 심 맹 기</rt></ruby>나 <ruby>不覺化爲氷霰<rt>불 각 화 위 빙 선</rt></ruby><ruby>矣<rt>의</rt></ruby>니라.

한 가지 이로움이 있으면 한 가지 해로움이 생긴다.

그러므로 천하는 일없음으로 복을 삼는다. 옛사람이 말했다.

"그대에게 권하노니 제후에 봉해지는 일을 말하지 말라.

한 장수가 공을 세우기까지는 만 사람의 뼈가 마른다." 다시 말했다.
"천하가 항상 무사태평하다면 칼이 칼집에서 천년을 썩어도 아깝지 않다."
비록 영웅의 마음과 용맹스러운 기개가 있다 하더라도
모르는 사이에 얼음처럼 사라질 수 있다.

129

淫奔之婦가 矯而爲尼하며 熱中之人이 激而入道하나
淸淨之門이 常爲婬邪之淵藪也如此니라.

음란한 여자가 극에 다다르면 오히려 여승이 되고
명리名利에 열중하던 사람도 과격해지면 불도佛道에 들어간다.
깨끗한 불문佛門이 음란과 사악의 소굴이 되는 것은 이와 같은 것이다.

130

波浪이 兼天에 舟中不知懼나 而舟外者寒心하며
猖狂이 罵座에 席上은 不知警이나 하나니
故로 君子는 身雖在事中이나 心要超事外也니라.

파도가 하늘에 닿으면 배 안의 사람은 두려움을 모르지만

배 밖에 있는 사람은 가슴이 서늘하다. 미치광이가 좌중에 욕설을 퍼부으면

그 자리에 있는 사람은 경계할 줄 모르지만 밖에 있는 사람은 혀를 찬다.

그러므로 군자君子는 비록 몸은 일 가운데 있더라도

마음은 그 일을 초월하여 밖에 있어야 한다.

131

^{인 생} ^{감 생 일 분} ^{변 초 탈 일 분}
人生이 減省一分하면 便超脫一分하나니

^{여 교 유 감} ^{변 면 분 요} ^{언 어 감} ^{변 과 건 우}
如交遊減하면 便免紛擾하며 言語減하면 便寡愆尤하며

^{사 려 감} ^{즉 정 신 불 모} ^{총 명 감}
思慮減하면 則精神不耗하며 聰明減하면

^{즉 혼 돈 가 완} ^{피 불 구 일 감 이 구 일 증 자} ^{진 질 곡 차 생 재}
則混沌可完이니 彼不求日減而求日增者는 眞桎梏此生哉로다.

사람이란 무슨 일이든 하나를 덜면 곧 하나를 추월한다.

사귐을 덜면 분란을 피하고, 말을 덜면 허물이 적어지며

생각을 덜면 정신이 소모되지 않고, 총명을 덜면 본성本性을 보전할 수 있다.

사람들이 날로 덜기를 원하지 않고 오직 더하기를 원하는 것은

스스로 삶을 속박하는 것에 지나지 않는다.

132

천운지한서　　이피　　인생지염량　　난제
天運之寒署는 易避나 人世之炎凉은 難除하며

인생지염량　이제　오심지빙탄　난거
人世之炎凉은 易除나 吾心之氷炭은 難去니

거득차중지빙탄　　즉만강개화기　자수지유춘풍의
去得此中之氷炭하면 則滿腔皆和氣라 自隨地有春風矣니라.

하늘에 의한 추위와 더위는 피하기 쉬워도

인간 세상의 더위와 추위는 제거하기 어렵다.

인간 세상의 더위와 추위는 제거하기 쉬워도

내 마음의 추위와 더위는 제거하기 어렵다.

만일 내 마음의 추위와 더위를 없애기만한다면

온몸이 모두 화기和氣뿐이어서 가는 곳마다 저절로 봄바람을 볼 수 있다.

133

차불구정　　이호역부조
茶不求精이면 而壺亦不燥하며

주불구럴　　차이준역불공
酒不求洌이면 而樽亦不空하리니

소금　무현이상조　　단적　무강이자적
素琴은 無絃而常調하며 短笛은 無腔而自適하면

종난초월희황　　역가필주혜완
縱難超越羲皇이라도 亦可匹儔嵇阮이니라.

차茶를 좋은 것만 구하지 않으면 찻주전자가 마르는 일이 없고

술을 향기로운 것만 구하지 않으면 술통 또한 비는 일이 없다.

꾸밈없는 거문고는 줄이 없어도 항상 고르고

짧은 피리는 구멍이 없어도 항상 즐겁다.

비록 복희씨伏羲氏는 뛰어넘기 어려워도 죽림칠현竹林七賢은 짝할 수 있다.

134

釋氏隨緣과 吾儒素位四字는 是渡海的浮囊이라

蓋世路茫茫하여 一念求全하며 則萬緖紛起하나니

隨寓而安하면 則無入不得矣리라.

불교의 '수연隨緣'과 유교의 '소위素位' 네 글자는

곧 바다를 건너는 공기주머니가 된다.

대개 세상길은 참으로 망망하기 때문에 일념으로 완전을 구한다면

만 가지 실마리가 어지러이 일어난다.

경우에 따라 마음을 편하게 하면 가는 곳마다 만족하지 못하는 일이 없다.

쉽게 읽는 동양고전 3

채근담

초판 1쇄 발행	2016년 6월 30일
지은이	이규호
펴낸이	한승수
펴낸곳	문예춘추사
편 집	조예원
마케팅	안치환
디자인	김선영
등록번호	제300-1994-16
등록일자	1994년 1월 24일
주 소	서울특별시 마포구 연남동 565-15 지남빌딩 309호
전 화	02 338 0084
팩 스	02 338 0087
E-mail	moonchusa@naver.com
ISBN	978-89-7604-306-1 04150
	978-89-7604-297-2 (세트)